美国空军史
从1910年代至21世纪

[英]切斯特·赫恩(Chester G. Hearn) 著

孙 超 译　徐玉辉 审校

华中科技大学出版社
http://press.hust.edu.cn
中国·武汉

图书在版编目（CIP）数据

美国空军史：从1910年代至21世纪 /（英）切斯特·赫恩(Chester G. Hearn)著；孙超译. ——武汉：华中科技大学出版社，2024.1
ISBN 978-7-5680-9259-3

Ⅰ.①美… Ⅱ.①切… ②孙… Ⅲ.①空军－军事史－美国－现代 Ⅳ.①E712.9

中国国家版本馆CIP数据核字（2023）第063936号

湖北省版权局著作权合同登记　图字：17-2022-042号
版权信息：Copyright © 2008 Compendium Publishing Ltd.
Copyright of the Chinese translation © 2020 by Portico Inc.
This translation of AIR FORCE: AN ILLUSTRATED HISTORY is Published by Huazhong University of Science & Technology Press Publishing Company Ltd.
ALL RIGHTS RESERVED

美国空军史：从1910年代至21世纪　　[英]切斯特·赫恩（Chester G. Hearn）　著
Meiguo Kongjun Shi: Cong 1910 Niandai Zhi 21 Shiji　　　　　　　　　　　　　　孙超　译

策划编辑：金　紫

责任编辑：陈　骏

封面设计：千橡文化

责任监印：朱　玢

出版发行：华中科技大学出版社（中国·武汉）　　电话：(027)81321913
　　　　　武汉市东湖新技术开发区华工科技园　　邮编：430223

录　　排：北京千橡文化传播有限公司

印　　刷：北京文昌阁彩色印刷有限责任公司

开　　本：889mm×1194mm　1/16

印　　张：22.5

字　　数：376千字

版　　次：2024年1月第1版第1次印刷

定　　价：186.00元

本书若有印装质量问题，请向出版社营销中心调换
全国免费服务热线：400-6679-118　　竭诚为您服务
版权所有　侵权必究

目录
CONTENTS

导言 /001

1 从气囊式飞行器到动力飞行器
（1783—1916年）
/009

- 010 一位身在巴黎的美国人
- 010 美国第一位气球驾驶员
- 012 南北战争期间的气球驾驶
- 013 圣胡安山（1898年）
- 016 飞船1号
- 018 飞行器的发展
- 023 组建航空兵
- 026 新的飞行学校
- 028 国会的醒悟
- 028 第1飞行中队
- 030 行动中的"珍妮"

2 第一场空中战争（1916—1920年）/033

- 035 航空处
- 036 第一次世界大战前的准备
- 038 来自海外的请求
- 040 设计选择
- 041 航空勤务队的出现
- 044 美国远征军赴法国航空勤务队
- 045 "美国中队"
- 047 英国皇家空军中的空中之王
- 051 第1驱逐机大队
- 052 蒂耶里堡
- 054 圣米耶勒突出部
- 055 最后的战役

3 两战之间（1919—1940年）/059

- 061 航空先知
- 063 20世纪20年代的轰炸机和驱逐机
- 068 早期纪录创造者
- 070 1926年7月2日的《航空兵法案》
- 072 突出重围
- 074 制造轰炸机
- 076 责任拓展
- 079 航空兵团总司令部（简称GHQAF）
- 082 过渡时期的飞机
- 086 动员

4 欧洲大战（1939—1945年）/089

- 090 重整军备
- 092 为战争而重组
- 092 航空情报部门
- 095 耻辱日
- 097 西半球空中战备
- 100 海外航线
- 101 战争中的女性
- 101 陆军航空队反潜司令部（简称AAFAC）
- 103 B-17轰炸机飞赴英格兰
- 105 第8航空队
- 108 昼间轰炸的情况
- 112 教训
- 115 重击行动：雷根斯堡—施韦因富特突袭
- 117 美军战略航空队
- 120 第9航空队
- 121 地中海行动结束
- 125 登陆日"霸王行动"
- 127 第12航空队
- 128 北非作战
- 131 西西里岛"爱斯基摩人"行动
- 131 登陆意大利
- 133 解放罗马"扼杀行动"
- 137 第15航空队
- 137 "大星期"行动
- 139 "虔诚教徒"行动

5 远东大战（1941—1945年）/141

- 144 珍珠港
- 145 美国陆军航空队在菲律宾
- 150 麦克阿瑟将军的西南太平洋司令部
- 150 第5航空队
- 154 新几内亚岛的早期作战行动
- 155 萨拉毛亚和莱城
- 155 扩大空中行动
- 160 在菲律宾的空中行动
- 166 第7航空队
- 166 跳岛作战
- 167 第7航空队在马里亚纳群岛
- 169 硫黄岛和冲绳岛
- 172 第13航空队
- 176 第13航空队与第5航空队合并
- 176 第20航空队
- 178 中国—缅甸—印度战区
- 181 B-29在马里亚纳群岛
- 184 天降火海
- 187 第10航空队和第14航空队
- 187 飞越"驼峰"喜马拉雅
- 189 第11航空队
- 191 美国的战争动员

6 冷战：从柏林到远东半岛（1945—1955年）/193

- 195 美国空军（USAF）的成立
- 197 柏林空运
- 199 半岛奇袭
- 203 美国空军参战
- 207 釜山防线
- 208 鸭绿江战斗
- 213 大国参战
- 218 战略改变
- 218 犹豫不决的结局

7 越南战争（1955—1975年）/225

- 228 约翰逊总统的战争
- 229 "火标"与"滚雷"行动
- 234 美国空军的目标和武器
- 237 挫折的代价
- 240 米格战争
- 242 秘密战争
- 250 直升机和空中机动作战
- 254 "后卫"行动

8 从冷战到沙漠战争（1977—2007年）/257

- 259 卡特执政时期（1977—1981年）
- 265 里根时代（1981—1985年）
- 266 美国空军与太空
- 273 "星球大战"
- 275 导航
- 280 利比亚"黄金峡谷"行动
- 284 巴拿马"正义事业"行动
- 286 "沙漠盾牌"行动
- 288 "沙漠风暴"行动
- 291 扫荡残局
- 296 巴尔干战争
- 299 阿富汗"持久自由"行动
- 301 "伊拉克自由"行动
- 304 空军
- 306 空中战役
- 310 支援地面作战

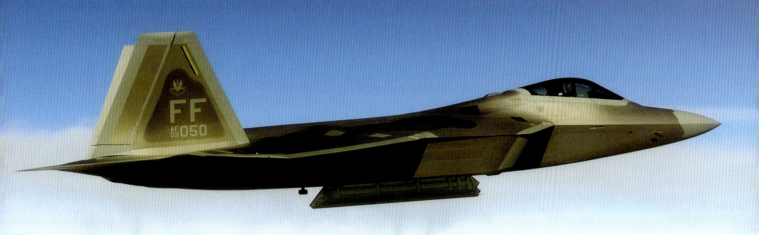

9 展望未来 /313

315	航空和航天优势	330	全球打击
319	信息优势	334	全球快速机动
319	信息化：太空维度	337	精确打击
321	信息化：航空维度	341	特种航空力量
325	信息化：地面维度	346	飞行训练
330	信息化：网络空间	347	维持未来部队

参考书目 /348

导言
INTRODUCTION

2007年9月18日,美国空军(USAF)庆祝了建军60周年纪念日,实际上这支武装力量最早可溯源至1907年8月1日,当天美国陆军信号军团正式成立了航空处(Air Division),以"负责处理军用气球、航空器以及与之相关的全部事务"。随着更先进的飞机投入使用,参加第一次世界大战的美国飞行员很快认识到了空中力量的潜力,并开始进行游说以争取从陆军中独立。不过直到1947年空军才真正得以独立出来,掌控自己的命运。在此之前,陆军总参谋部因为与航空力量支持者之间在空战理念上的巨大冲突而打压这些人。伴随着陆军高级军官们不情愿的让步,美军在第一次世界大战期间组建起了陆军飞行队(Air Service),该飞行队又在20世纪20年代升格为航空

下图:在那个气囊式飞行器和动力飞行器共存的时代,1908年2月10日,奥维尔·莱特(图中着西装者)在弗吉尼亚州麦尔堡基地进行了一系列漫长的试验后说服了美国陆军买下图中这架莱特A型双翼飞机作为第一架军用飞机。

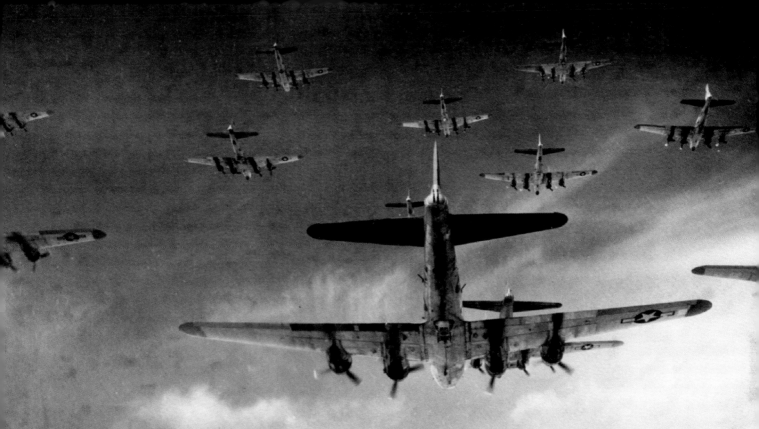

上图：第二次世界大战期间，美军第8航空队的飞行编队从英格兰起飞执行任务，数以百计的波音B-17"飞行堡垒"轰炸机铺天盖地。该航空队在轰炸德国期间曾出动世界上规模最大的飞行编队。

军（Air Corps），并于第二次世界大战期间再度升格为陆军航空队（Army Air Force）。航空部队的每一步发展都为美国空军的最终独立奠定了基础。在第二次世界大战后，由于航空部队无可辩驳的巨大贡献，空军终于获得独立。虽然时常面临着预算不足的窘境，但空军的早期领导一直坚信空中力量的巨大作用，并追逐着最前沿的飞行科技和先进武器，力图将美国空军塑造为世界上作战能力最强、实力最为雄厚的空中力量。

从1907年草创之初开始，航空部队的官兵对追求卓越的坚持，对技术的敏锐直觉，以及开阔的眼界就成为这支空军的核心所在。早在1903年，动力飞行器尚在发展初期，当军队将领们还在关注堡垒要塞和一成不变的常规地面战争时，莱特兄弟和格伦·寇蒂斯等航空先驱就预言了动力飞行器对于陆军和海军的巨大作用。莱特兄弟和寇蒂斯培训了第一批军队飞行员。1911年，也正是这批人率先在一架莱特"飞行者"飞机上试射了机载机枪，并利用一架寇蒂斯推式螺旋桨飞机试验了航空轰炸。

直到第一次世界大战接近尾声时，美国陆军对于航空部队依旧存有疑虑，但在战场上纵横驰骋的年轻飞行员以及设计制造飞机的少数厂商已经将飞行变成一门新兴科学，即航空学（Aeronautics）。仅在20世纪，飞行技术迅速发展，航空武器从

由木材、纤维、缆线和摩托车发动机制成的简陋双翼式飞机演变为飞行速度高达3马赫的喷气式飞机、垂直起降飞机、隐身飞机、直升机、洲际弹道导弹、反弹道导弹武器、精确制导武器、情报收集卫星,并出现了令人眼花缭乱的航空电子技术和目标探测技术。

随着技术的不断进步,新的战法也在不断涌现。比利·米歇尔(Billy Mitchell)、班尼·弗洛伊斯(Benny Foulois)和绰号"哈普"的亨利·阿诺德(Henry Arnold "Hap")等人是空中战略理论的奠基者,他们对航空武器未来发展的眼光领先了时代10年甚至20年。美国空军顶级权威之一的沃尔特·J.博伊恩(Walter J. Boyne)在《跨越苍穹》(Beyond the Wild Blue)一书中写道:"我们在第二次世界大战中取得的胜利要归功于专业的领导,以及为了一个目标——使用当时的常规武器建立空中优势而进行的,坚持了20年之久的训练。"

在第二次世界大战期间,V-2导弹、喷气式发动机、波音B-29轰炸机以及核爆炸装置都曾左右了战争的进程。到1945年,在米歇尔、弗洛伊斯、阿诺德以及上百万陆军航空兵的奋战下,战争终于以轴心国的无条件投降迎来结束。1947年9月18日,美国空军的正式成立,标志着空中力量的发展迎来了一个新的时代。空军很快被投入到遏制苏联的战略当中,此时空军所使用的飞机和武器早已超乎空中战略理论奠基者们的想象。

左图:2006年3月3日,在向兰利空军基地运送第一批F/A-22A"猛禽"战斗机的过程中,负责指挥第94战斗机中队的德克·史密斯(Dirk Smith)中将驾驶飞机飞离凯文·多拉塔(Kevin Dolata)少校驾驶的飞机。

诺思罗普·格鲁曼公司的B-2"幽灵"轰炸机是一款多用途隐身轰炸机,可投射传统武器及核武器,在21世纪已然拥有强大的威慑力和战斗力。即使从位于密苏里州的怀特曼空军基地起飞,该机型也能在携带40000磅弹药的情况下直飞塞尔维亚、阿富汗和伊拉克。

第二次世界大战后,哈里·S.杜鲁门总统进行了大刀阔斧的裁军。到柏林危机时,除了仅有的几枚原子弹,美国空军手头几乎没有武器来对付庞大的苏联军队。在朝鲜半岛战争初期,美军飞行员们依然驾驶着第二次世界大战时期的战机参加战斗。在越南战争期间,由于白宫和五角大楼方面直接控制作战活动,美国空军难以充分发挥自身的实力。在20世纪70年代后期,吉米·卡特总统进一步削弱空军实力,而苏联顶着经济上的压力继续在军备方面与美国展开竞赛。1981年上台的罗纳德·里根总统颠覆了卡特的政策,将大量资金投入到建设空中优势方面,并宣布启动"战略防御计划"(Strategic Defence Initiative,SDI),也就是世人津津乐道的"星球大战"(Stars Wars)计划。在这场军备竞赛中,试图跟上美国脚步的苏联最终经济被拖垮,继而解体,美国空军则由此成为世界上最为强大的空军力量之一。

之后,美国空军继续通过研究、生产和部署更为精确和强大的飞机与武器来提升自身的技术水平,并在2003年的"伊拉克自由"行动中应用,攻击萨达姆·侯赛因(Saddam Hussein)的大军,始终保持强大的威慑力和破坏能力。

上图:美国空军的飞翼军徽是由绰号"哈普"的亨利·阿诺德(Henry "Hap" Arnold)上将于20世纪40年代启用的,因此也被称为"阿诺德"翼徽。该标志翼徽的折角设计彰显了速度和力量,象征着美国空军从百年前刚购买第一架蹒跚不稳、用木头和帆布制造的双翼飞机到2008年成为空中霸权之间的光辉历程。

1

从气囊式飞行器到动力飞行器
（1783—1916年）

虽然早在公元1500年，莱昂纳多·达·芬奇（Leonardo de Vinci）就提出了利用机械装置飞行的理念，但飞上天空的梦想还是让无数科学家和狂热者们耗费了300余年的时间才得以实现。许多早期飞行家因着迷于飞行的神秘感，在试图征服天空的过程中遭受创伤甚至死亡。1783年11月21日，法国人迈克·蒙高飞（Michael Montgolfier）和他的兄弟雅克（Jacques）说服了两位朋友共同走进气球的篮筐，从而成功成为第一批气球驾驶者。这一天标志着气球飞行的开始，也标志着航空的诞生。

虽然驾驶气球非常危险，但刚出现的热气球还是吸引了数以百计的人成为气球驾驶员。在欧洲，一些大胆的驾驶员已经开始驾驶气球从一个城镇飞行至另一个城镇。在这种飞行中，气球从A点升空，乘着风向前进，最终在B点降落，整个过程中驾驶员无法调整气球的方向。

> 总有一天，飞过大西洋就如同飞越一个鱼塘那般简单。
>
> 格伦·寇蒂斯
> 《寇蒂斯航空读本》

一位身在巴黎的美国人

美国独立战争（American Revolution）期间，本杰明·富兰克林（Benjamin Franklin）大多数时间都是在巴黎度过的。1783年他被蒙高飞兄弟的飞行尝试深深吸引。1785年富兰克林再次来到法国，当时他的朋友——来自马萨诸塞州的物理学家约翰·杰弗里斯（John Jeffries）博士与赞助商让·皮埃尔·弗朗索瓦·布朗夏尔共同完成了首次跨越英吉利海峡的气球飞行。

美国第一位气球驾驶员

1840年，约翰·H.舍伯恩（John H.

对页图：18世纪80年代，驾驶气球非常危险，尤其是在风暴即将来临且必须在树木丛生的地面上着陆的时候。1783年8月27日，人类首次使用氢气球飞行，相比热气球，氢气球更易操控。

Sherburne)上校曾申请数个价值900美元的气球用于在塞米诺尔战争期间对印第安人进行侦察,但美国陆军部拒绝了他的请求。

在6年之后的美墨战争中,来自宾夕法尼亚州兰开斯特的约翰·怀斯(John Wise)主动提出要为陆军提供足够数量的气球,用于侦察墨西哥城敌军的位置,并向他们投掷爆炸物进行袭扰,但他并未得到任何回音。然而怀斯并没有因受到冷落而气馁,他继续研究气球技术,终于在1859年7月1日,完成了从圣路易斯到纽约州杰斐逊郡的气球飞行,用时19小时40分钟,航程809英里。他成为美国第一位气球驾驶员,并且此次飞行创造了一项气球飞行距离的世界纪录。

南北战争期间的气球驾驶

即使在南北战争期间,美国陆军部也只是对气球的垂直机动能力产生了些许兴趣。萨姆特堡投降后的一个星期,詹姆斯·艾伦(James Allen)带着两个气球来到了华盛顿特区,并开始为陆军部工作。1861年7月,他试图侦察马纳萨斯的联邦阵地,然而由于所使用的便携式气体发生器出现故障,艾伦的气球未能脱离地面。此后的一连串失误最终导致艾伦支援联邦军的努力失败。

曾试图乘坐气球飞渡大西洋的约翰·拉蒙特（John La Mountain）给美国陆军部写信，请求成为一名气球驾驶员，但是一直都未得到回音。几周之后，总部设在弗吉尼亚门罗堡的本杰明·F.巴特勒（Benjamin F. Butler）少将任命拉蒙特为空中观察员。拉蒙特驾驶气球，于1861年7月25日飞到了汉普顿锚地的上空。到8月中旬，他已经升空6次，其中一次是从武装运输船"凡妮"号的尾端升空2000英尺，还有一次是从地面升空3500英尺。在空中，拉蒙特发现了巴特勒所不知道的火炮及敌军位置，并画下了草图。为了获得一个更大的气球并拥有自己的气体发生器，拉蒙特最终还是请辞了。回到门罗堡之后，他发现，一位对气球不感兴趣的将军接替了巴特勒的位置，于是拉蒙特转到了由乔治·B.麦克莱伦（George B. McClellan）少将指挥的波托马克军团。在那里，他遇见了他的主要竞争对手——陆军航空队的文职主管撒迪厄斯·S. C.洛。

圣胡安山（1898年）

内战之后，没有了陆军的支持，气球航空完全转入民用。在战后的几年时间内，许多创新者开始致力于研究可控飞行，然而

对页图：在这幅纪念1785年第一次飞过英吉利海峡的画作中，富有想象力的艺术家为让·皮埃尔·弗朗索瓦·布朗夏尔的气球加上了一双翅膀和一条尾巴。19世纪早期，有450多位气球驾驶员飞上了天空，其中包括49位女性。

左图：1862年5月30日，弗吉尼亚州费尔奥克斯，撒迪厄斯·洛开始用两个笨重的氢气生成机给"无畏"号气球充气。无论空中观察队去哪儿，这些设备都跟着他们。

撒迪厄斯·索比埃斯基·康斯坦丁·洛（Thaddeus Sobieski Constantine Lowe）（1832—1913年）

1832年8月20日，洛出生在新罕布什尔州杰弗逊米尔斯。虽然洛接受过的教育十分有限，但他一直对科学充满兴趣。20岁出头时，洛便对高空气流产生了兴趣，并选择航空学作为自己的事业。1858年，他制成了自己的第一只气球并开始四处展示。8月，他在加拿大安大略州的渥太华驾驶气球升空，祝贺跨大西洋海底电缆铺设成功。一年之后，洛利用旅行展览期间获得的捐赠和利润，建造了一艘大型飞艇，并命名为"纽约城"（City of New York）号，用于迎战怀斯和拉蒙特提出的乘坐气球飞渡大西洋的挑战。1859年，由于操作者在充气过程中损坏了飞船的气膜，洛"教授"的远大抱负泡汤了。到1861年，不论是拉蒙特和怀斯这两位搭档，还是洛，都没能成功进行横跨大西洋的空中航行，但是他们都把对方视作自己的死对头。

1861年4月19日—20日，洛从俄亥俄州的辛辛那提市飞到南卡罗来纳尤宁维尔，用时9小时，共飞行900英里。萨姆特堡投降5天之后，洛乘气球降落该地。然而，他的这次飞行没有选对时间。洛被邦联一方当成间谍俘获，在监狱里度过了一段时光。获释之后，他快马加鞭地赶到华盛顿，为联邦陆军部效力。亚伯拉罕·林肯（Abraham Lincoln）钦佩洛作为气球驾驶者的成就，特别是洛在空中发送电报一事令林肯印象深刻，于是林肯任命他为陆军航空队文职主管，享受上校的薪资，并为洛的项目运行给予适度拨款。于是，洛开始建造气囊容积2.5万立方英尺的"联盟"号气球。8月29日，"联盟"号飞到华盛顿郊外的上空。一个月之后，他组建的飞行队伍进行了首次空中火力引导，引导炮兵对福尔斯彻奇地区的邦联军目标发动了炮击。

1862年春，洛将他的气球和便携式煤气生成器运到弗吉尼亚，在半岛战役期间，为麦克莱伦将军及其领导的波托马克军团效力。洛既负责空中观察，也负责照相侦察，于是麦克莱伦又奖励给他8600美元的额外拨款。洛利用这笔资金将他的舰队扩大到7只气球的规模，这些气球大小不一，从15000立方英尺到"无畏"号的32000立方英尺不等。

半岛战役期间，洛和拉蒙特两个人都试图削弱对方的努力，贬低对方的成就。菲茨·约翰·波特（Fitz John Porter）准将劝说麦克莱伦，若让洛和拉蒙特两人合作，军团将受益匪浅。两个人同意合作，拉蒙特与洛的工资相同，都是每日10美元。两人都是伟大的创新家。拉蒙特的低空飞行气球将他带到了邦联阵线。那之后，他升到了1.8万英尺的高度，利用逆风回到合众国的阵线。他的空中侦察迫使邦联军队采取隐蔽战术。

洛的一名气球驾驶员威廉·波林（William Paullin）在类似一艘微型航母的改装煤驳船的平坦甲板上升起了气球。这艘驳船已经因气球操作进行了改良，携带着卷扬机、限制线、气体发生器、备件，被一根绳索操控。

洛和拉蒙特之间的合作没能长久，主要原因是所有的气球都归洛所有。拉蒙特赶到华盛顿向洛索要一只气球，但是却因公开指责自己的对手而犯了错误。麦克莱伦因拉蒙特不服从上级而开除了他。

洛同样好辩易怒。钱瑟勒斯维尔战役期间（1863年5月1日—4日），他与约瑟夫·胡克（Joseph Hooker）少将发生了冲突。胡克减少了他的气球驾驶员的薪水，削减他的工作人员数量，妨碍了他的工作。5月9日，当洛与他的气球驾驶员完成了3000多次升空之后，他辞职了。在战争期间，气球飞行员们在支援陆军作战方面做出了巨大的贡献，但从未被承认。

对页图：撒迪厄斯·洛的"无畏"号以其持久耐用成为内战中最著名的气球。该气球由三根地索支撑，可以在1000英尺的高空进行观察。

当1898年4月西美战争爆发时，小型发动机还没有发展到适用于飞船的地步。

阿道弗斯·W.格里利（Adolphus W. Greeley）准将于1891年7月1日重组了通信兵团，并创立了第一个专业的军用气球小队。到7年后美西战争爆发时，通信兵团仅有的一具气球正在丹佛的仓库中吃灰，全军上下无人知道该如何修复和操作它。在民间人士的帮助下，一个工作组修复了气球，进行了三次试飞，并在1898年6月将其运往古巴的代基里。

1891年7月29日，气球小队第一次升空，汇报了西班牙舰队集结在圣地亚哥海港的消息，证实了美国海军的猜测。两天之后，约瑟夫·E.马克斯菲尔德（Joseph E. Maxfield）中校和乔治·McC.德比（George McC. Derby）中校乘坐气球，从埃尔波索山升空，见证了美军的推进，但是由于丛林茂密而未能看见敌人。将气球移到圣胡安山之后，树木搅缠着收放索，但是马克斯菲尔德和德比达到了足够的高度，可以看见西班牙的防御工事以及调整后的火炮阵地。然而，西班牙人猜到美国人就在他们的气球附近，于是向这个区域发射炮弹。他们也用子弹对气球进行密集射击并打穿了气膜，这迫使地面人员降低气球进行维修。伦纳德·伍德（Leonard Wood）上校在调遣部队躲避西班牙的炮火时，讽刺马克斯菲尔德和德比乘坐气球的冒险行为是他所见过的"最欠考虑，最愚蠢的一次行为"。

虽然从一开始，对圣胡安山进行气球侦察便几乎是不可能完成的任务，但是指挥美国地面部队的威廉·沙夫特（William Shafter）少将却发表了一份令人鼓舞的报告。战后，陆军在弗吉尼亚州迈尔堡建立了气球分队。美国陆军部拨款建造新的飞船并培养更多的飞船驾驶员，同时鼓励陆军军官参加20世纪早期一些重大的国际气球比赛。

飞船1号

20世纪早期，对于可控飞行的研究继续飞速发展。新任通信兵团司令詹姆斯·艾伦准将亲自观摩圣路易斯的国际气球比赛，并与蛮勇的参赛者托马斯·S.鲍德温（Thomas S. Baldwin）交流，希望他能够帮助自己谋划陆军气球部队的细节。鲍德温不但答应了，而且提供了可行的新颖想法。他的计划需要一个重达1350磅的飞艇，可以携带2人，再加上传动装置以及100磅的压舱物，时速要达到20英里。鲍德温采用真丝织物与橡胶的叠压材料为气膜，这是一种美国厂商从未生产过的合成物。气球使用氢气提供升力。已经对重气（重于空气飞行器）飞行产生兴趣的格伦·寇蒂斯提供了轻型发动机。这种

上图：通信兵团的"飞船一号"以最高20节的速度快速移动。在前方操作员控制升降舵时，飞船由后面的工作人员随着龙骨结构来回移动以保持平衡。

发动机与鲍德温以前用的发动机类似。此设计一出，鲍德温以6750美元的低价在竞标中胜出，他答应在150天内交付陆军第一艘飞艇。

鲍德温的小型飞船与1900年7月首度亮相的德国齐柏林硬式飞艇有许多相似之处。操作员的发动机机舱位于一个带有尖头的圆柱形气囊下。轻型摩托车发动机制造商寇蒂斯着手生产一种20马力的新型水冷四缸内燃机。他将发动机安装在发动机机舱附近，并将其与一根22英尺长的螺旋桨传动轴相连。在飞行控制方面，坐在发动机后方的驾驶员操纵短翼展的机翼保持稳定。另一名位于吊舱尾部的驾驶员使用方向舵调整方向。

1908年7月下旬，鲍德温向迈尔堡基地交付了"飞船一号"。8月4日"飞船一号"进行了首飞试验。当飞船升至250英

下图：弗兰克·P.拉姆是美国陆军飞行队组建历程中的先驱人物。在飞机的发展过程中，他与奥维尔·莱特合作密切。1909年7月27日，拉姆作为奥维尔的乘客，参加为陆军进行的第一次官方试飞，并在此次飞行中创造了双人飞行1小时12分40秒的世界纪录。3个月后，拉姆独自登上"飞船一号"，成为通信兵团第一位正式飞行员。

尺时，鲍德温和寇蒂斯多次调整姿态以修正航向。8月14日，他们成功地完成测试，飞船速度达到每小时19.61英里，通信兵团认为该速度近乎足够。虽然氢气发生过程中使用的酸性物质会穿透气膜在飞船上腐蚀出小洞，但当时鲍德温已经培养了3名飞行员，他们分别是弗兰克·P.拉姆（Frank P. Lahm）、本杰明·D.弗洛伊斯（Benjamin D. Foulois）和托马斯·E.塞尔弗里奇（Thomas E. Selfridge）。这三个人不久就投入到对飞机的研制中。

飞行器的发展

1907年，就在莱特兄弟为他们的"飞行者"号制定详细计划书时，电话的发明者（同时也是飞行器的支持者）亚历山大·格雷厄姆·贝尔（Alexander Graham Bell）与道格拉斯·麦科迪

上图：基蒂霍克飞行5年后，莱特兄弟对他们的飞机设计进行了多次改良。尽管其他实验性飞机已经开始出现，但是陆军还是购买了莱特A型作为美国飞行机队重于空气飞机部门的"一号飞机"。图中的飞机是一件复制品。

（Douglas McCurdy）、格伦·寇蒂斯、托马斯·斯哥特·鲍德温以及陆军通信兵团的塞尔弗里奇中尉一起组建了航空试验协会（简称AEA）。30岁的寇蒂斯在与鲍德温一起工作的过程中对飞行器产生了兴趣。航空试验协会任命他为试验方面的主管，年薪5000美元。寇蒂斯尝试着在航空试验协会和莱特兄弟之间建立一种工作关系，但是被谢绝了。莱特兄弟低估了航空试验协会，尤其低估了寇蒂斯。寇蒂斯的发动机和飞行控制技术已经超越了莱特兄弟。飞行竞赛中，从寇蒂斯跨进"六月金龟子"号并最终获得"科学美国人"奖杯的那一刻起，莱特兄弟就把他视为竞争对手和专利篡夺者。而当他们昔日的竞争对手成立了寇蒂斯飞机公司的时候，莱特兄弟不能怨天尤人，只能责怪自己了。

1908年9月，莱特兄弟在进行"飞行者"号试验时，遭遇了尴尬。一个螺旋桨开裂，偏离了轨道，将附着在橡胶框架上的一个支撑装置切断，导致塞尔弗里奇中尉的头骨破裂。当时塞尔弗里奇中尉是奥维尔的一名乘客，塞尔弗里奇于次日不治身亡；奥维尔也左大腿骨折，肋骨断裂，在医院里躺了好几天。另一次试验中，"飞行者"号的发动机在起飞时未能达到

莱特兄弟

威尔伯·莱特（Wilbur Wright）和奥维尔·莱特（Orville Wright）是来自俄亥俄州代顿的两位自行车机械师。史密森学会的塞缪尔·皮尔庞特·兰利（Samuel Pierpont Langley）制造了一架带有一台1马力的发动机的"小型飞机"，并打算在波多马克河上依靠弹射升空。动力滑翔机在试验时因为机身与弹射器发生碰撞而一头栽进了河里。虽然此次试飞失败，但莱特兄弟却因为此次试验对早期的航空学产生了兴趣。此后几年中的动力滑翔机试飞的成功证明，如果不是因为意外，初次试验本可以成功。在努力尝试飞向天空的过程中，兰利并不孤单。滑翔机爱好者四处涌现，其中就包括莱特兄弟。两人在1899年制作了一个大风筝，用于研究飞行动力学。

莱特兄弟并非天才，但是他们已经掌握了一些关于链条、链轮齿和动力学方面的知识。他们是极其有条理、有耐性、灵巧且坚持不懈的试验者。他们自制了一架滑翔机，研究它们是如何飞行的；他们还建造了一个小型风洞，研究风的升力。当他们给滑翔机加上了一个小型发动机，下决心努力赶上兰利时，他们意识到，不论是蒸汽发动机还是电力发动机都不足以满足需要，于是他们开发了自己的超轻内燃机。

莱特兄弟选择了一架滑翔机，将其打包运到北卡罗来纳州的基蒂霍克附近的杀魔山（Kill Devil Hill）。他们给这架滑翔机装配了推进式发动机。1903年12月17日，36岁的威尔伯驾驶着人类历史上第一架动力载人飞行器挣扎着飞向天空，虽然在空中仅停留了59秒，却改变了世界。

1904年，英国人接近莱特兄弟，出价购买他们的新发明，但是却被委婉地拒绝了。威尔伯和奥维尔认为，美国人应该从这项发明中获益。在三个不同的场合，莱特兄弟都试图让美国陆军部的军械和设防委员会对他们的发明产生兴趣。然

下图：1903年12月7日，奥维尔·莱特在北卡罗来纳州的基蒂霍克成功地进行了第一次动力飞行。这次飞行持续了12秒，飞行距离达120英尺。他的第四次飞行持续59秒，飞行距离为852英尺。

而1905年，一位无知且颇具官僚作风的官员告诉他们："只有已经生产出来的机器在实际操作中可以进行水平飞行，并可以携带一名操作员的时候，美国陆军才会行动起来。"莱特兄弟惊呆了。因为观众和记者都可以见证，他们已经进行了超过150次飞行。

莱特兄弟继续他们的试验，用更好的控制系统和推进式发动机来改进他们的设计。1907年，美国的飞行俱乐部开始享受到"重于空气的飞行器"所带来的成果，并力劝西奥多·罗斯福（Theodore Roosevelt）总统购买莱特兄弟的发明，将这种飞行器发展成为一种武器。当时莱特兄弟已经制定了一项改进飞机的计划，但被古板的军械委员会给挡了回去。罗斯福向委员会提及了莱特兄弟，但委员会又以需要先提交国会为由推托。威尔伯·莱特不理会劝告，回到了委员会，告诉他们美国和欧洲一样已经制造出了实用的飞行器。

航空处根据威尔伯·莱特对于飞机性能的判断草拟了一份性能指标书，并于1907年12月23日要求竞投。41家公司参加了投标，出价从500美元到100万美元不等。政府公布的三份合同中，只有两份是有意义的。1908年与格伦·寇蒂斯成为合作伙伴的奥古斯塔斯·M.哈瑞（Augustus M. Herring）要求2万美元经费，180天时限。另一份对莱特兄弟有帮助的合同是2.5万美元经费，200天时限。1908年8月20日，莱特兄弟交付了莱特A型"飞鸟"号，一架推进式发动机的双翼飞机。与此同时，寇蒂斯制造了同样是双翼推式飞机的"六月金龟子"号，该机成为世界上第一架在裁判员面前飞行距离达到1千米的飞机。然而，寇蒂斯对研制飞机更感兴趣，而不是将自己所有精力都浪费在陆军身上。

上图：在几年的时间里，大量飞机研发者涌入了航空领域。美国和欧洲的空中表演开始吸引大量的观众，其中就包括军事人员。图为1910年10月30日，一群飞机爱好者在纽约贝尔蒙特公园观看一场美国飞行俱乐部的飞行表演。

> 依旧停留在基蒂霍克上空的那59秒的飞行,长得足以使整个世界黯然失色。它为人类展开了一幅并不确定的未来画卷。
>
> ——埃米尔·戈夫罗(Emile Gauvereau)
> 《远方那浩淼的蓝色》

下图:1908年9月17日,在弗吉尼亚迈尔堡的一次飞行试验中,一架莱特A型飞机坠毁。一位摄影师立即捕捉到了这一画面。这次事故造成托马斯·E.塞尔弗里奇中尉丧生,奥维尔·莱特身受重伤。

最大速度,结果这架双翼飞机在跑道的尽头急速俯冲坠地。

莱特兄弟理所应当地在飞机领域中占得先机。1909年7月27日,在莱特A型"飞行者"号的第一次续航力试验中,奥维尔驾驶飞机,拉姆中尉作为乘客,在空中停留了72分钟,创下了新的飞机耐久性纪录。三天之后,奥维尔在迈尔堡和弗吉尼亚的亚历山德里亚之间,以42英里的平均时速进行测量航线飞行。弗洛伊斯中尉当时是他的乘客。奥维尔喜欢带着弗洛伊斯一起飞行,因为弗洛伊斯体重比其他飞行员要轻。在返回迈尔堡的途中,奥维尔驾驶飞机攀升到410英尺,在一群热情观

1 从气囊式飞行器到动力飞行器（1783—1916年） | 023

左图：在1908年7月4日的飞机竞赛中，格伦·寇蒂斯驾驶着他具有划时代意义的"六月金龟子"号飞过纽约哈蒙兹波特。寇蒂斯因设计出了第一架能够在裁判员面前飞行1千米的飞机而获得了很多人梦寐以求的"科学美国人"奖杯。

众的见证下，他轻轻反转机身，而后盘旋而下。在这群观众中就有总统威廉·霍华德·塔夫特（William Howard Taft）。

为了解决"飞行者"驾驶中存在的问题，莱特兄弟利用滑轮和线缆使机翼翘曲。但他们再一次错过了与寇蒂斯合作的机会。寇蒂斯后来开发出副翼（襟翼），淘汰了翘曲机翼。尽管如此，1909年8月2日，美国陆军部还是选择了莱特兄弟的"飞行者"号作为美国航空机队重于空气飞机部门的"一号飞机"。

1910年时，莱特兄弟和寇蒂斯产生共鸣：他们相信，未来，飞机将成为一种战争机器。就在奥维尔和威尔伯主张部署飞机执行观察任务时，寇蒂斯从自己的双翼飞机上，向纽约库克湖面上的一艘模拟战舰投下了炸弹。雅各布·厄尔·菲克尔（Jacob Earl Fickel）中尉在寇蒂斯飞机的乘客座位上开枪射击地面目标。1911年，陆军从一架莱特B型飞机上投下了实弹。1912年，陆军用同一架双翼飞机进行机枪试射。从飞机上投掷炸弹已经不新鲜了。1911年10月在北非，意大利飞行员朱利欧·加沃蒂（Giulio Gavotti）驾驶一架布莱里奥单翼机飞过土耳其阵地，并投下手掷式炸弹。他成为第一个利用飞机作战的人。

组建航空兵

1909年8月2日，陆军正式成立航空舰队。该舰队配备一架莱特A型"飞行者"号飞机，但是没有正式的现役飞行员。10月，威尔伯·莱特开始训练

上图:陆军于1914年购置的这架寇蒂斯R-3牵引式飞机,其发动机安装在飞机前部。该型机成为第一种在美国生产的牵引式飞机,并很快使得莱特的"飞行者"号黯然失色。

弗雷德里克·E.汉弗莱(Frederic E. Humphreys)中尉和弗兰克·拉姆中尉。在马里兰州的科利奇帕克单独飞行了3个小时后,汉弗莱和拉姆成为首批军事飞行员,编号分别为1号和2号。弗洛伊斯中尉从法国回国后开始接受莱特和汉弗莱的训练。然而1909年11月5日,"一号飞机"坠毁,陆军损失了其全部空中力量。由于飞机由木材和布拼接而成,很容易修复。但是在修复期间,陆军将拉姆派回了骑兵部队,将汉弗莱派回了工程兵部队。他们作为飞行员只是临时派遣。拉姆和汉弗莱走后,就剩下还未单独飞行过的弗洛伊斯。通信兵团将他和飞机转移到得克萨斯州萨姆豪斯顿堡后,弗洛伊斯通过莱特兄弟的信件指导来获得操纵飞行工具平衡的技术。作为3号军事飞行员,弗洛伊斯成为历史上第一位函授飞行员。由于通信兵团只有一架飞机,直到1911年他一直是唯一的飞行员。如果不是1911年初期出版商罗伯特·F.科利尔(Robert F. Collier)购买一架莱特B型"飞行者"号捐给美国陆军部,那么军事航空将会变成什么样子还不知道。

直到1911年,国会都没有为军事航空事业拨一分钱。弗洛伊斯从自己的薪水中拿出一部分,支付了汽油和维修费用。虽然自1908年开始,通信兵团一直都要求每年为航空处拨款20万美元,但是那些陆军高级军官仍旧对军用航空漠不关心,对通信兵团的要求也不予理睬。3月,通信兵团主任詹姆斯·艾伦终于获得了一笔12.5万美元的拨款。他用这笔资金购置了5架新飞机:其中4架是莱特B型,另一架是寇蒂斯推进式飞机。

让莱特兄弟郁闷的是,格伦·寇蒂斯的飞机研发突飞猛进。寇蒂斯当时的主要工作是为海军设计一款单座机型,其中一些飞机同时配备了起落装置和浮舟。1910—1911年,寇蒂斯将自己的业务转到了加利福尼亚的圣地亚哥,以利用那里更优越的气象条件。为了推动飞行事业的发展,寇蒂斯邀请陆军和海军派遣的一些候选人员,为他们提供免费的飞行指导。30名军官提交了申请,但是陆军只派了保罗·W.贝克(Paul W. Beck)中尉、G.E.M.凯利(G.E.M. Kelly)中尉和约翰·C.沃克(John C. Walker)中尉三人前往。他们学习了单座飞机驾驶;他们的第一次单独飞行是仅距地面10英尺的"弹跳"。经过训练,他们加入了弗洛伊斯在得克萨斯州的飞行队,并且开始接受莱特B型飞机的飞行训练。然而这期间凯利因为飞机坠毁而罹难。萨姆豪斯顿堡的

下图:莱特兄弟将B型飞机设计成双座,用于训练飞行员,陆军在马里兰州科利奇帕克为其提供了用于训练飞行员的场地。通信兵团也为士兵们开设了飞行课程。图为坐在飞机中的弗农·L.伯奇(Vernon L. Burge)下士,他是自愿接受飞行训练的。

右图：1910年7月27日，奥维尔·莱特和通信兵团的拉姆中尉一起在迈尔堡创造了一项世界飞行纪录。莱特A型飞机以大约每小时40英里的速度完成了50英里的飞行。在当时，莱特双翼飞机领先于大多数欧洲制造的飞机。

司令立即暂停了飞行，通信兵团将自己的人员和飞机全部带回科利奇帕克继续进行训练。

新的飞行学校

1911年6月，查尔斯·钱德勒（Charles Chandler）上尉在恢复了其陆军航空处处长的职位之后，开始扩大在科利奇帕克的飞行行动。夏季期间，绰号"哈普"的亨利·H.阿诺德中尉、托马斯·D.米林（Thomas D. Milling）中尉和罗伊·C.柯特兰（Roy C. Kirtland）中尉都在莱特学校接受了训练。他们在完成课程之后来到了科利奇帕克。对于飞行员的资质认证，钱德勒没有得到陆军的任何指导，他采用了航空飞行俱乐部所使用的法国标准。1912年，飞行员们被授予一

枚带有两条横线的奖章，上面写有"军事飞行员"字样，还有一只展翅雄鹰图像。一年之后，国会批准了相当于35%工资的额外奖励，用于补贴30名执行飞行任务的军官。钱德勒用这笔奖金吸引志愿者。

有了飞行学校来发展空中战术，好事便接踵而至。阿诺德以4167英尺的飞行高度打破了当时的纪录。飞行员们进行了航拍试验。尽管陆军拒绝购买轰炸瞄准器，但是飞行员们还是测试了一具由前陆军军官赖利·E.斯哥特（Riley E. Scott）发明的轰炸瞄准器。斯哥特将他的发明带到欧洲，获得了5000美元的奖金。

1912年，共有十多位军官进入飞行学校学习，其中一些人掌握了夜间飞行技术。钱德勒将航空事业带入了新的阶段。1912年6月，他开始用安装在米林中尉驾驶的飞机上的低后坐力机枪进行试射。不过由退役的陆军上校与陆军进行的空中侦察演习却让陆军对军用航空产生怀疑。由于天气变得恶劣，飞行员无法看清地面活动，当红方的弗洛伊斯驾驶飞机降落并想要发出逼近攻击的电报警告时，他被蓝方俘获。

到1912年底，位于科利奇帕克的飞行队规模已经发展至14名飞行人员、39名士兵和9架飞机。伯吉斯公司提供了第一架拉式推进的水上飞机。顾名思义，拉式飞机的螺旋桨在飞机的前面旋转，穿过空气将其拉动，而不是从后面推进。鉴于前置螺旋桨的操作优势，寇蒂斯立即修改设计，生产出JN-1飞机。作为一系列双座教练机中的第一款，该机被飞行学员们亲切地称为"珍妮"。

冬季的寒冷天气使科利奇帕克的训练完全停止，莱特的飞机及飞行员一起搬到了乔治亚州的奥古斯特，而寇蒂斯的飞机和飞行员则回到了圣地亚哥。JN-1飞机

下图：加利福尼亚圣地亚哥的罗克韦尔野战空军飞行学校在一战期间成为27个用于训练美国飞行员的机场之一。大多数机场都建在南部各州，因为那里全年都具备较好的飞行条件。

与来自洛杉矶的格伦·L.马丁（Glenn L. Martin）建造的双控运动飞机一起，结束了推进式飞机时代。圣地亚哥航空学校也成为陆军第一所长期开办的航空学校。

虽然陆军将拉姆上尉调回了骑兵团，并将他派往菲律宾的威廉麦肯利堡，但是他并没有停止飞行。拉姆在陆军的支持下开办自己的学校，为参军入伍的士兵教授飞行课程。弗农·L.伯奇下士自愿接受飞行训练，成为陆军第一位军士飞行员。

国会的醒悟

到1911年，也就是莱特兄弟证明机器能够飞行的8年之后，美国已将自己航空工业的领导地位拱手让给了欧洲。全美国的26名飞行员中，只有8名为陆军服役，这与法国拥有353名认证飞行员形成鲜明对比。1914年，美国陆军可供使用的飞机不足20架，而英国皇家飞行队则有100多架。欧洲的飞机不仅在数量上比美国多得多，而且他们在技术上也更加先进。由于大洋的阻隔，美国不会受到欧洲频繁骚扰，于是国会便采取了"不战不备"的策略，即开战才备战、不开战不备战。

1914年7月18日，也就是欧洲战争爆发前的10天，议会通过立法，从法律上承认了陆军航空部队。该法案自1913年开始便一直处于商讨阶段。包括贝克中尉在内

1908—1913年各国的航空业支出	
德国	2200万美元
法国	2200万美元
英国	1400万美元
俄罗斯	1200万美元
比利时	200万美元
美国	43万美元

的一些支持者希望航空兵可以从通信兵团分离出来。而绰号"比利"的威廉·米切尔（William "Billy" Mitchell）中尉和本杰明·弗洛伊斯中尉等飞行员则认为，美国陆军的航空部队仍处于发展之初，尚不足以另立门户。但第一次世界大战期间，米切尔和弗洛伊斯彻底改变了他们的想法。

新的立法正式通过创建通信兵航空处的提议，并批准了60名军官和260名士兵加入。然而，由于发生了多起恶性事故，飞行员的任命只限于未婚中尉。航空处的主要任务包括对气球、飞机、机载信号设备以及其他相关设备的使用和开发。国会还创立了"军事飞行员"和"初级军事飞行员"两个空勤人员等级，并增加了飞行补助。美国航空业终于启动运转，但是发展速度并不快。

第1飞行中队

1914年9月，通信兵团重组了第1飞

行中队。该中队自1913年便以不同的形式存在,其基地建在圣地亚哥。当时推进式飞机已经被宣布停用,唯一能满足军团要求的飞机便是寇蒂斯的"珍妮"飞机。由于口袋里有了国会提供的拨款,通信兵团司令乔治·P.斯克里文(George P. Scriven)准将向陆军要求组建4个中队,每个中队配8架飞机,另外配16架飞机备用。此外,每个中队还配备20名军官和90名士兵。但斯克里文很快意识到,他要求的48架飞机远少于欧洲各国的航空武备。1915年,他将要求增加到了18个中队,每个中队配20架飞机。虽然这个要求无疑是必要的,然而却超过了美国陆军部的期望,所以直至1917年,斯克里文的要求都没有实现。

与此同时,弗洛伊斯被调到圣地亚哥,开始集中精力为第1飞行中队培养16名军官、27名士兵并调试8架飞机,以应对可能出现的战斗任务。1914—1915年,当弗洛伊斯派米林中尉和拜伦·Q.琼斯(Byron Q. Jones)中尉驾驶飞机到得克萨斯的布朗斯维尔,协助陆军沿墨西哥边境镇压潘乔·维拉(Pancho Villa)的突袭时,美国飞机的问题显现了出来。米林和拜伦驾驶飞机执行了很多次侦察

下图:1916年对墨西哥的作战中,第1飞行中队的飞行员第一次驾驶被称为"珍妮"的寇蒂斯JN-2和JN-3飞机战斗。然而不久,飞机就被证实动力不足、不结实,无法完成侦察任务,因此飞机大部分时间都在邮递信件和传达信息。

任务后称难以与地面上的美军火炮有效协作。使用"珍妮"遇到的困难是：飞行员不得不依靠手表、指南针和无液气压表进行导航，大大降低了飞行效率。1915年末，包括米林和拜伦在内，整个中队都飞往萨姆豪斯顿堡，在得克萨斯的圣安东尼奥度过冬天。

行动中的"珍妮"

1916年3月9日，墨西哥的维拉革命军跨过边境，突袭了新墨西哥州的哥伦布镇，杀死17名美国人。约翰·潘兴（John J. Pershing）准将打算组织了一支1.5万人的队伍深入墨西哥追击游击队员，抓获维拉——活要见人，死要见尸。弗洛伊斯接受命令，带着10名飞行员、84名士兵和8架寇蒂斯JN-3飞机来到哥伦布。这是美国飞机与陆军配合作战的首次实战。当潘兴令飞机前往墨西哥大卡萨斯时，一架飞机因机械故障折返，一架飞机在夜间坠毁，仅剩4架寇蒂斯JN-3。至1916年

下图：1918年5月15日，在华盛顿举行的美国航空邮件服务落成典礼上，乔治·波义耳（George Boyle）中尉准备驾驶一架改良的寇蒂斯JN4-H前去助兴。不幸的是，波义耳中尉在飞行途中失事，再也无法到达目的地。

4月，只有两架寇蒂斯飞机还能使用。弗洛伊斯命令他们返回哥伦布。在哥伦布，这些飞机因无法继续使用而被报废拆毁。该中队在这里毫无用武之地。机体结构并不坚固的"珍妮"无法在侦察任务中飞越该区域高达1.2万英尺的山脉，也无法抵御该地区经常出现的强气流、旋风、沙尘暴、暴风雪等恶劣天气。天气好的时候，飞行员可以进行短暂的侦察飞行，然而大部分时间都花在了传递信件上。如果一架飞机降落在墨西哥一个小镇附近，当地居民会用雪茄烟将机身烧出很多洞，或是用刀将机身材料割破。

虽然第1飞行中队开始装备性能更佳的新飞机，但是与欧洲的军用飞机相比，墨西哥行动的失败还是暴露了陆军航空的缺点。当时，美国还能置身于战争之外多久成为一大问题。1916年8月，国会拨款1328.2万美元发展航空力量，这一举动使通信兵团震惊不已。如何利用这笔资金成了航空处的一个战略性问题，而这绝非一个简单的问题。

2 第一场空中战争
(1916—1920年)

第1飞行中队在墨西哥的不佳表现，再加上欧洲航空业在战争刺激下所取得的巨大进步，终于使国会开始重视通信兵团司令曾经向国会发出的警告，以及其他陆军军官们出现的失误。除了拨款1330万美元用于招募更多飞行员和采购性能更好的飞机之外，《1916年国防法案》准备建立一支由军官和士兵组成的后备军团。这次立法将资金倾注到了国家航空咨询委员会（简称NACA）。该机构建立于1915年3月，用于促进"飞行问题的科学研究"，

> 谁掌控了天空，谁便主宰了世界。
>
> 法国航空先驱克雷芒·阿德尔（Clemente Ader）于1909年

右图：1916年4月27日，在搜寻潘乔·维拉叛乱分子的过程中，一架寇蒂斯"珍妮"飞机在墨西哥上空因故障而失灵。飞行员本杰明·D.弗洛伊斯上尉和J.E.卡伯里（J.E. Carberry）中尉雇了一位牧场工人和一驾四轮马车回到了机场。值得一提的是，墨西哥革命中的这次事件证明，美制飞机的性能逊于欧洲飞机。

目的是通过"航空学的研究和试验"找到解决问题的方法。但国会的行动来得太晚了，不管是国家航空咨询委员会还是《1916年国防法案》都未能让美国及时制造出可以与欧洲飞机相媲美的作战飞机。当时国家航空咨询委员会依然因缺少研究设备而无法正常开展工作。直至战后，该机构转移到位于弗吉尼亚兰利机场的兰利纪念航空实验室，情况才有所改变。国家航空咨询委员会最终演变为美国国家航空航天局（简称NASA）——美国航空研究和发展最大的孵化器。

航空处

国会于1916年8月批准的那笔1330万美元的拨款直接被拨付给了通信兵团航空处。而航空处既无人手，也没有能力来处理这笔拨款。如果没有飞行爱好者组建的民间飞行队伍和美国航空俱乐部的协助，美军根本没有足够的飞行员或飞机用来培训新兵。在1917年，志愿飞行队伍一部分被编入预备役部队（Reserve Corps），另一部分则被编入新近组建的国民警卫队。这两支部队成为航空处最主要的空勤人员来源。

到1916年底，德国的齐柏林硬式飞艇已经轰炸了伦敦，驱逐机在空战中表现活跃，新发明的同步机枪可以穿过螺旋桨桨叶开火；德国"哥达"大型轰炸机也开始量产，正在为1917年的军事行动做准备。德国已经拥有一支庞大的航空机队，共装备了包括福克、鲁姆普勒和"信天翁"在内的16种型号战机。法国也装备了16个型号的飞机，包括斯帕德（SPAD）、纽波

下图：气球可以飞越前线附近的区域，在第一次世界大战中扮演着重要却并不引人注意的角色。气球驾驶员的训练依旧与飞行队的基础训练相互独立。早期的气球观察员都没有配备降落伞，但后来这一情况有了改变。

上图：在法国上空经历了早期的空战之后，航空勤务队很快发现了宣传的重要性，他们开始大量制作海报、招募新兵。

上右图：各种各样的美军航空勤务队海报遍布全国，生动地向年轻人传达了国家需要他们参加军队，"马上行动"！

特和布雷盖。英国生产了34个型号的飞机，包括索普维斯、布里斯托和德·哈维兰生产的型号。

第一次世界大战前的准备

1916年，美国的空中武装由125架通信机、侦察机和教练机组成，包括寇蒂斯JN-4和JN-4B，R-2和R-4（这两种是体型更大、动力更强的"珍妮"）以及5架由5家不同公司生产的实验性训练用飞机。而这些飞机没有一架飞机是为战斗任务准备的。莱特公司的飞机则已经退出了历史的舞台。

航空处开始扩大飞行学校的规模，第一个就是圣地亚哥飞行学校。1916年末，有45名军官在圣地亚哥接受飞行训练。1916年，人称"比利"的米切尔少校自费在寇蒂斯飞行学校学习飞行，后成为航空处助理处长，由此，事情开始发生了改变。民间航空学校开始协助陆军；纽约米里奥拉开办了一所新飞行学校，训练预备役军人以及国民警卫队的志愿者。航空处预计将会有更多的飞机和教员，于是在宾夕法尼亚州的埃辛顿又另外开设了一所飞行学校。

有了美国陆军部的批准，航空处成立了7个飞行中队，其中4个执行海外任务，3个执行国内任务。每个中队拥有12架飞机。第2飞行中队被调往菲律宾；第6飞行中队被调往夏威夷；第7飞行中队被调往巴拿马；而第1、第3、第4和第5飞行中队仍然留守美国本土。虽然第1飞行中队装备还不够充分，但是该中队组织有序。1917年4月6日，当国会对德宣战时，将空军增加到20个中队的计划依然还只是纸上谈兵。此时航空处拥有131名军官（他们中的大多数为飞行员），1087名士兵和大约250架训练用飞机。

直至1917年，仅由9个小型工厂构成的美国飞机制造工业还是没有动员起来。1916年，航空处仓促订购了366架飞机，整个飞机制造业却只能交付64架。美国陆军部从未将经过培训的观察人员派往海外学习欧洲的飞机开发技术，因此美国的军用航空在技术上和管理上都蒙受了损失。由于陆军部只参与地面部队的动员，航空处未能洞悉制造什么样的飞机才能适应现代战争的需求。航空处将责任都推给了国会。国会现在针对这个问题投入了资金，目的是让美国的空军实力位列世界第14名。然而陆军对此也负有责任，因为陆军参谋部从未认识到航空工业的重要性。同样的问题还要让人烦恼20年。

左图：海报不仅仅用来征兵。有一些海报，就像1916年或1917年发行的这一张海报，警醒制造业工人们，在国内工厂中工作的疏忽对于正在前线奋战的军人的影响。

来自海外的请求

国会对德宣战后,英国和法国便派代表团到华盛顿请求美国派兵,同时提出愿意为飞机制造提供技术帮助。1917年5月,法国总理亚历山大·里博(Alexandre Ribot)为1918年的军事行动向美国请求派出4500架飞机、5000名飞行员和5万名机械工;并在1919年的上半年再提供12000架飞机和24000台发动机。那时,法国在前线共有不到1700架飞机,后方有3000架教练机。法国的要求使通信兵团小小的航空处大吃一惊。作为回应,国会在1917年5月拨款1080万美元,6月又拨款4340万美元。虽然这远远不能满足里博的需求,但折射出美国陆军部对航空工业漠不关心。之后国会增加了赌注,匆忙通过了6.4亿美元的拨款。这笔巨资是为了组建一支拥有22625架飞机、44000台发动机以及足够再生产17600架飞机的零部件的庞大空中力量。这批飞机中有12000架将用于法国,但究竟生产哪种飞机当时依旧悬而未决,且没有人关心美国的工业生产能力是否能够满足需求。

当时只有德国、法国、英国和

右图:唯一一款在前线执行任务的美制作战飞机是英国人设计的德·哈维兰DH.4,由400马力的"自由"号发动机提供动力。美国最终生产了4000多架DH.4"自由"号飞机。

上图：一名观察员在DH.4的后座舱，利用机上简陋的温珀里斯轰炸瞄准器定位地面上有价值的目标。陆军仿照温珀里斯瞄准器开发出了马克型瞄准器。这两种轰炸瞄准器的精度都会因为飞机的不规则运动受到影响。

意大利正在制造世界上最先进的飞机。当欧洲盟国提出要分享他们的设计时，协约国提供的55种不同型号的飞机让人眼花缭乱，没有人知道究竟该选择哪些。

设计选择

1917年6月，通信兵团司令乔治·O. 斯奎尔（George O. Squier）准将派雷纳尔·C. 博林（Raynal C. Bolling）少校和一群航空军官前往欧洲，与英国、法国和意大利进行磋商，并希望他们向美国推荐应当制造的飞机型号。当时如果飞机制造商一起随行，那么这次行程可能会更有益。博林在1917年8月17日的报告中，建议将布里斯托尔侦察机用于高级训练，布里斯托尔F.2B战斗机用于战斗，德·哈维兰DH.4用于远程侦察和轰炸，而卡普罗尼三翼飞机则用于夜间轰炸；还建议引进两款斯帕德战斗机。

同时，飞机的设计提高了另一个方面的水平，DH.9代替了DH.4；一种新型、体型更小的双翼型号代替了卡普罗尼；英国汉德利·佩奇0/400飞机成为夜间轰炸机；不过最新型的斯帕德战斗机在法国的服役表现并不令人满意；此时寇蒂斯飞机公司已经开始准备生产3000架斯帕德战斗机，500架卡普罗尼轰炸机以及1000架布里斯托F.2B。代顿-莱特飞机公司也签下合同，准备生产2000架DH.4昼间轰炸机。费希博德公司同意再生产3000架DH.4昼间轰炸机。然而麻烦接踵而至：意大利人在寇蒂斯公司开始重新设计卡普罗尼，英国人拒绝提供汉德利·佩奇飞机的样机，法国人决定自己制造所有的斯帕德战斗机。这样便使寇蒂斯想要获悉战斗机新技术的努力失败了。

选择困难使得只有一种欧洲设计的美制飞机——德·哈维兰DH.4进入欧洲战场。该型号当时已经过时，还因其裸露且毫无保护的油箱而被飞行员们称为"燃烧的棺材"。虽然生产能力已经从1918年4月的单月产量15架增长到10月份的1100架,但是只有1213架DH.4飞机在法国服役,且仅有417架DH.4参加过战斗行动。

整个战争期间,没有一架美国设计的飞机曾经出现在前线的上空,哪怕是一个小时。不过美国生产了大约1000个气球,其中约650个用于观察任务。

航空勤务队的出现

国会对德宣战,使航空工业成为战时编制的问题凸显出来,但不论是陆军部还是总参谋部都不明白空中力量的重要性。1914年7月8日建立的通信兵团小小的航空处也没有意识到空中力量的重要性。通信兵团司令斯奎尔发现,他负责了几个自己几乎一无所知的新部门。飞机与发动机的产量依旧连续几个月不同步。到了1918年1月,月产量为800架飞机,大多数为教练机,与700台发动机的产量形成强烈对比。一架战斗机都没有生产出来,也没有一架战斗机被运送到法国。威尔逊总统因这样的"进步"而倍感烦恼,于是他将航

下图:1918年7月25日,在俄亥俄州的代顿-莱特飞机工厂内,装配工们在庆祝。他们特地将一架DH.4飞机的机身涂上特别的油漆,写着"我是第1000号飞机。7月31日下午4时30分将要奔赴法国"。

"自由"号发动机和DH.4"自由"号飞机

第一次世界大战期间,在航空学发展领域,"自由"号发动机可能代表了美国对飞行事业的最大贡献。恶意批评的人诋毁这种发动机太重,太不稳定,又太昂贵。然而,大多数的抱怨都是子虚乌有的。1917年5月29日,埃德温·迪兹(Edwin Deeds)上校带着耶西·G.文森特(Jesse G. Vincent)和埃尔伯特·J.霍尔(Elbert J. Hall)这两位在职工程师以及他们的设计人员,一起来到华盛顿的威拉德酒店,并在两天时间内设计出了"自由"号发动机。

他们拿出了四种标准"自由"号发动机的设计构思。这四款发动机从100马力到400马力不等,分别为4缸、6缸、8缸和12缸。很多融入成品的想法都来自德国人使用的梅赛德斯发动机。

国会拨款6.4亿美元生产这种发动机。1917年8月29日,也就是设计会议之后的3个月,帕卡德队一台12缸的"自由"号发动机进行了第一次飞行测试。8缸或12缸的"自由"号发动机成为美军飞行队配备的美国制造发动机。直到20世纪30年代早期,陆军飞行队依旧使用这种发动机。到了1918年10月,每年为飞机制造的发动机达4.6万台。1918年,两台410马力"自由"号发动机为美国第一架双发动机轰炸机马丁MB-1提供动力。同样的发动机最终用于机动船和风力机。第二次世界大战期间,6500台"自由"号发动机安装在了英国制造的坦克上。

不是所有的飞机都安装着"自由"号发动机。寇蒂斯制造的OX-5发动机用于教练机;霍尔-斯科特继续制造马力更大的发动机;一些西班牙和法国的发动机也进入美国航空工业市场。

在执行观察任务方面,美军飞行员对双座DH.4飞机给予了很高的评价;但是他们却并不喜欢驾驶该机执行昼间轰炸任务。如果DH.4飞机荷载500磅的炸弹,将需要1个小时的时间才能升高到1万英尺。DH.4的最高时速为100英里,对于德军战斗机来说是个能够轻易击落的目标。第2昼间轰炸机大队抱怨称:"作为一款轰炸机,它(DH.4)在任何高度上都难以挂载足量的炸弹。飞行员和观察员之间的油箱是敌军驱逐机的最佳射击目标。油箱没有加固,依靠压力工作,只要中枪就会爆炸。当飞机坠毁时油箱会脱离基座,与发动机一起将驾驶员挤死。"

虽然第一架美国制造的飞机直到1918年5月17日才到达法国,然而美国生产的"自由德·哈维兰"却成了飞行员中大受欢迎的飞机。该飞机由美国410马力的"自由"号发动机提供动力,实用升限为1.6万英尺,然而飞行员坐在敞篷的驾驶室内,既没有氧气,也没有热量。他们的安全保障就只有皮革和帆布制成的安全带。"自由DH.4"飞机最大额定空速为每小时124英里,这可能是言过其实了。DH.4的翼展为42.5英尺,空重为2732磅,是第一次世界大战中所使用的体型最大的飞机之一。

下图:人称"哈普"的亨利·阿诺德少校站在一台1917年生产的12缸"自由"号发动机旁边。该发动机是在6天时间内设计完毕的,设计时注重零部件的可互换性和生产便捷性。它是美国在工业方面对第一次世界大战盟国做出的最伟大的贡献。

空事务从通信兵团撤出,转交到陆军部长管理下的两个部门:还未实现目标的飞机生产局和威廉·L.肯利(William L. Kenly)少将执掌的军事航空处。但将两个本应该共同协作的部门分开只会带来更多的问题。于是1918年5月24日,两个部门被并入航空勤务队。

美国航空勤务队于1918年4月24日由潘兴将军创立,并成为美国远征军(简称AEF)的一部分。航空勤务队最早的组成部分包括第1驱逐机大队的4个中队。该大队于1918年初期到达法国,飞行员们各个热情高涨,但是却没有飞机。他们驾驶的是华而不实的法国纽波特28双翼飞机。这种飞机虽然表面看起来简洁而干净,但由于其俯冲时上翼结构容易脱落,导致飞机失控而使飞行员丧命,法国已经将其撤出前线服役。

1918年8月27日,也就是战争的最后几周,威尔逊总统终于将航空部门统合到约翰·D.瑞安(John D. Ryan)旗下,任命其为航空勤务队主任兼陆军部第二助理部长。战争期间,美国飞行员驾驶着那些涂刷着本国或者没有标志的外国飞机作战。直到航空勤务队组建之后,美国飞机才涂上了白星军徽。到1920年7月4日,航空勤务队正式成为陆军航空勤务队。

飞机生产量	(1918年)
英国	4.1万架
法国	3.1万架
美国	2.3万架

下图:第1驱逐机大队驾驶了各种型号的法国飞机,包括图中的这架装饰奇怪的纽波特17。除了飞鱼图案之外,上翼顶端和下翼的下侧都有一颗白星,这是在法国作战的美军飞机的标志。

1918年飞机成本

飞机名称	成本
寇蒂斯JN-4A	5550美元
寇蒂斯JN-4H	8043美元
代顿—莱特 DH.4	10350美元
寇蒂斯S.E.5	7443美元

上图：在第148飞行中队位于法国佩蒂特塞斯的机场，飞行员和机械工在调试飞机，为1918年8月6日针对德国战壕和城市的行动做准备。

汉德利·佩奇	51600美元
马丁MB-1轰炸机	50600美元
卡普罗尼	30900美元
寇蒂斯R-4	19149美元
斯帕德	10243美元

资料来源：阿尔弗雷德·哥德堡（Alfred Goldberg）所著的《美国空军史》。

上图：1918年4月的行动中，26架美国飞行员驾驶的驱逐机和侦察机在法国艾索顿机场排成一行，等待例行的机械检查和设备检查。

美国远征军赴法国航空勤务队

1917年3月，通信兵团的航空处向欧洲派遣了5名军官：3名军官进入法国飞行学校学习，一名军官在伦敦任助理武官，还有一名任西班牙全境空中观察员。身为观察员的比利·米切尔少校说他在法国是浪费时间，于是便被许可探访欧洲北部的前线。10天的时间里，他徘徊在法国机场，驾驶侦察机飞过战场，研究德国的阵地。在他的主动倡议下，同时在法国顾问的帮助下，他草拟了一份关于在法国建立一支美军航空部队的计划书，并将计划书寄给美国陆军部。在推动此事的同时，他继续向华盛顿发送报告，汇报空战各个方面的情况。

潘兴将军到达法国指挥美国远征军之后，米切尔向他提出了一个关于法国空中行动双管齐下的计划。第一支部队由依附于步兵部队的飞行中队组成，直接接受地面指挥官的指挥。第二支部队针对敌人的阵线和补给线进行战略行动，包括针对远离战场的德国工厂和资源实施的"独立"轰炸任务。米切尔的第二个提议反映了英军休·M.特伦查德（Hugh M. Trenchard）少将很多备受争议的观点。特伦查德少将人称"布姆"，是英国陆军航空兵团的指挥官。他主张进行战略轰炸，统一空军指挥。

潘兴成立了一个军官委员会,并征集对美国远征军空军编制的建议。米切尔是委员会中唯一曾在法国目睹空中战术,并学习这一战术的军官,因此他说服其他军官,向他们灌输航空勤务队应该包括一支战略部队的理念。该部队应该含有30架轰炸机和30架战斗机;还应部署一支与美国远征军地面部队预计规模相匹配的第二航空勤务分队。潘兴驳回了委员会的建议,可能是他在质疑飞机和飞行员的可用性。他也不同意成立战略轰炸机大队,只赞成部署4个大队来支援地面部队。米切尔因潘兴没能领会空中力量的重要性而感到泄气。虽然他接受了将军的决定,但是他要等待最后的战争来证明他的观点。一场长达30年的战斗随即开始,这是一场支持空军从陆军中分离出来并成为独立军种的人进行的战斗。

1918年4月24日,潘兴终止了通信兵团对航空处的管理责任,创立了美国远征军陆军航空勤务队。

"美国中队"

1916年4月,7位美国公民不顾美国的中立地位成立飞行中队抗击德国人。其中6人是老兵,曾在1914年加入法国外籍陆军航空兵团。很多参加协约国军队的美国志愿者参军时还没有学会驾驶飞机,但是不久之后就全部学会了。飞行中队成员包括热尔韦·拉乌尔·吕夫贝里(Gervais Raoul Lufbery)、飞行先驱威廉·肖(William Thaw)、伯特·霍尔(Bert Hall),还有一个由三位身具贵族气质的年轻理想主义者组成的三人组,他们是维克多·查普曼(Victor Chapman)、

上图:1918年8月27日,试图加速航空部队动员的威尔逊总统任命蟒蛇铜业公司前董事长约翰·D.瑞安为航空勤务队总监兼陆军部第二助理部长。

右图:法国的堑壕战没有吸引美国普通士兵,而航空队却吸引了数以千计的志愿者。相比于在战壕中牺牲,他们更愿意驾驶飞机翱翔天空。

右图:第94飞行中队的指挥官拉乌尔·吕夫贝里少校。加入航空勤务队之前,他是拉斐特飞行队的王牌飞行员。吕夫贝里的"圈中帽"飞行队(Hat in the Ring)在法国取得美国航空勤务队的第一次胜利。在取得了17次胜利之后,当时驾驶纽波特28飞机的吕夫贝里在1918年5月的战斗中牺牲。

保罗·洛克威尔(Paul Rockwell)和基芬·洛克威尔(Kiffin Rockwell)兄弟俩。

1916年4月18日,法国陆军批准这支部队,并派乔治·赛诺特(George Thenault)上尉指挥这个中队,教授他们如何驾驶纽波特11战斗机。1916年5月13日,在该中队第一次巡逻过程中,基芬·洛克威尔取得了第一次胜利,击落一架德国侦察机。更多的美国人希望加入飞行中队,这其中包括马戏演员、浪荡子弟、赛车手,甚至一名水手。1916年9月,这支队伍被正式命名为拉斐特飞行队——第一次世界大战中最著名的美国飞行中队。德国驻华盛顿大使指责美国违背中立立场,向法国派遣飞行员。由于打击墨西哥的战争中可能需要战斗飞行员(当时并未向法国派遣军方飞行员),陆军对于德国的抱怨感到无所适从。

在法国进行的长达22个月的战斗中,备受尊敬的拉斐特飞行队的人数增加到了209人,其中38名为飞行员。飞行队在战斗中击落57架敌机,损失了9名飞行员。飞行队将一个北美印第安人头像涂在机身上作为标志。他们还用两只狮子作为吉祥物,一只名叫威士忌,另一只名叫苏打。1917年12月17日,拉斐特飞行队不再隶属法军,而是成为美国远征军第103飞行中队的核心力量,由威廉·肖少校指挥。这位王牌飞行员是一名厌战的贵族。

英国皇家空军中的空中之王

越来越多的美国志愿兵加入英军飞行中队,在这里他们取得的胜利比法军的飞行员更多,声望也更高。在美国于1917年开始动员后,第一批飞行学员前往英格兰,接受训练并接收装备,在英军皇家飞行兵团(Royal Flying Corps)效力。最终有542名美国人在英国皇家飞行军团服役。英军皇家飞行兵团于1918年4月1日与皇家海军飞行兵团合并,成为英国皇家空军。在英军服役的美国飞行员约有一半后来成为美国第17飞行队和第148飞行队的飞行员。第17飞行队和第148飞行队实际上是完全由美国飞行员驾驶飞机的英国飞行中队。

美国16位一流王牌飞行员中,有11人在英国皇家飞行军团或者皇家空军取得了部分或者全部战绩。英军的飞行训练更为优越,英制索普维斯

下图:1911年,几位飞行事业的先驱人物在马里兰州的科利奇帕克摆出造型,照了这张照片。站立的一排,从左至右依次为轩尼诗(Hennessy)上尉、亨利·H.阿诺德少尉、罗伊·C.柯特兰少尉、弗兰克·N.肯尼迪(Frank N. Kennedy)上尉、麦克利里(McLeary)少尉和哈罗德·盖格(Harold Geiger)少尉。图中单膝跪地的两人,左为路易斯·C.洛克威尔(Louis C. Rockwell)少尉,右为托马斯·D.米林少尉。

梅森·M.帕特里克（Mason M. Patrick）少将

1886年，梅森·帕特里克与人称"黑杰克"的约翰·潘兴一同毕业于西点军校。帕特里克选择成为一名工兵，潘兴则选择了加入骑兵部队。潘兴抵达法国建立航空勤务队之后，发现"很多优秀的人都走了太多弯路"，于是他将帕特里克准将调离工兵部队，组建这支队伍。虽然帕特里克从未曾做过飞行员，但是潘兴相信，一位优秀且作风严谨的工兵可以让弗洛伊斯、拉姆、米切尔这些雄心勃勃且对空中行动有独到见解的年轻飞行军官们大显身手。

55岁的帕特里克执掌了航空勤务队，采纳了弗洛伊斯和米切尔的部分想法，并且最终同意加入英国皇家空军发起的夜间轰炸计划。帕特里克任命弗洛伊斯代替肯利将军出任第1集团军飞行队司令，肯利将军是一位前炮兵军官，1917年成为美国远征军的飞行军官。由于拉姆被任命为第1集团军航空勤务队司令，米切尔感觉自己被忽视了，而且还要向自己一向反对的弗洛伊斯汇报工作，这让他感到气恼。他继续围绕着部队体制提出改革，希望扩大航空战斗行动的范围。弗洛伊斯自认为能力有限，请求帕特里克任命自己为航空勤务队的二把手，让米切尔代替自己担任司令。在如此进行人事调整后，潘兴将米切尔升为准将，委任他负责前线的一切战斗行动。在前线，米切尔成为美国战时航空勤务队一名杰出的指挥官。之后，潘兴提拔了另外一位先驱飞行员马斯·D.米林上校，让他接替米切尔出任第1集团军飞行队司令。

到1918年8月，帕特里克在欧洲已经拥有24支美国飞行中队。他认为地面部队每增加35~40人，航空勤务队就应相对地配备一架飞机。他还认为战争至少还将持续一年，因此要求到1919年6月组建202个美国飞行中队，然后在10个月的时间里再组建178个飞行中队。对于当时的美国工业水平来说，这是不可能完成的任务。美国还没有生产出自己的第一架驱逐机。然而，到了1918年11月11日战争结束，就在为第3集团军建设另外一支飞行队时，帕特里克在法国的航空勤务队已经拥有5.8万名军官和士兵，还有2万人在英国和意大利进行训练或参与军事行动。

战后，帕特里克依旧在航空勤务队服役。1923年，60岁的帕特里克终于学会了驾驶飞机。这时，他同意了米切尔关于空中力量的说法，说道："下一次战争将在空中决一胜负。"帕特里克此后依旧执掌航空勤务队，培养人才，壮大航空力量。1926年7月2日，美国航空勤务队改成美国陆军航空兵团（Army Air Corps）。1927年帕特里克退休，但是他继续推动着空中优势事业的发展。1942年，帕特里克去世。他相信，亨利·"哈普"·阿诺德等有志之士一定会完成他与比利·米切尔和本·弗洛伊斯等人开创的事业。

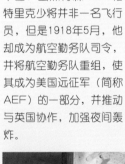

下图：虽然梅森·M.帕特里克少将并非一名飞行员，但是1918年5月，他却成为航空勤务队司令，并将航空勤务队重组，使其成为美国远征军（简称AEF）的一部分，并推动与英国协作，加强夜间轰炸。

最左图：一颗中间带有红色圆形的白星成为航空勤务队的机徽。在法国不难见到美军纽波特或是斯帕德飞机，机尾涂成法国国旗的三种颜色，机翼上涂刷美军星徽，机身上绘有老鹰或帽子图案。

左图：整个战争期间，飞行的吸引力持续增大。到了1918年，全国建立更多新的航空学校，飞机性能得到提升，航空勤务队的海报开始强调参军入伍"学有所获"方面的内容。

"骆驼"战斗机也比美军的战斗机优秀。美国飞行中队在法国组建之后，很多在英国接受训练的美国飞行员转到美国远征军航空勤务队。虽然许多人已经是王牌飞行员了，但是航空勤务队的官员坚决要求他们到飞行学校跟随一些少尉学习如何驾驶飞机，因此他们立即返回英国，重新加入英国陆军航空兵团或英国皇家空军。

美国的王牌飞行员，如沃伦·吉列（Warren Gillette）上尉和约翰·W.马龙（John W. Malone）上尉都为英国赢得了20次空战胜利，他们的战绩已经与欧洲国家的"天空之王"比肩。艾伦·威尔金森（Alan Wilkenson）上尉更是击落了39架敌机。共有18名美国王牌飞行员服务于英国皇家飞行军团或英国皇家空军，并拒绝转入美国航空勤务队。

> "军事航空显然是人类自发现角斗士比赛以来最为危险的运动。"
>
> 《空军》一书的编辑援引詹姆斯·P.麦卡锡（James P. McCarthy）将军的原话

爱德华·弗农·里肯巴克（Edward Vernon Rickenbacker）上尉

上图：埃迪·里肯巴克（Eddie Rickenbacker）中尉坐在他驾驶的法制斯帕德XIII飞机驾驶舱中。该飞机是战时最令人钦佩的驱逐机之一。作为一名受过专业训练的前机械师，里肯巴克对他的斯帕德格外照顾。与其他飞行员驾驶的纽波特飞机不同，斯帕德从未让里肯巴克失望。

右图：荣誉勋章获得者埃迪·里肯巴克在第一次世界大战中以击落敌机26架的战绩成为美军头号王牌。他最亲密的竞争对手弗兰克·卢克（Frank Luke）中尉在取得了第18次胜利之后于1918年牺牲。

埃迪·里肯巴克1890年10月8日出生于俄亥俄州首府哥伦布，后成为美国顶尖赛车手之一。1917年，他创造了时速134英里的世界纪录。这之后，他参军入伍，成为一名中士，担任潘兴将军的司机。由于厌倦了一成不变的生活，他便转到了位于法国图尔的美国远征军航空勤务队。1918年3月14日，他加入了第94飞行中队（"圈中帽"飞行中队）。

1918年4月29日，37岁的里肯巴克击落了他生涯中的第一架敌机。两周之内，他成了王牌飞行员。他还曾死里逃生。虽然与自己的僚机飞行员分开了，但是里肯巴克仍然攻击了3架德国飞机，并击落其中一架。当他驾驶飞机高速逃脱其他敌机的追赶时，他所驾驶的纽波特28飞机右上机翼的布质蒙皮在螺旋桨引起的气流中脱落了。随后飞机开始在德军阵线上空滚转，里肯巴克让发动机空转，拉高飞机，使飞机水平滑翔，操纵飞机向法国阵线飞去，躲过了从四面八方射来的防空火力，然后打开节流阀，最终安全着陆于友军的地界。他说，他所知道的关于飞行的一切，都是从拉乌尔·吕夫贝里那里学来的。

1918年6月，里肯巴克升任第94飞行中队的指挥官，他将飞机换成了斯帕德XIII。他利用自己所学的机械方面的知识，使这架飞机处于最好的状态，两挺机枪也时刻保持清洁，处于绝对正常的运转状态。尽管由于严重的身体问题必须动手术，里肯巴克缺席了几个星期，但是他随后重新回到了空中，并最终以26次胜利跻身美军头号王牌飞行员，获颁荣誉勋章。

战后，里肯巴克经营着自己的汽车公司。作为一名享誉全国的飞行员，他还在美国东方航空公司任总经理。一年之后，东方航空公司任命他为董事长。1939—1945年，里肯巴克在第二次世界大战期间任陆军部长代表。但是1946年，他又回到了东方航空公司，后来他将其建设成世界上最大的商业航空公司之一。

第1驱逐机大队

1917年9月3日，拉尔夫·罗伊斯（Ralph Royce）少校带领第1飞行中队（此前部署在墨西哥边境）来到法国。虽然这支队伍号称是第一支来到欧洲的美军中队，但是这一队伍接下来却花了几个月的时间学习驾驶法制飞机。该中队在作为一支侦察中队接受训练后，于1918年转移到了图勒地区，这是东部边境较为平静的区域。美军第94飞行中队和第95飞行中队分别于1918年2月和3月在这里成立。飞行员驾驶的是速度快且易于操作的纽波特N28C-1系列飞机。这种飞机有致命的设计问题。诺曼（Gnome）转缸式发动机的震动可能会致燃料管路破裂，进而导致飞机起火。更有甚者，在一次大角度俯冲中，飞机上翼面脱离机身，导致飞机坠毁。法国人不愿意用这种飞机，却将这些飞机借给美国飞行员使用，而且一点也不觉得内疚。直至斯帕德飞机出现，N28C-1才被取代。虽然直到3月15日机枪仍然没有到位，但第94飞行中队和第95飞行中队还是开始驾驶飞机飞越敌人阵线执行任务。飞行员在使用机枪等武器之前必须到法军的射击学校学习如何使用，因此第94飞行中队和第95飞行中队的飞行员仍然没有被批准参加战斗。

第94飞行中队和第95飞行中队成为第1驱逐机大队的两个主力中队。不久，第27和第147飞行中队也加入了该大队。另外还有两支新的中队加入了第1飞行大队，并成为第1军团侦察机大队。这两个中队均驾驶双座斯帕德飞机，且依旧在法军的战术控制之下。第1驱逐机大队的几名美国飞行员来自法国中队。虽然他们是老练的飞行员，但是几乎没人接受过领导指挥方面的培训。第94飞行中队的指挥官拉乌尔·吕夫贝里少校却是个例外。在吕夫贝里效力于拉斐特飞行队期间，他成为第一位美国王牌飞行员。

1918年4月3日，第94飞行中队完成了在射击学校的学习之后，吕夫贝里带领不久后声名鹊起的"圈中帽"中队投入战斗行动。11天之后，当德国飞机接近战场时，负责值班警戒的是艾伦·F.温斯洛（Alan F. Winslow）中尉和道格拉斯·坎贝尔（Douglas Campbell）中尉。尽管纽波特飞机只配备了一挺机枪，但是温斯洛还是击落了一架德国"信天翁"飞机，而坎贝尔也击落了一架"法尔茨"D-Ⅲ飞机。1918年5月17日，吕夫贝里驾驶的飞机被德国"鲁姆普勒"飞机后座舱的枪手击落，吕夫贝里身亡。在这之前，他已经取得了17次胜利。与吕夫贝里一起飞行的人声称，他从来不记录自己击落下多少架敌机，他可能已经击落了多达70架敌机。爱德华·V.里肯巴克

上图：寇蒂斯SE-5驱逐机没能及时走下流水线，前往欧洲参展。到了1921年，SE-5便过时了，尽管这种飞机服役表现很差，但是航空勤务队依旧继续使用它。

（Edward V. Rickenbacker）上尉随后接任"圈中帽"的指挥官，并使其扬名。

每一个在图勒地区的飞行员都急切地希望与敌人展开战斗，但是这个区域非常平静，几乎没给他们提供战斗的机会。1918年4月，德军发动春季攻势之后，机会终于来了。7月，第1航空旅旅长比利·米切尔将第1驱逐机大队和第1侦察机大队调到马恩地区。德国在这里拥有最好的飞行员和战斗机（福克D.VII），还拥有4∶1的空中数量优势。

在接下来的几个月里，第1驱逐机大队击毁的德国飞机及培养出的美国王牌飞行员数量都无人能及。

蒂耶里堡

1918年6月28日，第1驱逐机大队的4个中队及第1军团侦察机大队的3个中队，与第1气球连和第2气球连一起向北转移到图坎，参加夺取蒂耶里堡附近的制空权。德国军队已经在这里击溃了协约国的阵线，并且占据了巨大优势。这几个空中大队和几支法国飞行中队被合编为比利·米

2 第一场空中战争（1916—1920年） | 053

> 国内的简报上说，在法国有数以千计的美国飞机……然而西线战场上却没有一架美制战机出现。
>
> 摘自《1917年4月约翰·潘兴日记》

切尔上校率领的第一航空旅。

1918年3月，德国陆军发动了春季攻势。德军被暂时阻滞在马恩河之后，德国的将军们开始集结部队，在距巴黎50英里的蒂耶里堡寻求突破。蒂耶里堡战役成为证明美军飞行员在夺取制空权方面角色愈发重要的三场大规模战役中的第一场。

与协约国航空兵展开较量的是46支德国战斗机中队，其中包括3支来自"飞行马戏团"的精锐中队。"飞行马戏团"因其光鲜亮丽的机身涂装而得名。1918年6月的攻势中，德国第一次大规模运用了空中力量。300架飞机夺取了制空权，扰乱了盟国部队的活动。想要对抗这样的战术，盟国需要更多的飞机。接踵而至的空中战斗让交战双方的将军们都认识到了空中力量的重要性。

比利·米切尔自己仍有很多东西需要学习。1918年7月15日早晨驾驶侦察机时，米切尔发现了德国步兵长长的纵队跨过马恩河上的五座浮桥。尚在摸索过程中的他本应当即派出轰炸机摧毁浮桥，但在其后的几周间只是派出了侦察机。结果，他只是汇报了敌人的活动，敦促总部转移部队，以应对敌人的进攻。

在长达6个星期的战斗中，德军飞行员一直占据制空权，这主要是由于他们单座战斗机中队在数量上和性能上的优势。美军飞行员大多数都缺乏经验，因此当他们与福克驱逐机决斗时，总是落得下风，处于守势。因上级命令美军飞行员保护侦察机，他们并没有主动对敌方发起攻击。

下图：1918年9月12日—13日，圣米耶勒突出部战役中，一架美国侦察机飞过法国蒂欧库尔，拍下了美军发起进攻前的地面情况。

上图：1918年9月的行动中，一架低空飞行的侦察机以树梢的水平高度飞过法国的立米，拍摄下了美军曾一度切断的、通往圣米耶勒突出部的路线。

蒂耶里堡的经历使米切尔损失了全部气球和第1驱逐机大队的36名飞行员，然而这次行动却使美军飞行员为下一次战斗做好了准备。

圣米耶勒突出部

为了表彰5个英国皇家空军中队和第1驱逐机大队摧毁了德军位于费尔昂塔德努瓦的基地，帕特里克将军任命比利·米切尔指挥第1集团军下属全部飞行大队。这一晋升让米切尔手头掌握了98个美国、英国和法国中队。他将其中的一半安排进了战斗机联队、轰炸机联队和侦察机联队，并将他们全部集中起来，投入到在圣米耶勒突出部进行的军事行动。该突出部呈三角形，其末端在圣米耶勒伸入默兹河。其基部从弗莱西斯一直延伸30英里到达蓬塔穆松。突出部的后方，德国人已经在布里埃铁盆地开采矿石长达四年时间，供给德国的军火工业。这里从未曾遭遇轰炸，也没有被法国的飞机打扰过。地面指挥官和第1军团侦察机大队（下辖第1、第12和第88飞行中队）在严密的掩护下进行了缜密的侦察后，米切尔第一次着手展示这支他建立起来的战术空中力量。他组织起了西线规模最大的一次航空作战行动——259架德军战机将要面对1481架协约国战机，米切尔计划在突出部投入959架飞机，其余500架侦察机和驱逐机用于地面支援。

战斗的最初两天，恶劣的天气情况使飞机滞留在地面。随着1918年9月14日一

> 我可以自由指挥的法军独立航空队以及英国轰炸中队和我军航空部队，共同组建起了迄今为止一场作战行动中可以集结起的规模最大的航空兵力量。
>
> 潘兴将军于1918年9月12日

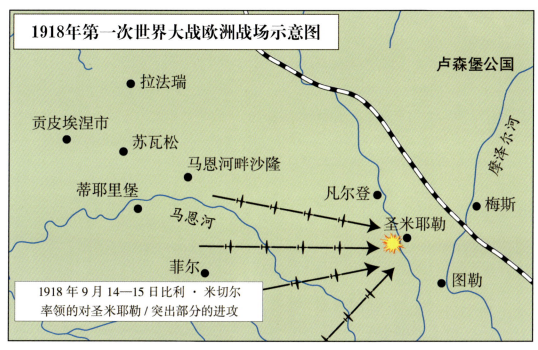

左图：法国前线图。比利·米切尔于1918年8月成为第1集团军飞行队司令。在连续18个月都未能使法国相信其战略轰炸方面的优点之后，米切尔终于获得了潘兴将军的许可，对德军在圣米耶勒的要塞发动第一次大规模协同空中打击行动。9月26日，800多架驱逐机和轰炸机（其中600架由美军飞行员驾驶）在有史以来第一次联合战略轰炸行动中狠狠打击了突出部地区及当地机场，使协约国彻底取得了该战斗区域的制空权。

15日天气转好，轰炸机和驱逐机飞过突出部，轰炸并用机枪扫射德军的交通设施、军事设施以及步兵阵地。虽然空中袭击遭遇了来自敌方战斗机中队的猛烈抵抗，但完全瓦解了德国人的防御体系。

1918年9月14日，驾驶装有"自由"号发动机的DH.4飞机的第20飞行中队加入第一昼间轰炸机大队，并执行了轰炸任务。大多数飞行员都从未驾驶飞机飞越敌人阵线；一些飞行员此前甚至从未驾驶过DH.4"自由"号飞机；他们中几乎没有人曾空投过炸弹。尽管第一天出现了几次意外事故，但是该中队在三天内驾驶飞机执行了8次任务，在针对埃泰恩和突出部中其他目标的行动中，共投下了8吨多的炸弹。第1昼间轰炸机大队驾驶飞机飞至1万~1.5万英尺的高空，在没有氧气也没有加温措施的情况下，又投下了22吨炸弹。轰炸机中队通常都会得到几个驱逐机中队的护卫，因此在轰炸行动中爆发了当时规模最大的空战。

4天的行动中，第1集团军飞行队的29个中队出动飞机3300架次。第一次在战争中获得了打击区的制空权，摧毁了12个敌军气球和60多架敌机。

最后的战役

圣米耶勒突出部失守之后，德国人开始横渡默兹河，长途撤退进入森林覆盖的阿尔贡。米切尔将大部分法国飞行中队派往其他地区，只留下夜间轰炸机队和侦察机队。第1驱逐机大队仍旧主要驾驶纽波特战斗机，而第2和第3驱逐机大队则装备可以挂载25磅炸弹用于袭扰步兵的斯帕德战斗机。

1918年9月25日，默兹－阿尔贡进攻开始，然而天气却变得恶劣了。在此次进攻中，驱逐机参与了大多数的行动，雨天或阴天在云层下进行低空拦截。仅第1驱逐机大队就取得了101次胜利，牺牲了15名飞行员。缺乏经验的第2和第3战斗机大队由于太晚参战，没能创造瞩目的战绩。

1918年11月11日，当德国人投降时，

美军在前线只有740架飞机，其中大多数都是法制飞机——相当于协约国空中力量的10%。美军飞行员独立执行了150次轰炸任务，投下炸弹140多吨，一度深入德国阵线后方160英里。美国的战斗损失包括48只气球和289架飞机，其中包括57架效力于英国、法国和意大利的飞行员驾驶的飞机。航空队没有配备降落伞；如果携带了降落伞，那么战斗中牺牲的237名飞行员中有很多人本可以得救。

第一次世界大战成了空中战斗的第一个时代。在这期间，美国驾驶员共击落781架敌机和73只气球。第一次世界大战也标志着对王牌飞行员嘉奖的开始。击落5架或5架以上敌机的飞行员被称为王牌飞行员。埃迪·里肯巴克击落了26架敌机，在王牌飞行员中名列前茅。沃伦·吉列上尉和约翰·W.马龙上尉在英国皇家空军中驾驶索普维斯"海豚"战斗机取得了20次胜利。1918年9月，第103飞行中队的弗兰克·卢克中尉在牺牲前击落了18架敌机。而拉乌尔·吕夫贝里少校从来不计算击落了多少架敌机，在击落了17架飞机之后，他从燃烧的飞机上跳下牺牲。艾略特·斯普林（Elliot Spring）上尉和乔治·沃恩（George Vaughn）中尉各击落12架敌机。为法国驾驶飞机的弗兰克·贝利斯（Frank Bayliss）中士击落12架敌机，是唯一一名成为王牌飞行员的士兵。美国的71位王牌飞行员共击落敌机450架，气球55只。

比利·米切尔和本杰明·弗洛伊斯因在战争中表现出色成为准将。他们成为第一批佩戴上将星的飞行员。两个人对于空中力量都有着强烈的感情，同时他们有共同的主要敌手。战争结束后，如果他们能够携手合作，那么他们关于空中力量方面的观点可能会得到更多的支持。

对页图：1918年9月29日，弗兰克·卢克少尉在牺牲之前击落了18架德国飞机。卢克因坚持单打独斗而闻名遐迩。在17天的时间里，他击落了4架飞机、14只气球。美军飞行员击落的55只气球中，卢克击落得最多，图中的那只气球也是他的战绩之一。在他服役期间，21岁的卢克被授予两枚优异服务十字勋章、一枚紫心勋章。此外他在阵亡后被追授了荣誉勋章。

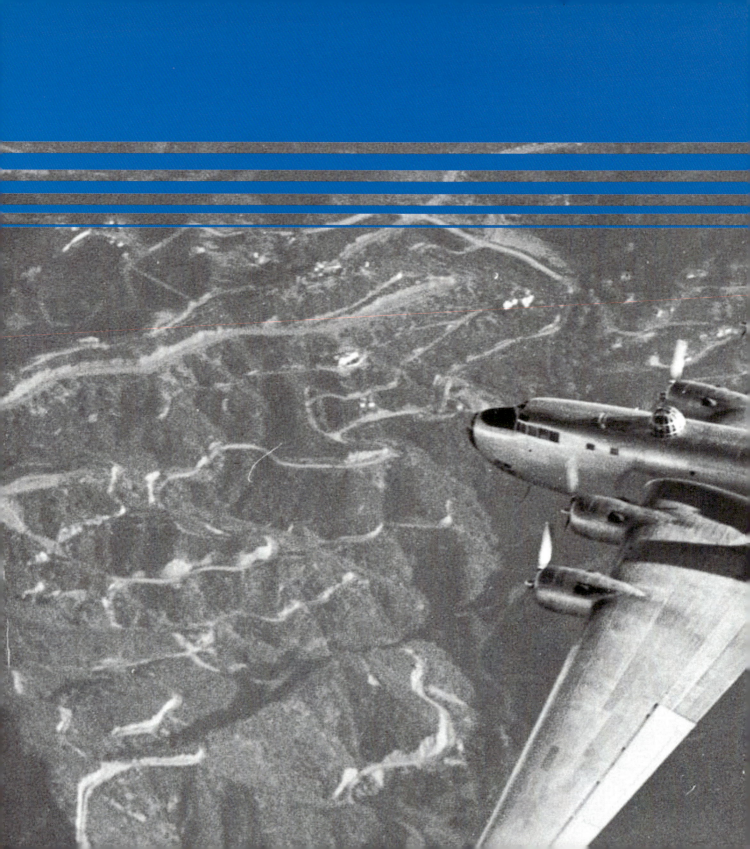

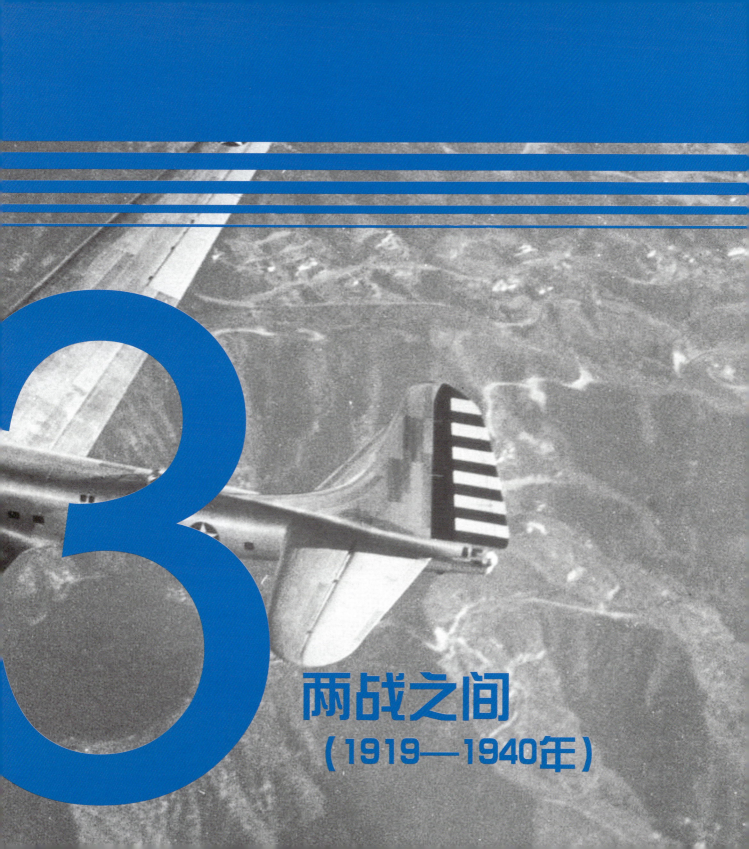

3

两战之间
（1919—1940年）

第一次世界大战各国投入战场的飞机数量	
法国	4500架
英国	3300架
德国	2400架
意大利	1200架
美国	740架

第一次世界大战共有6500万人参战。战争结束时,在空中力量的扩充方面,美国在两年间从第14位跃至第5位。整个战争期间,德国空军拥有更优秀的飞行员、更精良的飞机、更先进的武器、更出色的指挥以及更有效的战术,其表现超过所有国家;但最终被协约国以压倒性的数量优势夺取了制空权。若不是被用于战争,飞机和发动机根本不可能得到如此迅速的发展。

> "如果我们不得不依靠我们的将军们,那么我希望他们不是那种嘲笑飞机的人。"
> 众议院议长亨利·T.雷尼(Henry T. Rainey)于1934年

对王牌飞行员和空战的大量宣传,使得美军飞行员以英雄的姿态回到了祖国;航空工业也因其自身的发展成了最大的赢家。飞行员们相信,空中力量将主宰下一

右图:第一次世界大战之后,DH.4飞机上的两位士兵在演示安装在驾驶舱前后的刘易斯式机枪的使用方法。刘易斯式机枪操作简单,重量是当时其他中型机枪重量的一半。

上图:一位姓名不详的军官站在一架装有"自由"号发动机的马丁MB-2飞机前拍照。马丁MB-2是美国陆军飞行勤务队的第一款重型轰炸机,其设计反映了当时的普遍特点,如木制框架和纤维织物蒙皮。

次战争。比利·米切尔和本杰明·弗洛伊斯——两位空中力量最坚定的信徒,努力为美军配备足以证明他们理论的先进空中武器,但他们能够得偿所愿吗?

航空先知

技术的发展支持了米切尔和弗洛伊斯的想法,但是他们的理念却遭到了来自陆军参谋部的反对。这两位直言不讳地称,美国的航空只有从陆军中分离出来成为一个独立的军种,才能走在欧洲的前面。1920年6月4日,他们想要建立由空中将领们指挥的一支独立兵种的努力被陆军总参谋部抹杀,取而代之的是总参谋部组建的陆军航空勤务队(Army Air Service)。尽管轰炸机和驱逐机在战争中发挥的关键性作用让这场战争足足提早了一年结束,但是参谋部却抱定了"飞机唯一的用处不外乎进行侦察和为地面部队提供情报"这样的观点。为了坚持这一观点,他们任命反对航空部队独立的炮兵军官查尔斯·T. 梅诺尔(Charles T. Menoher)为航空勤务队司令。

国会顺应了陆军部长牛顿·D. 贝克(Newton D. Baker)、潘兴和梅诺尔的意愿,并通过了《1920年陆军重组法案》,设定了航空勤务队的核定编制为1516名军官、16000名士兵以及2500名学员。这只占陆军核定编制280000人的7%。该法案取消了战争期间航空勤务队的双重组织结构,统一了指挥权,但是国会未能为飞机研发、采办提供资金,也未能给批准成立的部队支付薪资。学员们依旧驾驶着老式的教练机。除了几架新的马丁轰炸机之外,飞行员们继续驾驶着逐渐被淘汰的DH.4飞机和战时遗留的飞机。

由于美军已经保有过多飞机,大量的军机作为剩余物资抛售,随后推动了民间航空业奇迹般的繁荣,马戏演员、想出风头的浪荡子、战时老兵以及数量正在增加的飞行爱好者竞相购买了上千架原军用飞机。这些价格仅几百美元的剩余物资有的甚至直到出售仍被封装在板条箱里。尽管航空勤务队没有采购飞机,但是公众对于航空工业的兴趣却让几个飞机工厂依然运作,不过飞机技术方面已经停滞不前了。而德军并未在战场上真正被击败,《凡尔赛条约》压迫性的赔偿条款也成为一条慢

> 如我们所知,航空部队如果独立进行作战,不管是现在还是将来,都不可能打赢战争。
>
> ——潘兴将军在1920年对国会的陈词

下图:人称"比利"的威廉·米切尔准将冒着仕途受阻的风险,推广自己在空中力量方面的观点,与只注重地面部队的军事官僚机构进行抗衡。早在20世纪20年代早期,米切尔就预言过,某个星期天的早晨,日本会对珍珠港发动一次突袭。然而,在日本偷袭珍珠港事件发生的5年前,米切尔就去世了。

空军(1921年)	
寇蒂斯"珍妮"教练机	1500架
DH.4B侦察机	1100架*
S.E.5驱逐机	175架*
马丁MB-2轰炸机	12架
*代表该飞机是由英国人设计的。	

左图：比利·米切尔利用马丁MB-2重型轰炸机验证了空中力量在对海打击行动中的可行性。图中是在1921年9月27日的试验中，来自米切尔领导的临时航空旅的飞行员们驾驶飞机，在将已废弃的"阿拉巴马"号战列舰击沉前向其投掷白磷炸弹。

慢燃烧的导火线。这条导火线在21年之后将带来比第一次世界大战更为灾难性的后果。

20世纪20年代的轰炸机和驱逐机

在资金不足、前途未卜的情况下，航空勤务队那支规模不大的工程分队在俄亥俄州的麦库克机场开始摸索研制试验性飞机。1924年，由于只有300万美元的拨款，他们只能将这笔资金用于开发制作轰炸瞄准器、空用武器、更高效的发动机、代替纤维蒙皮的轻金属以及编写性能规格。飞机的制造依旧由商业制造商完成。这种军商结合的方式虽然失败极多、成功极少，但大量相关知识得到了积累。

试验性"巴林"XNBL-1三翼轰炸机重达42000磅，无法从其6台"自由"号420马力12缸发动机获得足够的动力达到100英里的时速，也无法爬升飞越阿巴拉契亚山脉。而体型较小的双发动机寇蒂斯B-2"神鹰"时速却能达到100英里，而且可以荷载2500磅的炸弹，但是巡航半径却只有不能被接受的300英里。陆军认为其价格太高，因此只购买了12架。在20世纪20年代，不论是航空勤务队还是制造

比利·米切尔和空中力量

下图：德国在投降后移交给美国的"奥斯特韦里斯兰"号战列舰曾被认为是"不可能被击沉的"。图中，在1921年的演习试验中，被米切尔驾驶的马丁MB-2轰炸机投下的2000磅炸弹击中后，"奥斯特韦里斯兰"号摇摇晃晃地航行。

比利·米切尔1879年生于法国。在得到美国陆军的军官任命前，米切尔就曾以步兵的身份参加了美西战争。1915年，对飞机的兴趣驱使他到了通信兵团的航空处任职。在航空处，他成为5名被派往欧洲学习飞机操作的观察员之一。米切尔在驾驶飞机的过程中形成自己的观点，随即着迷于探索空中力量的潜能。不久，他成为上校，并负责指挥分配给第1集团军的1500架协约国飞机。这时，他以别人从未用过的方式，在1918年默兹-阿尔贡战役期间，证明了大规模空中力量的作用。

米切尔在战争的最后一天晋升为准将，随后他又很快恢复上校军衔，担任航空勤务队司令查尔斯·T.梅诺尔少将的副手。然而米切尔很少同意这位队长的意见。米切尔极高的人气使他继续任职。随着《1920年国防法案》的通过，米切尔不断鼓动将航空部队改为独立军种，还要求从军费中为航空部队拨出一笔较大金额的资金。这些观点虽然不被高层接受，但是他还是再一次被提升为准将。在探求空军独立的道路上，米切尔并不是孤军作战。他的盟友包括人称"哈普"的亨利·H.阿诺德、刘易斯·H.布里尔顿（Lewis H. Brereton）、艾拉·C.埃克（Ira C. Eaker）、詹姆斯·H.杜立特（James H. Doolittle）、乔治·C.肯尼迪、约瑟夫·T.麦克纳尼（Joseph T. McNarney）、卡尔·斯帕兹（Carl Spaatz）、克莱尔·陈纳德（Claire Chennault），以及其他很多人。这些人全部曾在法国服役，并参加了空战。他们都同意米切尔的观点，然而在表达自己观点的时候都表现得比较克制。

1921年，美国接收了一小部分德国投降后交出的战舰，米切尔称，在保卫美国沿海这一任务中，空中力量将胜过海军。7月，他建议舰队司令用三艘德军水面舰艇（包括重型战列舰"奥斯特韦里斯兰"号）进行一场航空勤务队和海军之间的实战空中竞赛。虽然海军制定了竞赛的规则，并限制了炸弹的重量，但是米切尔并不理会规则。他敦促军械部生产了一款重达2000磅的"巨型炸弹"。"奥斯特韦里斯兰"号没有被重量较轻的炸弹炸毁。之后，米切尔在马丁MB-2飞机上装上了重达2000磅中爆炸弹。这枚炸弹贴着战列舰直接扎入水下，在比船底更深的位置引爆，产生的巨大杀伤力直接将没有装甲防护的舰体折断。被这一景象所惊骇的舰队司令不由得大喊："犯规了！"米切尔证明了他的观点，但

上图：1925年，比利·米切尔（图中身穿制服站着的人）在军事法庭上，两侧是他的顾问和支持者。这次法庭事件，缘由是在空中力量的重要性这个问题上，米切尔不同意上级的意见，而被判为不服从上级的罪。

是却没能取代海军在保护美国沿海地区方面的地位。

米切尔并没为此灰心丧气，而是变得更加口无遮拦。1925年，当他作为航空勤务队副司令的任期届满时，他以前的盟友潘兴将军将米切尔永久降职为中校，并将其派往得克萨斯的圣安东尼奥。同年晚些时候，米切尔以不称职及国防管理不当过失犯罪为由，控告军事领导人。军事法庭裁决米切尔不服从上级。他输了官司，陆军暂停其5年在军队服役的权利。时任军事法庭庭长的道格拉斯·麦克阿瑟（Douglas MacArthur）后来说，他自己是唯一一个为米切尔投无罪票的人。

1926年，米切尔放弃了军旅生涯，重新过回了平民生活。但是他从未停止对空中力量的宣传，直至1936年去世。诸如阿诺德、斯帕兹、杜立特和肯尼迪这些人由于支持米切尔的观点，晋升都很慢。也正是这些人在第二次世界大战中成为美军空中军事行动的领导者。

1946年，米切尔去世10年后，国会追授他一枚金质奖章，表彰他为空中力量的发展所做的贡献，也表彰他甘愿牺牲自己的仕途也要让昏聩的陆军高层接受他的观点的壮举。

商，都不知道该如何制造轰炸机。

驱逐机的发展有了一些进步，但是它们都是双翼飞机。寇蒂斯PW-5"霍克"创下了每小时178英里的纪录，可以飞至22000英尺的高空，其巡航范围为335英里。陆军的第一款对地攻击机寇蒂斯A-3"猎鹰"可以以140英里的时速携带重达600磅的炸弹飞行630英里。

航空勤务队规模日益缩减。到了1924年中期，只剩下754架现役飞机，其中457架侦察机、59架轰炸机、78架驱逐机、8架攻击机，其他均为教练机。它们加起来也不过相当于一个战斗机大队、一个攻击机大队加一个轰炸机大队。无怪乎米切尔会对现状大为光火。

陆军对轰炸机缺乏兴趣源于其愚昧无知。1921年"奥斯特韦里斯兰"号的沉没，再加上航空母舰的发展，实际上已经发出了战舰屈从于空中力量的先声。20世纪20年代，战术演习便突显出了双翼飞机性能不足的缺点。与欧洲的飞机相比，美国飞机还存在速度慢、机动性差、航程不足、目标定位性差、事故过多这些缺点。很明显，需要做些什么了！但是要做什么呢？

在图：第27驱逐机中队的波音P-12E驱逐机从密歇州的根塞尔弗里奇菲尔德上空呼啸而过。该型号相比P-12带有改良的头部靠垫，内装救生筏，并将驾驶员后方的机身削平。20世纪30年代早期投入使用的P-12E驱逐机是"头盔与护目镜"时代的绝响。

下图：洛厄尔·H.史密斯（Lowell H. Smith）上尉和约翰·P.里克特（John P. Richter）中尉，于1923年6月驾驶DH.4飞机从加利福尼亚的洛克威尔机场起飞，利用另一架DH.4飞机进行史上第一次空中加油使自己的飞机连续飞行了4天，从而创下了一项滞空时间世界纪录。

早期纪录创造者

整个20世纪20年代，国会和陆军总参谋部一面在经费上卡航空勤务队的脖子，一面猜想着后者会采取什么行动。而这时，一些飞行员和机械师为勤务队指明了道路。米切尔鼓励航空勤务队军官在高度、速度和距离方面创造世界纪录，由此来吸引公众的注意。1921年，在波特兰、俄勒冈和旧金山之间的一次竞速飞行中，"哈普"·阿诺德少校驾驶的飞机速度超过了鸽子的速度，于是他成了新闻人物。1924年6月23日，拉塞尔·L.毛姆（Russell L. Maugham）中尉驾驶的PW-8飞机，用了不到22个小时便从纽约飞到了旧金山，但是他中途降落了5次以补充燃料。航空勤务队一直致力于空中加油的研究。1924年8月，洛厄尔·史密斯（Lowell Smith）中尉和约翰·里克特（John Richter）中尉通过从另一架

左图：1923年6月打破了世界滞空时间纪录之后，洛厄尔·史密斯上尉和约翰·里克特中尉在加利福尼亚的洛克威尔机场走下他们驾驶的DH.4飞机，拍下了这张照片。

DH.4飞机上拖拽下来的软管给自己驾驶的DN.4飞机补充燃料，以37小时15分钟的成绩创造了滞空时间世界纪录。一年之后，赛·贝蒂斯（Cy Bettis）中尉和吉米·杜立特（Jimmy Doolittle）中尉创造了飞行速度的世界纪录，赢得了普利策杯和施奈德杯。

1924年4月，8名飞行员驾驶着道格拉斯公司专门制造的4架"世界环游者"飞机从华盛顿州的西雅图起飞，试图完成第一次环球飞行。单发动机双翼的"世界环游者"重4000多磅，翼展50英尺，可以依靠轮式起落架和浮舟在地面或水面上降落，由一台420马力的"自由"号发动机提供动力，但是只能达到每小时80英里的速度。1924年9月28日，只有洛厄尔·史密斯和埃里克·纳尔逊（Erik Nelson）两人驾驶的飞机在飞行了27500英里之后回到了西雅图。此次飞行的领队弗雷德里克·L.马丁（Frederick L. Martin）驾驶的飞机在阿拉斯加撞上小山；利·维德（Leigh Wade）中尉的飞机遇到了机械故障，致使两组人员都未能继续飞行。

此外美军飞行员还投入了对横跨整个

上图：8名航空勤务队飞行员于1924年4月4日从华盛顿的西雅图起飞，驾驶4架道格拉斯"世界环游者"进行了第一次环球飞行。"芝加哥"号（图中所示）和另一架飞机完成了长达2.6万英里的线路，于1924年9月28日回到了西雅图。

大陆的机场的系统性测绘工作中。通过利用改进后的昼间和夜间航拍技术，定位变得更为准确。利用驾驶舱内的无线电进行的飞机与地面的通信也变得更有效了。随着飞机分散部署在美国的战略要地，轰炸机和运输机开始用于运输人员和补给。航空勤务队这一项开创性的工作展示了飞机的商用价值。

1926年7月2日的《航空兵法案》

比利·米切尔任航空勤务队副司令时，他坚持不懈地强调空中力量的重要性。他的这种精神促使几个委员会成立，开始研究空中力量的重要性问题，然而几个月的听证会和讨论之后，研究毫无进展。卡尔文·柯立芝（Calvin Coolidge）总统因为这样的耽搁而变得灰心丧气；1925年，总统建立了另外一个委员会，由德怀特·W.莫罗（Dwight W. Morrow）领导，调查"在国防方面发展和使用飞机的最佳途径"。众议院兰珀特委员会提交的一份提议使米切尔感到欣慰，因为这项提议建议将空军、陆军和海军编制分离开来，并成立"国防部"负责全局管理。较之帕特里克将军要求将航空兵独立并继续隶属陆军部的要求，兰珀特委员会的提议又往前迈出了一步。然而莫罗委员会抢先兰珀特委员会两个星期发表了报告。结果，不论是国防部，还是独立的空军，都没有因这次研究而成形。

莫罗委员会的建议得到了国会的许可，并且国会做出了部分让步，这让帕特里克和米切尔感到宽慰。1926年7月2日，国会通过一项法案，将原航空勤务队的名称修改为美国陆军航空兵团（Air Corps），并为空勤人员的英勇表现设立了优异飞行十字勋章（DFC）。这项立法设置了一名专门管理航空陆军部助理部长，推动军事航空学的发展，并且每一个航空部门的代表都可以进入总参谋部，以此巩固美国陆军航空兵团的地位。然而，柯立芝任命F.杜毕·戴维森（F. Trubee Davison）为陆军部负责航空兵团的助理部长。戴维森对空中力量一无所知，因此柯立芝总统的这一任命对陆军航空兵团的发展毫无益处。

《航空兵团法案》提出了五年扩张计划，从1927年开始逐步解决1920年法案所造成的经费问题。由于戴维森对预算事务缺乏兴趣，在他任职的6年内，新计划进展缓慢。

1926—1932年空军的发展			
	1926年	1932年实际情况	1932预期目标
飞机	1000架	1709架	1800架
军官	919名	1305名	1650名
士兵	8725名	13400名	15000名

下图：1927年5月，查尔斯·林德伯格（Charles Lindbergh）著名的横跨大西洋的飞行在最恰当的时机让美国人重新认识到航空工业的重要性。林德伯格驾驶飞机直达欧洲的飞行也为飞机发动机的可靠性和性能建立了新的基准。

下图：查尔斯·林德伯格（图右）于1927年6月回到美国之后，在俄亥俄州代顿的莱特机场逗留时，与约翰·F.加里（John F. Curry）少校（图中）和奥维尔·莱特（图左）闲谈。

在戴维森执掌大权期间，弗兰克·P.拉姆准将指挥着位于圣安东尼奥的新成立的美国陆军航空兵团培训中心。20世纪30年代，兰道夫机场已经变成了"空中的西点军校"，而附近的凯利机场变成了美国的高级飞行训练学校。威廉·E.吉尔摩（William E. Gillmore）准将也为位于俄亥俄州代顿的莱特机场采办了新设备，并与工程师和专家一起重组了美国陆军航空兵团的后勤保障系统。在拉姆和吉尔摩的共同努力下，航空兵团在全国共拥有30个正规基地和仓库，还有为预备役军人和国民警卫队准备的16个基地。自飞机发明以来，美国陆军航空兵团第一次拥有了发展壮大组织所需的核心力量。

突出重围

为了将公众的注意力集中到航空工业上，航空兵团军官主动出击。1927年5月，25岁的前航空勤务队飞行员、预备役军官查尔斯·林德伯格成为从纽约到巴黎只身飞行33.5小时的第一人，获得了世界范围的认可。虽然违反了陆军"飞机只用

左图：1927年的一次航空战略会议期间，本杰明·D.弗洛伊斯准将（图左）与美国陆军航空兵团司令詹姆斯·E.弗契特少将（图中）以及H.C.布拉特（H. C. Pratt）（图右）陆军准将会面。

于战斗"的政策，但是"林迪"还是被晋升为上校，并获得了荣誉勋章，他成为世界上最著名的飞行员之一。一夜之间，新一代的年轻人就迷上了飞行，申请书几乎淹没了美国陆军航空兵团征兵人员的办公室。

莱斯特·J.梅特兰（Lester J. Maitland）中尉和艾伯特·F.海京伯格（Albert F. Hegenberger）驾驶一架三发动机福克C-2，飞行2418英里，用时26小时，从加利福尼亚州奥克兰直达夏威夷，轰炸机家族一个月之后才注意到这件事。然后，1929年1月，人称"图尔"的卡尔·斯帕兹少校、艾拉·C.埃克上尉、埃尔伍德·R.克萨达（Elwood R. Quesada）中尉和哈里·哈尔沃森（Harry Halvorsen）中尉，这四位笃信战略轰炸观念的军官，利用1923年开发的空中加油技术，在洛杉矶进行了连续150个小时的不落地飞行。

在这次创纪录的5天试验飞行期间，他们共接收了道格拉斯C-1C空中加油机提供的5500加仑燃料、1吨食物和补给。之后，由于发动机故障，他们被迫降落。

20世纪20年后期出现的长距离飞行和空中加油技术的发展,启发了他们产生利用飞机增援远处的基地的想法,但是1927—1931年任美国陆军航空兵团司令的詹姆斯·E.弗契特(James E. Fechet)少将仍旧无法使陆军总参谋部相信,除了支援陆军,航空兵团还可以做些别的。

制造轰炸机

1931年,弗洛伊斯将军就任美国陆军航空兵团司令。接下来的4年内,他不遗余力地进行游说,建议制造体形更大的飞机。他开始向参谋部那些习惯性压制飞机发展的成员们证明空中力量的有效性。有了弗洛伊斯这个掌舵人,一个全新时代开始了。

经历了10年的挫折之后,美国陆军航空兵团向飞机制造商发出通告,吸引创新设计,轰炸机技术开始走出低谷。作为对通告的回应,波音公司在1931年研制了B-9轰炸机,格伦·L.马丁公司研制了B-10轰炸机。外形简洁的B-9下单翼双发动机轰炸机虽然外观上与大轰炸机无异,但是其驾驶舱是开放式的。1932年2月18日马丁公司研制的敏捷简洁的B-10飞机

下图:大型轰炸机的外观在20世纪30年代早期便开始随着波音B-9轰炸机发生演变。B-9是一种低翼、全金属、悬臂单翼飞机,可收放式起落架,但是其驾驶舱依然是开放式的。

立刻获得了成功。陆军订购了B-10作为第一架"现代"的轰炸机，B-10的技术非常先进，其速度甚至超过了当时的大多数战斗机。

1934年，"哈普"·阿诺德带领着一支空中远征队飞抵阿拉斯加之后折返，总行程为8290英里。这支远征队由10架马丁B-10、30名军官和士兵组成。阿诺德的这次行程证明了马丁飞机不仅技术领先，速度也很快。全金属结构的B-10拥有两台775马力莱特发动机、可收放起落架以及用玻璃封闭的驾驶舱和炮塔。空重5吨的轰炸机无载重时飞行时速可达210英里，与大萧条时期最快的战斗机速度相同，而且可以飞上28000万英尺的高空。

B-10飞机的成功给了弗洛伊斯动力，他迫切要求更进一步的提高和改进。他赞成A计划，也就是1933年物资勤务队的工程师们在莱特机场制定的性能规格：该规格要求一架轰炸机可以携带1吨炸弹以每小时200英里的速度飞行5000英里。为响应这一计划，波音公司制造了试验性

下图：利用B-9飞机和B-10飞机进行试验之后，美国陆军航空兵团的技术人员们为XB-15制定了详细的性能指标。这是一种体形庞大的飞机，其重量是当时普通飞机的五倍，翼展则是普通飞机的两倍。然而发动机的研制却拖了后腿。

上图：1937年5月，美国陆军部决定订购133架过时的道格拉斯B-18，而非购买65架波音B-17飞机，因为更小的道格拉斯B-18的价格仅为波音B-17的50%。

的XB-15飞机。然而，该飞机在结构上和空气动力学方面都存在问题且动力不足，因此没有达到预期性能，但该项目却为波音公司和美国陆军航空兵团提供了许多关于制造大轰炸机方面的知识。

1934年5月，陆军航空兵团再一次针对新型多发动机轰炸机做出了具体要求和说明。除了波音公司外，其余每一家制造商都将"多发动机"臆断为双发动机。1935年8月20日，波音公司在5年时间内第二次对轰炸机技术进行了改革，演示了波音299型四发动机重型轰炸机。在莱特机场进行的正式飞行测试中，这架轰炸机让在场的一小群飞行员和将军都大吃一惊。为了完成测试，飞行员们驾驶这架大轰炸机以252英里的时速飞行2000英里回到了西雅图。第二年，也就是1936年，比利·米切尔去世了，但是他亲眼见到了B-17轰炸机的原型机，证明了他几十年来为空中力量所做的斗争是有效的。不过有些讽刺的是，是米切尔的老对手班尼·弗洛伊斯促成了这一切。

责任拓展

1931年，弗洛伊斯说服了美国陆军总参谋长麦克阿瑟将军及海军作战部长威廉·V.布拉特（William V. Pratt）上将，将沿海防御任务转交给美国陆军航空兵团，这是又一个由弗洛伊斯完成的米切

B-17 "空中堡垒"

比利·米切尔未能等到梦想实现,亲历一架现代化轰炸机展开翅膀在天空呼啸而过的那一天,然而由波音公司299型号飞机发展而来,明亮铝质机身的B-17系列轰炸机在他溘然长逝时即将诞生。波音299之后最先下线是13架Y1B-17系列预生产型飞机,随后B-17B、B-17C和B-17D系列相继诞生。然而由于增压器和供氧系统在高空中的故障问题,这些型号的飞机未能取得成功。

1937年5月,13架波音Y1B-17飞机参加了陆海军联合飞越太平洋海岸的演习。庞大的波音飞机,因为配备了绝密的"诺登"轰炸瞄准仪而给人们留下了深刻的印象。然而当美国陆军航空兵团想要将其作为标准轰炸机时,陆军部却退缩了,而且断定购买133架已经过时的道格拉斯B-18飞机要比购买65架波音B-17飞机便宜。航空兵团不同意陆军部的这种说法,他们悄悄地继续进行自己的计划,让B-17飞机成为一种强大的进攻武器。

第二次世界大战期间,几个飞机工厂参与制造了超过12700架B-17系列飞机。B-17E成为第一款飞往欧洲参战的美国军机。第8航空队(The Eighth Air Force)先以F系列替代了E系列,然后以10人机组的G系列代替了F系列。这几个子型号的空载重量从12吨增加到了18吨,并通过换装4台1200马力9缸涡轮增压星型活塞发动机来提升飞机的动力。B-17是一种全金属结构轰炸机,长74.9英尺,最大时速为295英里,实用升限35600英尺,最大航程3160英里,翼展103.9英尺。装载设备、13600磅炸弹及13挺12.7毫米旋回式机枪所用弹药时,该飞机的重量为655000磅。20世纪20年代初的比利·米切尔无论如何也无法想象会有这样的飞机,因为当时美国最好的轰炸机还是马丁MB-2双翼敞篷轰炸机。

上图:到了1937年,经过一系列设计变革,XB-15已经演变成为令人敬畏的四发动机波音B-17"空中堡垒"。1942年,该机飞赴欧洲战场参战。

下图:在战前的飞行测试中,一架波音299坠毁后的惨状。波音299是B-17的前身。

上图：弗兰克·M.安德鲁斯（Frank M. Andrews）准将，陆军总参谋部成员，当时在航空领域中最有才干的一位军官，成为第一位航空兵团总司令部司令。

尔的夙愿。两年之后，陆军航空兵团承担了远程侦察的任务，并几乎将任务范围拓展到了飞机性能的极限。所有这些行动都让飞行员们对于在第二次世界大战期间承担的，保护护航船队以及保卫美国免遭海上攻击这两个任务有所准备。

1918年，米切尔是第一批建议让航空勤务队承担国家邮政业务的人之一。当时，米切尔仅仅是为了促进飞行事业而寻求出路。三个月的试验之后，飞机就转到了邮政部。9年之后，政府才将所有的航空邮递业务转给商业航空运输公司。当时任邮政部长的詹姆斯·A.法利（James A. Farley）还记得航空勤务队曾经运送过邮件。

1934年2月9日，弗洛伊斯收到了法利的紧急询问：如果邮政部取消与商业航空公司的合同，那么美国陆军航空兵团是否能运送航空邮件。弗洛伊斯回复说，他会为此做好准备，如果有必要的话，将会在4至6个星期内准备好。然而法利没有理会将军的回复，他将政府的合同作废，只给弗洛伊斯留下了10天的时间用来准备空运邮件。接下来发生的事，成为美国陆军航空兵团历史上最为忙乱的和平时期大冒险行动之一。

当时的商业航空公司每年都要利用500架飞机在航线长达25000英里的飞行网络中运送重达300万磅的邮件。1934年，美国陆军航空兵团拥有大约250架飞机，包括已经过时的飞机。其飞行员从未在恶劣气象条件下接受飞行训练，也没有接受过夜间飞行培训，而且他们的飞机上没有安装合适的设备。由于2月份很长一段时间天气状况都很不好，美军的邮政飞机发生了几次坠机事故。尽管新闻界有批评的声音，国会也进行了几次调查，然而美国陆军航空兵团半数飞机还是投入到商业航线运输业务中。当1934年6月1日商业飞行恢复时，美国陆军航空兵团已经执行了

上图：20世纪30年代早期，美国陆军航空兵团被征调用于美国国内邮件递送业务时，查尔斯·林德伯格驾驶一架波音P-12驱逐机开辟了通往南美的邮件运送航线。

14109小时的邮递任务，运输超过777000磅的邮件，飞行里程超过160万英里。

由于美国陆军航空兵团损失了57架飞机和10名飞行员，对公众而言，似乎是陆军航空兵团的一己私利导致了行动失败，而实际上陆军航空兵团是在最不利的条件下完成任务的，本应得到最高的评价。未经计划便投入的行动突显了航空勤务队的一些不足，弗洛伊斯也不失时机地借此要求为实现导航和全天候飞行配备更好的飞机和更好的设备。就连陆军和海军联合委员会也认为应该做点什么了。

航空兵团总司令部（简称GHQAF）

为航空兵团建立一个总司令部的要求，早在20世纪20年代早期帕特里克将军任航空勤务队司令的时候就已经提出，但是没能实现。弗契特将军也试着建立了总司令部，但是总参谋部认为航空兵团除了可以执行陆军支援任务之外，想象不到它还能做些什么。1933年，当陆军开始将其

右图：人称"哈普"的亨利·阿诺德与比利·米切尔一样，坚定地相信空中力量的未来。但是与米切尔不同，阿诺德树立了榜样，通过这种方式巧妙地加速了这一进程。

下图：在1937年的试飞中，新式的寇蒂斯P-36A的性能给美国陆军航空兵团留下了深刻印象。于是陆军航空兵团订购了210架P-36A，这是在当时的和平时期数量最大的一个战斗机订单。随着技术的快速发展，这种飞机很快便过时了。

地面部队重组为四支野战集团军时，弗洛伊斯趁着这次编制调整向陆军提议建立一个航空部队总司令部，这样美国陆军航空兵团就能够保持对轰炸机、歼击机和驱逐机部队的全权指挥。关键问题在于弗洛伊斯还要求配备2320架飞机。由于增加的花费要来自陆军的预算，美国陆军部拒绝了这一要求。

1934年空运邮件的一段插曲，再加上飞机的损失，促使美国陆军部进行了一次研究，界定陆军航空兵团与民用航空之间的关系。前陆军部长贝克当时任委员会主管，他从未认真对待过空中力量。虽然贝克的委员会驳回了大多数美国陆军航空兵

上图：1941年，由于战斗机的缺乏，曾在1939年克利夫兰国家空中竞赛中排成一排的升级版P-36C系列驱逐机在太平洋上空有了用武之地。同年12月，它们成为陆军航空兵团驻扎在珍珠港和菲律宾的战斗机中队的一部分。

团的军官们为继续扩大规模所做的努力，但是委员会的确建议创立由战斗部队组成能够独立或者与地面部队协同实施军事行动的航空兵团总司令部。尽管这项建议在某种程度上让总参谋部大吃一惊，美国陆军部还是下令要在1935年3月1日前组建航空兵团总司令部（简称GHQAF），并委任弗兰克·M.安德鲁斯准将负责掌管该总司令部。作为美国陆军航空兵团最有才干的军官之一，安德鲁斯将1000架飞机组织为3个驱逐机中队、4个轰炸机中队、2个歼击机中队和4个侦察机中队。1936年，当安德鲁斯要求更多资金时，总参谋部削减了航空兵团的研发支出，而是将资金调拨给了陆军。

航空兵团总司令部与美国陆军航空兵团司令奥斯卡·韦斯托弗（Oscar Westover）少将之间存在着隔阂。直至1939年3月1日安德鲁斯下台，这种尴尬的局面都没有消除。此后，航空兵团总司令部向"哈普"·阿诺德负责。1938年9月29日，在韦斯托弗坠机身亡之后，阿诺德以少将的军衔接替他，出任美国陆军航空兵团司令。

过渡时期的飞机

与以B-17为代表的轰炸机取得重大突破不同，驱逐机和攻击机的发展比较缓慢，尽管德国已经进入了军事动员，并且在西班牙内战中试验了"斯图卡"轰炸机和梅塞施米特战斗机的性能。波音P-26"射豆枪"和寇蒂斯A-12系列是20世纪30年代研制出的最后的敞开式座舱战斗机。虽然1941年它们仍在服役，但是已经过时了。

20世纪30年代中期，第一批未来过渡性封闭式座舱战斗机开始出现。1935年，双座的PB-2A时速达到274英里，快于美国陆军航空兵团军火库中的其他任何战斗轰炸机，然而它并不具备单座飞机的格斗性能。1936年，美国陆军航空兵团从塞维尔斯基飞机公司购买了77架P-35驱逐机。这种驱逐机配备有可收放螺旋桨、可变距螺旋桨，但是没有装甲，也没有足够的火力和自封油箱。寇蒂斯公司对此做出反应，并在1937年向美国陆军航空兵团出售了210架P-36驱逐机。虽然这种飞机仍旧无法比拟欧洲最新的战斗机，但

下图：道格拉斯B-18双发动机轰炸机很快就给波音B-17飞机让路了。B-18的性能甚至不如当时正在研制的中型轰炸机。

是它克服了塞维尔斯基P-35驱逐机的缺陷,并最终发展为彪炳史册的P-40。法国购买了几百架P-36驱逐机,并在第二次世界大战早期利用P-36成功对抗了德军的梅塞施米特战斗机。

1937年,诺思罗普A-17双座攻击机出现在美国陆军航空兵团的库存清单中,成为美军装备的第一批带有炸弹挂架的现代攻击机。道格拉斯飞机公司改良了设计,生产了第一批TBD"蹂躏者"现代化鱼雷轰炸机和SBD"无畏"俯冲轰炸机。这两种飞机都进入了海军的航空武器库。此时的安德鲁斯将军变得几乎与米切尔一样百折不挠,要求更多的资金。当安德鲁斯的任期结束时,陆军将其永久降职为上校,并把他调到了与1925年米切尔被驱逐时相同的职位上。

1938年,阿道夫·希特勒(Adolf Hitler)进攻捷克斯洛伐克,德国空军

下图:美制共和P-47"雷电"到英国参战之后,经历了大量的设计修改。该型机于1943年4月8日在英国首次参加战斗。P-47战斗机最终达到了473英里的时速,实用升限42000英尺。该飞机可携带6至8挺12.7毫米机枪以及两枚重1000磅的炸弹或10枚火箭弹。因其体形硕大,被称为"重型卡车"或"水壶"。虽然P-47展示了良好的高空性能以及极强的滚转性能,但是在爬升和盘旋方面都很容易被敏捷的德制战斗机压制。

展示了其强大的空中武备,随后,富兰克林·D.罗斯福(Franklin D. Roosevelt)总统预感到欧洲的又一场战争一触即发,便着手推进飞机生产。他希望英国和法国能向美国求购飞机,这样既可以推动美国工业提前开始战争动员,也能帮助美国从大萧条阴霾中走出来。

阿诺德将军执掌的美国陆军航空兵团要求配备7000架飞机,其中包括3500架战斗机。1939年4月3日,国会批准了3亿美元资金用于购买5500架飞机和足够的工具,以及维持48000名军官和士兵的开支。陆军总参谋长乔治·C.马歇尔(George C. Marshall)将军同意了这项计划并开始拓展国防战略,整个西半球都包含在他的国防战略中。美国陆军航空兵团现在有了明确的任务,而这项任务要求充分开发远程轰炸机和战斗机。多年来依靠民间订单艰难维生的飞机制造业突然因为政府的飞机订购合同而忙得不可开交。不过这些合同所订购的飞机当时仍处于设计和试验阶段。

左图:洛克希德P-38"闪电"是按照美国陆军航空兵团的性能要求研制的。陆军航空兵团要求该型机能够在2万英尺的高空以每小时360英里的速度执行高空截击任务。到了1941年11月,带有重火力武装和新型发动机的P-38E出现,最终将飞机的时速提高到414英里,实用升限达44000英尺。

战争前夕		
1939年1月	空军人员	一线飞机
德国空军	50万	4100架
英国皇家空军	10万	1900架
美国陆军航空兵团	2.6万	800架

上图:共和P-47"雷电"迅速代替了共和P-43系列。上图是"雷电"战斗机原型于1941年5月6日进行首飞时的照片。

1940年1月,美国的空中实力位居世界第六位。不过美国陆军航空兵团此时主要装备的双发动机B-18标准轰炸机无法与B-17相提并论,B-17当时仅装备了24架,而联合公司的B-24轰炸机此时才刚刚出现在设计画板上。诺思罗普A-17是当时的标准攻击机,寇蒂斯P-36是标准驱逐机。至1940年底,B-10、A-17和P-36都已经过时了。

动员

1940年初,阿诺德将军对马歇尔将军和罗斯福总统说,美国陆军航空兵团处于"零力量"状态,并用事实和数字支持他的观点。如果不是20世纪30年代国外的订单,美国的飞机制造业根本无法响应罗斯福5万架飞机的要求。1939年12月,英国和法国下了2500架军用飞机的订单;到1940年3月,两国已经订购了8200架飞机。国外的需求迅速耗尽了美国飞机工厂的生产能力，给寇蒂斯、道格拉斯、马丁和北美这些飞机制造商以及莱特航空、普拉特和惠特尼发动机生产商带来了意想不到的问题。

尽管存在这些能力上的问题，国外资金还是加快了飞机设计方面的发展速度。出售给英国和法国的道格拉斯A-20"波士顿"发展成了美国陆军航空兵团最好的轻型轰炸机之一。寇蒂斯公司的产能到达极限后，英国订购的P-40"小鹰"飞机便由北美飞机公司负责生产。1940年6月法国沦陷之后，虽然多数法国订购的飞机销往英国，然而陆军航空兵团却征用了之后未交货的22000架外销飞机中的1万架。如果没有国外订单促进技术发展，美国陆军航空兵团恐怕连一架现代的战斗机都没有。

1938年国会批准美国陆军航空兵团在接下来的几年时间内可将80亿美元用于购置飞机（可购飞机37500架），如果不是此前研制B-17的经验，以及外国飞机订单提高了美国的飞机研制水平，那么这一大笔资金中的相当一部分都会被浪费。在经过最初的摸索后，一批先进轰炸机，如北美公司的B-25"米切尔"（1939年）、联合公司的B-24"解放者"（1940年）、马丁公司的B-26"掠夺者"（1941年）相继出现。洛克希德公司的P-38"闪电"、贝尔公司的P-39"空中眼镜蛇"和寇蒂斯公司的P-40"小鹰"等现代化驱逐机在1940年都投入了生产。1941年共和P-47"雷电"也开始投产。这些新式飞机都具备了装甲驾驶舱、自封油箱、马力更大的发动机、改良的导航和电气设备以及无线电通信系统；武器装备也大为增强，0.30英寸口径的勃朗宁机枪被0.50英寸口径勃朗宁机枪以及20毫米甚至37毫米机关炮代替。

在飞机技术方面，当时的美国陆军航空兵团还有很多东西需要学习，而1941年初，战斗已经拉开了序幕。

4

欧洲大战
（1939—1945年）

对页图：在一次训练演习中，位于得克萨斯州米申附近摩尔机场的一所美国陆军航空兵团高级飞行学校上空的一个P-40编队准备实施模拟攻击，编队长机已经开始侧滑脱离编队。航空学员在获得象征飞行员身份的翼徽之前都必须驾驶"战斧"战斗机接受过渡性训练。

美国度过了20年安稳宁静的和平岁月。然而，1939年9月1日，德国不宣而战，对波兰发动偷袭，美国当时措手不及。两天之后，英国和法国对德宣战，标志着英国首相内维尔·张伯伦（Neville Chamberlain）绥靖政策的失败。1939年9月4日，德国空军袭击了波兰机场，击毁了几百架停在地面上的波军老式飞机，确立了制空权。波兰有组织的抵抗逐渐销声匿迹。1939年10月4日，波军飞行员最后一次驾机出战，之后，便来到西方国家避难。

重整军备

1939年夏季，阿诺德将军先国会一步要求增加飞机数量。一位国会议员尖刻地问道："我想问问你，我们和谁开战？"阿诺德却回答不上来这个问题。当时美国陆军大约有200000人，其中包括26000名美国陆军航空兵团的士兵。

1940年6月法国沦陷之后，阿诺德再次来到国会。此时国防已经成了全国普遍关心的问题。欧洲的空战、呼啸的"斯图卡"轰炸机、梅塞施米特战斗机和"喷火"战斗机之间的混战，增强了公众对于空中力量重要性的认识。阿诺德提出他的计划之前，国会议员们告诉他，国会会批准任何拨款请求。参议员小亨利·卡波特·洛奇（Henry Cabot Lodge, Jr.）宣称："你需要做的就是提出要求。"至1942年4月1日，阿诺德要求采购18000架飞机，罗斯福总统批准了他的请求。但是马歇尔将军将陆航所能获得的飞机数量减少到12835架（其中4000架作战飞机），共54个作战大队、220000名军官和士兵。阿诺德孤注一掷，增加了赌注。1942年7

> 你无法在一夜之间就建成一支空军。
> 哈罗德·H.阿诺德（Harold H. Arnold）将军
> 《全球使命》

对页图：在扩充兵员的过程中，于1939年从美国陆军航空兵团学校毕业的1500名机械师和技术人员在欧洲战场做出了重大贡献。照片中的飞机是P-47头号王牌弗朗西斯·加布雷斯基（Francis Gabreski）的座机。

月，他要求将编制增加至由7800架作战飞机和40万名军官及士兵组成的84个作战大队。国会批准了这笔拨款，于是阿诺德开始了重组美国陆军航空兵团的任务。1945年，美国陆军航空兵团的实力达到了巅峰，共有240万人、243个作战大队和80000架飞机。

为战争而重组

1941年3月，曾参加第一次世界大战的前海军飞行员罗伯特·A.洛维特（Robert A. Lovett）成为陆军部负责航空的助理部长。他深知空中力量的重要性，这对任命阿诺德为美国陆军航空兵团司令起到了关键作用，也使得阿诺德能够负责计划的设计和实施以及解决航空工业方面的政策问题。阿诺德争分夺秒地将他手下最优秀的人安排到重要职位上，任命名单中包括了好几位笃信空中力量的军官。

美国陆军航空兵团需要的不仅仅是飞机和人力，还需要飞行学校、航空基地、跑道、军营、机械师、军械专家和工程师。只有飞行员和飞机是无法创建一支空军部队的。

1939年，美国陆军航空兵团培养出了1500名机械师和技术人员。到1941年3月，为了与预期的飞机产量和可用飞行员人数保持同步，对于机械师和技术人员的需求跃至11万人。

美国陆军航空兵团在1939年有17个航空基地、4个军需库，其中有的是第一次世界大战期间留下来的。至1941年12月，美国的基地数量增加到114个，更多的基地还在建设当中。到日本投降时，基地数量已经达到670个。

航空情报部门

1940年间，阿诺德建立了航空情报部门，并依托银行家、外交家和商人获取德国和意大利石油工业、电力网、制造工厂以及合成油公司的位置信息。阿诺德的情报人员收集到这些信息之后，美国用这些信息换取英国拥有的关于德国空军飞机制造业和发动机工业方面的大量数据。

英国和美国之间的合作关系促成了1941年3月27日《ABC-1参谋部协定》的签订。美国参战后，该协议就成为英美合作的基础。两国都同意集中双方的共同力

飞行员培训预测人数	
年份	每年人数
1938年（实际人数）	300
1939年	1200
1940年6月	7000
1940年7月	12000
1941年2月	30000

亨利·哈利·"哈普"·阿诺德（Henry Harley "Hap" Arnold）上将（1886—1950年）

上图："哈普"·阿诺德在1911年跟随莱特兄弟学习飞行之后，便致力于空中力量的发展。他坚定地推广着他的信念。第二次世界大战期间他被任命为美国陆军航空兵团总参谋长，并于1941—1946年在参谋长联席会议任职。

"哈普"·阿诺德出生在宾夕法尼亚州格雷特温市，1907年毕业于西点军校，之后成为一名步兵。在菲律宾服役（1907—1909年）之后，他于1911年转到了通信兵团的航空处，跟随莱特兄弟学习飞行。1916年，阿诺德晋升为上尉，第一次世界大战期间负责管理陆军航空训练学校。直到1918年10月，阿诺德少校才抵达法国，他到达得很及时，刚好目睹了最后几天的空战，由此，他成了比利·米切尔的信徒。

阿诺德从未停止为下一次战争做准备。他坚持不懈地提倡空中力量，因此晋升得很慢。他通过刺激航空技术进步推进着航空事业的发展，并利用创造飞行纪录以及出版飞行员书籍来吸引公众的注意力。1935年，随着战争的阴云笼罩欧洲，阿诺德成为一名准将，指挥总司令部的第一大队。同年，他成为美国陆军航空兵团的副参谋长。1938年，韦斯托弗将军去世之后，阿诺德以少将军衔出任代理参谋长，开始将全部精力投入到改善美国陆军航空兵团的备战行动当中。为战争做准备几乎透支了他的生命。

1941年，阿诺德晋升为临时中将。美国陆军航空兵团更名为美国陆军航空队（简称USAAF），阿诺德在更名这件事上起到了一定作用。1942年3月，他成为航空队司令。1943年，阿诺德获得了他的第四颗将星。作为参谋长联席会议的成员，他参与制定了同盟国在欧洲和太平洋的作战计划。

阿诺德最终获得了陆军的最高军衔，与艾森豪威尔、麦克阿瑟和马歇尔一样晋升五星上将。尽管阿诺德在1946年便退休，但1947年9月18日，美国空军脱离陆军成为一个独立的军种，他在有生之年亲眼见证了米切尔的梦想变成了现实。三年之后，战略家、战术家、空军将军阿诺德在加利福尼亚索诺玛溘然长逝。

上图：无处不在的寇蒂斯P-40是从寇蒂斯P-36A"霍克"发展而来的。P-40是第二次世界大战初期美国仅有的几款战斗机之一。该型机有着大量的衍生型号，包括英国皇家空军装备的P-40D"小鹰"。

量击败德国，两国的各军种总参谋长组成了联合参谋长联席会议。从该协议开始，为打败德国，英国皇家空军和美国陆军航空兵团之间进行了一系列协调。

随着《ABC-1参谋部协定》生效，阿诺德组织成立了空战计划部，由哈罗德·L.乔治（Harold L. George）上校领导。空战计划部的成员都是航空战术学校忠实的航空拥护者或来自阿诺德的个人智囊团。利用从航空情报部门和英国皇家空军那里获得的信息，乔治的战术家们确定了目标。1941年8月11日，经过了7天紧张的工作之后，他们确定了飞机和军械的数量和类型，并确定了执行该计划所需的人员。美国陆军部批准了该计划，但是没有注意到航空兵团已经独立进行了整个战略的制订，其中根本没有陆军或海军的参与。

美国陆军航空兵团现在需要的就是大量飞机和人员，还有一份战争宣言。

耻辱日

1941年12月7日，星期日，罗斯福总统

左图：在国内工业界的努力，洛克希德P-38战斗机得以在如汽车生产线一样的流水式总装线上大量生产，双发动机的"闪电"远程战斗机在1942年初参战，并迅速在所有战区提升了美国的空中优势。

将这一天称为"耻辱日"。就在这个宁静的清晨，日本在没有正式宣战的情况下，偷袭了停靠在珍珠港的美国第7舰队。福特岛的8艘战列舰和瓦胡岛的3个主要机场被损毁。这次事件标志着太平洋战争的开始。美国陆军航空队当时在西卡姆机场和惠勒机场部署了231架飞机，日军的偷袭将其中大部分飞机都摧毁在地面上。

1941年12月8日，英国及其英联邦国家加入美国阵营，并对日本宣战。三天之后，国会将战争宣言扩大到德国和意大利。日本卷入战争使ABC-1协定发生了改变。罗斯福和丘吉尔都同意ABC-2协定，遵循"德国优先"的原则。除了其他事项外，ABC-2协定还规定美国在太平洋战争中承担主要责任。

西半球空中战备

经过30个月的努力，至1941年12月，阿诺德将陆军航空队规模增加到了67个作战大队，其中18个部署在海外，29个在国内作为战略预备队，其余仍旧进行作战训练。人力方面，超过354000名军官和士兵、9000多名飞行员已获得了飞行徽章，59000名机械师和技术人员已经从培训学校毕业。当时陆军航空军共拥有2846架现役飞机，但是实际上只有1157架配备了现代武器的飞机达到作战标准。在这几个月中，P-38和P-40战斗机共同承担起了驱逐任务；而B-17系列、B-24系列和B-25系列则为战斗任务开始了训练。

阿诺德也在美国本土组建了4支航空队，第1航空队部署在东北地区，第2航空队部署在西部地区，第3航空队部署在东南地区，第4航空队部署在西南地区。每支航空队都下辖一个轰炸机指挥部和一个截击机指挥部。由于对西半球日益增长的关注，阿诺德派第6航空队的300架飞机驻扎在加勒比岛，将B-17和P-40机队的主力派驻到巴拿马。位于边远地区的机场（如巴拿马机场）作为高级飞行训练基地的重要性日益增加。这样的编制结构成为大规模空中指挥的核心，随后欧洲和太平洋战区也开始采纳这种编制结构。

由于德国已将其战区扩大到了北极圈，丹麦允许美国在冰岛和格陵兰岛建立基地。美国陆军航空队在格陵兰岛南端的纳萨尔苏瓦克建立了一个航空军基地，派第33驱逐机中队驾驶P-40到达冰岛，协同英国皇家空军分队执行反潜巡逻任务。在

下图：德国在1941年将其战区扩大到北极圈时，丹麦允许美国在格陵兰岛和冰岛建立航空基地。图为一架洛克希德P-38飞机准备从白雪覆盖的机场起飞。

无处不在的P-40

寇蒂斯P-40驱逐机源于采用星形发动机的P-36"霍克"驱逐机。P-40在战争中经过了很多次改进。直到1941年12月仍有少量"霍克"在服役,但是P-36很快便被装有艾里逊V-1710液冷直列发动机的P-40B和C"战斧"取代。在P-36上,机枪安装在飞机发动机罩上方,通过螺旋桨同步射击。1939年,陆军航空军签订了一个订购合同,订购524架寇蒂斯P-40。在珍珠港期间,P-40"战斧"是美国军火库中数量最多的战斗机。

寇蒂斯P-40D飞机曾在英国、加拿大、中国、澳大利亚、新西兰、南非和苏联服役。空载重量为6000磅的P-40D每侧机翼各配备两挺0.50英寸口径机枪,可荷载重达500磅的炸弹。该飞机的额定时速为378英里,实用升限为38000英尺,最远飞行距离为240英里。英国人将P-40D系列飞机命名为"小鹰",将其主要用于战术侦察。

P-40E"战鹰"第一次出现是在1941年,后来出现的所有P-40都被称为"战鹰"。该型号的航程增加至360英里,同时在每个机翼上增加了一挺机枪,但是到了1944年,尽管P-40E的耐用度和装甲都很优越,然而其高空性能和爬升率却都停留在二流水平。在中国服役于克莱尔·陈纳德的美国志愿队(即"飞虎队")曾在P-40E的机鼻下颚处画上"鲨鱼嘴"图案。

1941年12月7日,P-40获得了其对日作战的第一次胜利。至1945年,只有一个陆军航空队的战斗机大队还在使用P-40,然而寇蒂斯的设计在第二次世界大战的空战史上留下了不可磨灭的印记。战争期间,共生产了13738架P-40。

上图:多纳文·R.柏林(Donavon R. Berlin)在设计了P-36之后,又设计了寇蒂斯P-40。他后来声称,如果允许他按照自己的想法设计,那么P-40将会比北美公司的P-51"野马"更胜一筹。

国会对德宣战前的几个月中，美国陆军航空队的飞行员们尝到了他们第一次战斗的滋味。

海外航线

1941年6月，随着航空军在格陵兰岛和冰岛的基地的发展，阿诺德获得美国陆军部的许可，建立美国陆军航空队渡运司令部（Air Force Ferry Command），驾驶美国生产的飞机到达英国的集合点。罗伯特·奥尔兹（Robert Olds）上校负责指挥这项勤务。1941年7月1日，迦勒·V.海恩斯（Caleb V. Haynes）中校驾驶其第一架飞机，经由蒙特利尔和纽芬兰岛到达苏格兰。最初6个月的行动中，运输部队共运送了1350架飞机。英国皇家空军将这条航线称为"阿诺德航线"。

由于北线天气条件恶劣，奥尔兹在泛美航空公司的帮助下开辟了南线。该线

下图：在英格兰洛克伯恩空军基地一所四发动机飞机学校进行的一次高级训练中，这4名来自妇女辅助渡运中队（简称WASP）的女孩走下一架波音B-17"空中堡垒"。

起自迈阿密，经过了特立尼达、巴西、冈比亚和尼日利亚，飞行员驾驶飞机飞过非洲，在位于埃及开罗的英军基地降落。海恩斯上校和副驾驶员寇蒂斯·李梅（Curtis LeMay）少校驾驶B-24首次测试了该线路。降落在开罗之后，海恩斯和李梅又飞到伊拉克的巴士拉，然后掉转方向，沿着同样的路线回到了位于华盛顿的博林机场。这样，完成了史无前例的长达26000英里的飞行。

运输部队的努力使更多基地得以建立，同时开辟了太平洋通往澳大利亚的空中航线。渡运司令部在整场战争中继续为美军效力，并于1942年成为新组建的空运司令部的核心部分。

战争中的女性

1942年5月，陆军批准成立陆军妇女辅助队（简称WAAC）。这支部队承担了包括文书工作和卡车驾驶在内的有限的勤务。南希·哈克尼斯·拉芙（Nancy Harkness Love）通过施压迫使陆军允许女性加入航空军，并有资格成为飞行员。关于女性在战争中的角色问题引发了一系列的政治斗争。但最终美国陆军航空军开启了一个巨大的人才库。拉芙指挥成立了妇女辅助渡运中队（简称WAFS）。不久之后，杰奎琳·科克伦（Jacqueline Cochran）紧随着拉芙的脚步，说服阿诺德将军成立女子航空勤务飞行队（简称WASP）。当妇女辅助渡运中队驾驶飞机在世界各地飞行时，女子航空勤务飞行队带着军人和补给从美国本土出发，飞往遥远的目的地。

女性证明了她们是优秀的士兵，她们认真对待工作，成为杰出优秀的飞行员。她们下决心服务国家，为数以千万计的男性减轻了战斗负担。

陆军航空队反潜司令部（简称AAFAC）

罗斯福总统的对德宣战立即引起了德国潜艇部队的注意。德军潜艇开始威胁美国沿海水域、墨西哥湾和加勒比海区域的货船和油轮。由于海军没有能力处理这样的问题，于是在1941年12月8日，陆军航空军开始派遣飞机进行反潜巡逻。至1942

按字母顺序排列的飞机名称	
按字母顺序排列的飞机名称	例如
A=攻击机	A-20 "波士顿"
B=轰炸机	B-17 "空中堡垒"
BT=基本教练机	BT-15 "勇士"
C=物资/人员运输机	C-47 "空中列车"
F=战斗机	P-51（后来的F-51）"野马"
G=滑翔机	G-15 "哈德良"
P=驱逐机	P-40 "战鹰"
PT=初级教练机	PT-13 "西点学员"
T=教练机	T-6 "德州佬"

年1月，第1轰炸机司令部共有9架B-17飞机服役，第1空中支援司令部后来又增加了100多架飞机来执行反潜任务。海军指导了大部分行动，其中包括新近组成的民间空中巡逻队。

1942年10月15日，阿诺德在第1轰炸机司令部的基础上成立了陆军航空队反潜司令部。但直到德国潜艇部队被驱逐出美国海岸，已经有46艘商船在美国沿海被击沉。之后，德军潜艇部队形成了"狼群"（攻击集群），转而攻击北大西洋的护航航线，对船运造成巨大冲击。为了应对挑战，陆军航空队反潜部队增加到了25个中队，其中包括远程B-24"解放者"中队。这些B-24都搭载了微波雷达和先进的机载电子搜索设备。美国陆军航空队的"解放者"中队从纽芬兰岛、英国和北非基地起飞并执行反潜任务。直至1943年8月31日海军接手之后，"解放者"中队才停止行动。到1943年年中，岸基飞机摧毁的潜艇

下图：在1942—1943年的北大西洋战役中，航空队B-24"解放者"因其优秀的远航程性能接受了改装，加装了反潜行动所需的微波雷达和先进的机载电子搜索设备。

数量多于英国皇家海军和美国海军的联合部队摧毁的潜艇数量。

B-17轰炸机飞赴英格兰

1942年1月，罗斯福总统参加华盛顿（亚凯迪亚）会议期间，温斯顿·丘吉尔（Winston Churchill）急切向美国施压，要求在北非开辟第二战场，减轻其被德意志非洲军团打败的英军第8集团军的

> "只有打更多的仗，我们才有资格说话。我们离开之后，希望你们会因我们曾经来过而感到高兴。"
>
> ——艾拉·埃克将军在英格兰海威科姆一次2000人的集会上发表的简短讲话

下图：第8航空队利用B-17进行的早期轰炸行动中，大部分护航战斗机都飞在"空中堡垒"的上方，但也有一些"雷电"或"野马"飞行的高度较低，准备拦截隐藏在云中的敌机。

压力。美国无法立即做出回应,于是阿诺德派艾拉·C.埃克准将到伦敦建立轰炸机指挥部。埃克曾经是米切尔的下属,与阿诺德和其他人一起经历了航空部队的很多调整。1942年2月1日,陆军航空队第一批到达英格兰的B-17系列轰炸机和C-47系列运输机,被埃克组建为美军第8轰炸机司令部。2月22日,该部队正式升格为第8航空队。他立即开始与英国皇家空军一起训练飞行员,为战斗任务做准备。如果不是1942年11月美军在北非登陆,那么当时的战争就不得不从英国的空军基地开始了。

左图:由于重型轰炸机必须在没有护航飞机的情况下飞越敌军领土,对于皇家空军而言,昼间轰炸成为棘手的难题。但随着北美P-51"野马"战斗机的服役,远航程的"解放者"可以在德国上空任何地点得到战斗机的护航。

第8航空队

卡尔·斯帕兹中将抵达英国,在白金汉郡(伦敦城外)的海威科姆女子修道院建立了司令部。1942年6月,斯帕兹就任第8航空队的司令。7月4日,来自第15轰炸机中队的6名道格拉斯A-20"波士顿"攻击机的飞行员已完成与英国皇家空军的共同训练,他们驾驶飞机与6名英国机组人员一起执行第一次任务,低空袭击敌人在荷兰的机场。机场的重型高射炮击落了两架A-20,也破坏了轰炸的准确度,但是陆军航空队的对德空袭行动从此拉开序幕。

斯帕兹和埃克信任B-17"空中堡

对页图：图中为一架北美B-25G轰炸机，机首安装有两挺0.50英寸口径机枪和一枚75毫米M4机关炮。75毫米火炮采用手动装弹，带有21发弹药。

垒"的火力，信任机组人员的素质，信任"诺登"轰炸瞄准具的准确度。他们告诉英国皇家空军，如果"空中堡垒"能执行昼间任务，那么其轰炸精确度可以大幅提高。第8航空队没有远程战斗机，这意味着B-17必须在没有护卫的前提下飞入德国纵深，英国皇家空军对斯帕兹和埃克的话产生怀疑。丘吉尔赞同英国皇家空军的意见，否决了提议。虽然英国皇家空军承认夜间轰炸只有10%的炸弹落在了目标5英里范围之内，造成了大量的平民伤亡。但他们此前已经尝试了昼间轰炸，结果是灾难性的。埃克声称，B-17轰炸机可以完成英国皇家空军的任务，不需要护卫。埃克整个策略的基础在于B-17和B-24轰炸机能够在"诺登"轰炸瞄准具的帮助下准确执行昼间轰炸任务，然而丘吉尔却不让斯帕兹和埃克在没有护航的情况下出击。

1942年8月17日，斯帕兹进行了一次简短的实验性任务，从弗兰克·A.阿姆斯特朗（Frank A. Armstrong）上校率领的第97轰炸机大队中派出17架B-17轰炸机对位于法国西北部鲁昂的铁路调车场进行第一次昼间重型轰炸机突袭。阿姆斯特朗驾驶着"屠宰场"号（Butcher Shop），后面跟着埃克将军驾驶的"杨基佬"号（Yankee Doodle）。在"喷火"战斗机的护卫下，11架B-17轰炸机准确无误地轰炸了铁路调车场，而其他6架飞机则进行了大范围的牵制性佯动。17架飞机全部毫发未损地回到了英格兰。斯帕兹又进行10次实验性任务，仅仅损失了两架飞机。夏季万里无云的天空为精确轰炸助了一臂之力。在投弹后，毁伤效果观测员的埃克汇报称40%的炸弹落在了目标的500码范围内。自这个不起眼的实验性任务开始，第8航空队成为美军在欧洲战场的空战中坚力量。

1942年9月，阿诺德不断要求更好的表现，斯帕兹因此感到烦恼。与此同时，斯帕兹还要将第8航空队的飞机调派给詹姆斯·H.杜立特准将指挥的第12航空队。这是一支为进攻北非而正在组建的部队。埃克一直抱怨没有足够的飞机，但是斯帕兹不得不服从阿诺德对于飞机的分配。进攻北非之后，1942年11月8日，阿诺德任命斯帕兹负责第12航空队以及地中海地区的空中军事行动，任命埃克指挥位于英格兰的美国第8航空队。

由于天气条件不利于飞行，飞机的速度很慢。第8航空队在1942年10月份仅仅执行了3次任务。而那个时候，德国空军已经发现了B-17构造上的弱点。1942年10月9日，当108架轰炸机袭击法国北部里尔市内的目标时，德军战斗机击落了4架B-17，其他B-17则陷入了混乱状态，只有9架B-17投下的炸弹落在了距离目标500码的区域内。

4 欧洲大战（1939—1945年） | 107

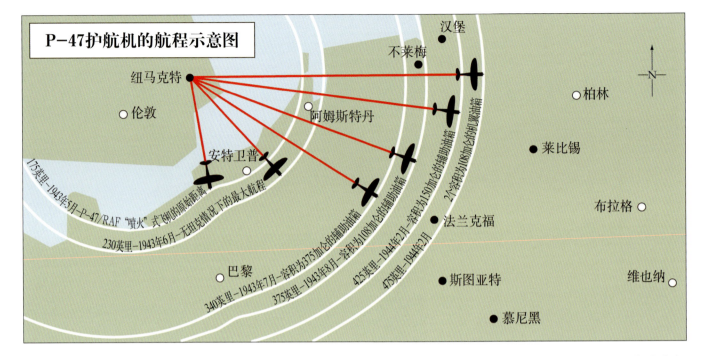

上图：1943年6月，美军的P-47"雷电"战斗机开始替代英国皇家空军的"喷火"执行护航任务。最初"雷电"将在欧洲上空的轰炸机护航范围拓展了50英里。随着加装翼下副油箱，P-47的作战半径迅速增加。最终挂载了机腹副油箱的P-47已经将作战半径拓展至475英里。

昼间轰炸的情况

1943年1月，被称为"轰炸机"的英国皇家空军中将亚瑟·哈里斯（Arthur Harris）对埃克说，丘吉尔感到很不高兴，因为第8航空队仅仅对德国在法国的基地进行了23次短程且有英国皇家空军护卫的轰炸任务；而尚未对德国本土实施任何轰炸行动。就在同一时间，英国皇家空军则派出数以千架计的飞机对付位于德国本土的目标。埃克回复哈里斯说，由于一直忙于没有飞机护航的昼间轰炸任务，他提出的战略的有效性还有待证明。阿诺德让埃克直接将情况反映给丘吉尔。埃克立即给丘吉尔写了封简短的信，说："昼夜不停地轰炸德国，我们便可以让其防空部队一刻不得闲。"这番简短的话，使得出席卡萨布兰卡会议的丘吉尔有了全新的观点。埃克也陪同丘吉尔一起参加了这次会议。埃克提议进行无护航的昼间轰炸，之后与丘吉尔一同从卡萨布兰卡返回。与埃克一同返回的还有一份"指导意见"，上面列出了最主要的轰炸目标，如飞机工厂、潜艇建造设施等。昼间轰炸的计划开

第8航空队曾获表彰	
荣誉勋章	17枚
优异飞行十字勋章	220枚
空军奖章	442000枚
王牌战斗机飞行员	261人
王牌炮手	305人

左图：在欧陆上空的一次轰炸行动中发生了意外。图中位于上方的B-17投下的一颗炸弹砸断了下方"空中堡垒"的左侧尾翼。

始全面铺开。有了丘吉尔的鼓励，美国陆军航空队的参谋人员制定了"冲拳"行动（Operation Point Blank）。这将是一场最终彻底摧毁德国的联合空中攻势行动。

1943年1月27日，从埃克回来后的一个星期，英国东部几个军事基地的美军飞行员在吃早餐的时候发现餐桌上是真正的鸡蛋，而非蛋粉。他们明白这意味着将要进行实战。随后他们在简报室内获知此次的任务将与此前大为不同。大幅的作战指示图上的弦线，延伸穿过荷兰，指向北海的威廉港——德军的潜艇制造基地。这意味着这次任务距离为600英里，需往返飞越敌人领土，且只有部分航段有战斗机护航。飞行员们穿上带有羊毛衬里但在高空却谈不上保暖的飞行服，装备上自己的降落伞、氧气面罩和逃生包。逃生包里面放了一大笔外币，如果他们被击落，那么外币将会派上用场。

91架"空中堡垒"和"解放者"从几个机场起飞，在北海上方2万英尺的高空组成编队。100多架德国空军战斗机在

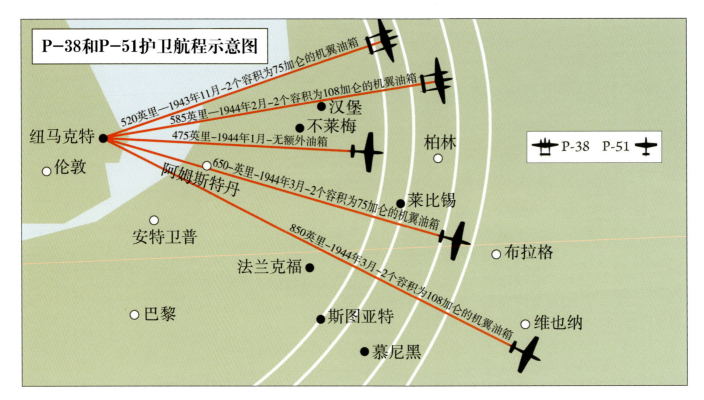

上图:1943年11月,因P-38"闪电"的任务半径为520英里,超过了P-47"雷电"的战斗范围,第8航空队开始将P-38作为护航机。1944年1月,P-51"野马"出现。"野马"可以在不携带翼下副油箱的情况下达到"雷电"的最大作战半径。在挂载翼下副油箱后,P-51高达850英里的作战半径超越了所有的盟军战斗机,几乎可以在德国上空的所有地方执行护航任务。

经过荷兰前往德国的途中与这些轰炸机相遇。结果只有51架轰炸机成功轰炸威廉港。3架轰炸机被击落,而其他飞机由于被击坏或机械问题折返。在机群抵达威廉港上空时,云层覆盖了造船厂的一部分。尽管部分机组报告称U艇围堰已经被击中,但是大部分观察员都认为U艇围堰并未被击中。操纵炮塔向德军战斗机射击的炮手们宣称击落了数架德军战斗机。作为第8航空队中第一批将炸弹投入德国本土的美军战机,飞行员们在返航后士气高涨,然而乐观的情绪并没有持续多久。一个月后,埃克再度派B-17轰炸机轰炸威廉港,但由于德国空军的战斗机事先做好了准备,其中7架轰炸机被击落。

1943年4月,埃克派出115架"空中堡垒"轰炸位于不莱梅的一个飞机工厂,16架飞机未能返航。埃克手头很少能有100架以上的轰炸机可以出动,因此他无法承受平均高达15%的出击损失率。

埃克需要的是远程护航战斗机。英国的"喷火"和美国的P-47"雷电"的作战半径均为175英里;第一批北美P-51"野马"则正准备启程来到英格兰。换装了动力澎湃的罗尔斯-罗伊斯"默林"V-1650-3发动机后,P-51最大时速可达437

艾拉·克拉伦斯·埃克（Ira Clarence Eaker）将军（1896—1987年）

1896年4月13日，艾拉·埃克出生于德克萨斯州的菲尔德克里克。1917年，他从东南州立师范学校毕业，然后成为一名步兵。同年11月，他转到了通信兵团的航空处，成为一名飞行员。1919年，埃克开始飞行生涯，在菲律宾指挥第2飞行中队的一支小分队。

20世纪20年代，他驾驶一架DH.4飞机刷新了不着陆飞行时长纪录，由此开始受到关注。埃克随后因驾驶泛美公司的水陆两用飞机环绕南美而获得优异飞行十字勋章。作为绰号"问号"的飞机（因为没人能确定它在天上能待多久）的首席飞行员，他创造了新的滞空时间纪录，因此获得了橡树叶勋章（第二次获得优异飞行十字勋章的陆军及航空军人员在佩戴时加橡树叶）。尽管埃克取得了一些成就，但是由于他高调赞同比利·米切尔的观点，反对陆军在空中力量方面的地位，在军衔上埃克提升得并不快。

1935年，埃克被提拔为少校；1936年，他从美国陆军航空队战术学校毕业。之后，他与"哈普"·阿诺德一起进行了第一次横跨大陆的纯仪表飞行。1937年从指挥和参谋学院毕业之后，埃克与阿诺德一起在美国陆军航空兵团司令办公室工作。他们一起编著了三本书，其中最著名的是1941年出版的《空中战斗》。

1941年，埃克成为一名上校；在米切尔机场指挥第20驱逐机大队。1942年1月，他被提拔为准将；7月，埃克来到英格兰指挥第八轰炸机司令部；8月17日，他指挥B-17实施了第一次针对法国鲁昂的突袭行动，之后晋升为少将，并于12月就任第8航空队的指挥官。此后开始长期领导对德军的精确轰炸行动。卡萨布兰卡会议期间，埃克成为说服丘吉尔使其相信昼间"全天候"轰炸优点的关键人物。

在任何需要组织、精力和领导力的地方，阿诺德都是埃克的坚定支持者。1944年1月，埃克晋升为中将并成为盟国地中海战区空军司令。他计划对德国进行穿梭轰炸。1944年6月，他亲自驾机领导了第一次穿梭轰炸行动。1945年，他成为陆军航空队副司令以及航空队总参谋长。1947年8月，他从军队退役，活跃在飞机制造业方面，直至去世前，他还参与发展航空工业。1987年8月6日，埃克在马里兰州的安德鲁斯空军基地去世。

上图：在将第8航空队带到英格兰这件事中，艾拉·埃克将军（图右）和卡尔·斯帕兹功不可没。然而是埃克使温斯特·丘吉尔和英国皇家空军相信了昼间轰炸的神话。

右图：针对德国位于亚德湾威廉港的潜艇工厂进行昼间轰炸行动中，处于美军大编队内的B-17G轰炸机。

英里，作战半径可达475英里；在加挂75加仑翼下副油箱后作战半径可以增加到650英里。随着108加仑翼下副油箱的装备，P-51的作战半径又增加到了850英里。P-51配备6挺0.50英寸口径机枪，并可携带两枚重达1000磅的炸弹或6枚5英寸火箭弹。作为护航战斗机，"野马"在空战中优于梅塞施米特Bf-109系列和福克-沃尔夫Fw-190系列，但是战斗过程中，P-51的轮廓与Bf-109的轮廓非常相似，这使得友军炮火误伤成了问题。虽然拥有了可靠的空中掩护，但由于许多德国工业城市位于"野马"的航程范围之外，在对这些地方进行轰炸时轰炸机机组人员只能独自对付敌人的战斗机，并力争在无情的高射炮火力中幸存下来。

教训

埃克的军官们成为变革的催化剂。被手下人讥讽为"铁屁股"、作风硬朗的寇蒂斯·李梅上校不喜欢英国皇家空军松散的夜间飞行队形，于是他设计了"箱形编队"，将B-17紧密地集中在一起，增加防御火力。多达21架轰炸机在水平和垂直方向交错飞行，编队内的轰炸机无须脱离编队就能用机枪向来袭敌机开火。"箱形编队"中一组在前，其他两组跟随。三个编队之间的高度差为1000英尺。

上图：到达英格兰的B-17G涂装多种多样，一些采用了油漆涂装，另一些则裸露着金属蒙皮，还有的则在单调的橄榄褐色上涂刷上浅色的迷彩图案。不论B-17飞到哪儿，P-51"野马"都如影随形，"野马"战斗机同样也是部分采用了涂装，其他则保持铝原色。鲜亮的机尾和机身颜色被用于识别各大队和各中队。

李梅的另外一项创新提高了轰炸的准确度。他将熟练的机组人员安排在每个箱形战斗队形的长机上。当长机上的投弹手看见目标并投下炸弹时，僚机同时投下炸弹。密集落下的炸弹将集中破坏目标区域，而不是落在距离目标几英里以外的地方。

新设备，如自动飞行控制设备（简称AFCE），可以通过开启"诺登"轰炸瞄准具上的开关，使投弹手在轰炸瞄准过程中控制飞机。1943年3月18日，利用该系统对德国的威格萨克进行轰炸时，97架飞机所投下的炸弹有76%都落在了距离潜艇基地1000英尺的范围内，击毁了7艘潜艇和三分之二的船坞。

1943年9月，在突袭埃姆登行动中，第482轰炸机大队利用了由英国开发、之后被改良的不良天候轰炸系统H2S。该设备表现非常好，因此马萨诸塞技术学院根据一件样品手工仿制了20套H2S，以便其更快投入使用。美制的H2S非常适合B-17轰炸机的新式"大下巴"机首的几何构造。雷达技术的使用使得第8航空队的轰炸机能够在被云层遮挡的情况下分辨地形与水路，从而更容易地找到飞行目标。

高空飞行会削弱准确度。在2.6万英尺的高空，空勤人员会被冻得止不住地发抖。于是航空军开始将皮质羊毛里衬的衣服换成电热飞行服，电热飞行服带有内嵌式加热器，航空军可以将其插头插到飞机的插座上取暖。为了减少因敌人射击而造成的伤害，空勤人员们开始穿着防弹背心。这种背心是将2平方英寸大小的钢片层叠连缀在厚重帆布衣上制成的。

重击行动：雷根斯堡—施韦因富特突袭

在同盟国开始为诺曼底登陆行动集结部队的同时，阿诺德将军决心要让第8航

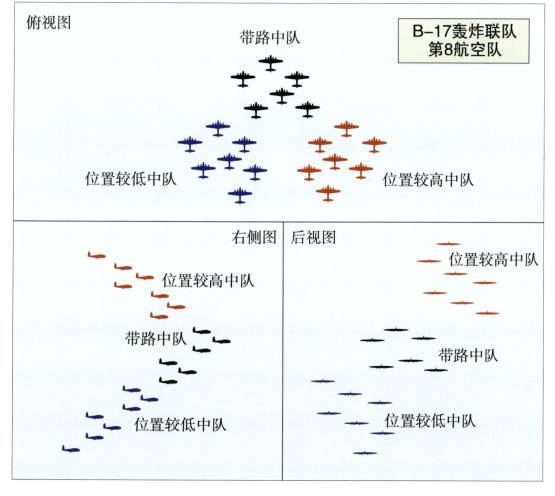

左图：白昼轰炸行动中，李梅将军试验了多种箱形战斗队形，以最大限度地增强B-17队形的火力。每个箱形编队包括18至21架飞机，每架飞机在垂直和水平方向相互交错。在大规模的突袭中，三个这样的箱形队形构成一个战斗联队，其中一个箱形队形带路，与其他两个错开飞行（相邻编队间高度差为1000英尺）。

右图：B-25"米切尔"由北美公司制造，以英勇无畏却（在政府官员的印象中）令人讨厌的"比利"的名字命名。虽然北美公司此前在双发动机飞机、轰炸机或高性能作战飞机方面没有任何经验，但是B-25"米切尔"通常被视作最优秀的中型轰炸机之一。

空队与英国皇家空军平起平坐。至1943年7月，埃克已经拥有了1000架轰炸机，以及几乎同样数量的可出动机组。6个月之后，这支部队的人数翻倍，但是阿诺德希望立即采取行动。

1943年8月，埃克提出对希特勒的飞机制造业进行双路扫荡的计划。第一支特遣队将深入德国境内300英里，轰炸位于雷根斯堡和维也纳新城的梅塞施米特工厂。这两处工厂生产的单发战斗机占德国产能的一半。第二支特遣队深入德国纵深200英里，轰炸位于雷根斯堡后方的施韦因富特，因为敌军所需的滚珠轴承有一半都产自这里。这项计划要求第一支特遣队在轰炸雷根斯堡之后，向南飞到位于阿尔及利亚的基地，赶走敌人的轰炸机，为施韦因富特突袭行动开辟道路。

1943年8月17日早晨，146架轰炸雷根斯堡的轰炸机从英国的基地起飞。护航飞机刚在比利时与德国边境折回，陆航轰炸机就遭到了大批德军战斗机持续90分钟的猛烈攻击。德军指挥人员从远至波罗的海的基地抽调战斗机；由地面引导人员告诉他们什么时候、在哪里、如何攻击美军飞机。德国空军飞行员使用了全新战术，穿过李梅的箱形战斗队形。他们用俯冲的方式攻击箱形战斗队形中上方的中队，利用正面逼近的方式攻击下方中队，同时对轰炸机机腹发起攻击。德军飞行员击落24架B-17轰炸机，但是犯了一个错误，他们没有预料到如此深入的打击，因此燃料开始耗尽。当B-17袭击雷根斯堡时，空中已经几乎没有敌机了。这一次出其不意的突袭摧毁了位于雷根斯堡的所有梅塞施米特工厂。德军飞行员在完成加油后，在返回英格兰的航线上等待完成轰炸返航的轰炸机，但是B-17飞越了阿尔卑斯山脉，没有遇到任何阻碍便降落到了非洲。

由于天气条件不佳，轰炸施韦因富特的部队光是起飞就浪费了3个小时。当飞机飞过德国边境时，敌军飞行员已经休整好，且已经做好飞行准备。当轰炸机接近莱茵兰时，残酷的进攻开始了。德军的一支飞行队对特遣队发起猛烈进攻，直至返航的轰炸机飞到北海上空时攻击才结束。参战的230架美军轰炸机中有36架被击落，数十架被重创。尽管在轰炸过程中战斗队形一度被打乱，且空中一片混乱，但特遣队投下的炸弹还是有80枚直接命中了施韦因富特的两处主要滚珠轴承工厂。

雷根斯堡—施韦因富特突袭严重打击了德国空军继续保持滞空战机数量的能力，也标志着随后由B-17、B-24和英国皇家空军轰炸机执行深入德国、东普鲁士和波兰的数以百计轰炸行动的开始。尽管袭击针对的是军事和工业目标，而不是附近的平民，但附带损伤难以避免，许多城市在轰炸中遭到严重破坏。盟军部队在1944年6月6日在诺曼底登陆时德国空军仅造成了微不足道的麻烦，这有力地证明了对德国纵深轰炸行动的意义。

美军战略航空队

1944年1月，在英国的第8航空队和在意大利的第15航空队被合编为美军战略

上图：在1943年4月10日针对柏林的一次大规模空袭中，一架德军Me-262喷气式战斗机将一架B-17的机翼击落，不过此次任务打了德军一个措手不及，B-17摧毁了284架停在地面的德军飞机和21架空中的飞机。

卡尔·A.斯帕兹将军（1891—1974年）

1891年6月29日，卡尔·安德鲁·斯帕兹出生于宾夕法尼亚州的波伊尔镇。1914年，这位未来的将军从西点军校毕业时，他的姓氏还是最初的写法（Spatz）。45岁时，他将自己的姓改成了Spaatz。他因在1918年的一次战斗中击落两架敌机而获得了优异飞行十字勋章。1929年，他驾驶"问号"号飞机在洛杉矶上空进行了冲击滞空时间纪录的长时间飞行，因此获得了优异服役十字勋章。朋友们称呼斯帕兹为"图尔"。这个昵称还是他在西点军校的时候别人给他起的。

与比利·米切尔一样，斯帕兹也成为一位空中力量的支持者。他于20世纪30年代从美国陆军航空队战术学校和指挥与参谋学院毕业。1940年，"哈普"·阿诺德派斯帕兹到英国担任特别军事顾问，随后晋升为准将并出任陆军航空队司令。在伦敦的时候，斯帕兹开始制订陆军航空队的作战计划，之后他回到了美国，参加了第8航空队的组建。

1943年，北非登陆之后，阿诺德派斯帕兹在地中海指挥第12航空队。当艾森豪威尔将军来到伦敦计划"霸王"行动时，他任命斯帕兹为美军战略航空队的指挥官。战略航空队由第8航空队和第15航空队组成。在随后的战斗中，斯帕兹先是在欧洲，之后是在太平洋负责美国陆军航空队的战略行动。战后，他接替了阿诺德成为陆军航空队总参谋长。1947年，斯帕兹成为独立的美国空军的第一任司令。经历了44年军人生涯之后，斯帕兹于1948年退役，成为美国民间空中巡逻组织的主席。

左图：1946年8月1日，美国陆军航空队的总司令卡尔·A.斯帕兹将军（图中）和副总司令艾尔·C.埃克中将（图右）一起见证了总统哈里·S.杜鲁门签署公告，这一天随后被确定为空军建军节。

航空队（简称USSTAF），接受位于伦敦布施霍尔的战略航空队司令部的统一指挥。这一集中指挥机构是在德怀特·D.艾森豪威尔（Dwight D. Eisenhower）上将来到伦敦为代号为"霸王行动"的诺曼底登陆制定计划后设立的。斯帕兹将军从地中海返回，担任美军战略航空队司令，詹姆斯·杜立特少将指挥位于海威科姆的第8航空队，而内森·唐宁（Nathan Twining）少将则负责指挥第15航空队。

至1944年年中，第8航空队共有200000军官和士兵。巅峰时，共有40个重型轰炸机大队，15个战斗机大队以及4个特殊支援大队。在袭击德国飞机制造业的"大星期"行动中，共有2000架同盟国轰炸机以及超过1000架战斗机联合执行任务。

在欧洲的行动中，第8航空队共伤亡47000人，其中超过26000人阵亡。这个数目大概是其他美国陆军航空队伤亡人数总和的一半。1945年4月，德国投降；7月，第8航空队开始向冲绳岛转场，但是还没等第8航空队的轰炸机到达冲绳岛，战争就结束了。

第9航空队

登陆北非，夺取北非的维希法国领地，击败埃尔温·隆美尔（Erwin Rommel）将军率领的非洲军团，这些任务的紧迫性降低了在英国作战的第8航空队的重要性。当德军的战车穿过利比亚沙漠向开罗进发时，唯一在北非的美军航空部队是哈里·A.霍尔沃森（Harry A. Halverson）上校率领的轰炸机分队。该分队当时驻扎在喀土穆，共有23架B-24D"解放者"重型轰炸机，不过由于丘吉尔的紧急请求，这批B-24轰炸机被部署到了埃及的法伊德。1942年6月12日，霍尔沃森分队的13架"解放者"轰炸了位于罗马尼亚普洛耶什蒂的炼油厂，但并没有造成太大破坏。B-24飞行员执行完任务之后返回，由于缺少燃料，他们在伊拉克、叙利亚和土耳其降落。这次突袭成为美军战机在欧洲战场执行的第一次任务。

同时，刘易斯·H.布里尔顿准将带领着几架B-17轰炸机于1942年6月28日经由印度到达了中东，在开罗建立起了美国陆军中东航空部队。该部队5个月后重组为第9航空队。至1942年8月，布里尔顿的部队由第98（重型）轰炸机大队、第12（中型）轰炸机大队以及第57战斗机大队组成。1942年9月，第98（重型）轰炸机大队的B-17和B-24轰炸机开始猛烈轰炸隆美尔的港口和补给线。第57战斗机大队的P-40和第12（中型）轰炸机大队的B-25与英国皇家空军的沙漠航空队并肩作战，支援伯纳德·L.蒙哥马利（Bernard L.Montgomery）中将指挥的英军第8集团军。在阿拉曼战役（1942年10月24日—11月5日）这场关键战役中，第9航空队的战机对敌方发动了轰炸和扫射，帮助英国皇家空军将非洲军团赶进沙漠，并穿过利比亚向占领法属北非的同盟国部队所在地推进。

1942年底，第9航空队已经得到320架轰炸机和战斗机，还有部署在布里尔顿用于当地空中服务的C-47运输机。不攻击非洲军团时，飞行员们将利比亚、突尼斯、西西里岛、意大利、克里特岛和希腊的运输及港口设备纳入打击目标，防止德军获得补给。

1943年2月，当隆美尔的非洲军团攻击突尼斯并推进到凯塞林山口时，布里尔顿指挥第9航空队与第12航空队联合粉碎了这次攻势。在获得制空权后，同盟国部队将非洲军团逼入突尼斯和比塞大附近的袋状阵地中。接替了隆美尔的冯·阿尼姆（Von Arnim）将军于1943年5月10日投降，使同盟国可以以突尼斯为跳板登陆西西里岛。

地中海行动结束

1943年5月打败非洲军团之后，第9航空队开始集中精力，从利比亚的基地出发，轰炸位于西西里岛和意大利的机场和铁路。在西西里岛登陆期间，C-47运输机投送了伞兵，并为地面部队带来了补给和援兵。1943年9月3日，意大利宣布停战之后，布里尔顿开始将他的第9航空队并入到第12航空队中。1943年10月16日，他取消了位于埃及的司令部，将第9航空队的司令部转移到英格兰的伯顿伍德。在这里第9航空队成为斯帕兹领导的美军战略航空队的一部分。第9航空队的战斗机部队主要装备P-38"闪电"、P-40和P-47，但是布里尔顿想用P-51对付德国人。第8航空队也想装备P-51，于是埃克（后来的唐宁）和布里尔顿为了"野马"战斗机展开了一场新的竞争。

上图：一架空中运输司令部的道格拉斯C-47"空中列车"运输机，空运司令部与第9航空队协力将重要补给和物资从美国运送到埃及的战略配送中心。

突袭普洛耶什蒂（"潮汐波"行动）

第二次世界大战期间，美国陆军航空军针对位于罗马尼亚普洛耶什蒂的大型油田和炼油厂执行了22次轰炸任务。这些油田和炼油厂是卡萨布兰卡会议上特别指出的战略目标。由于第8航空队距离普洛耶什蒂1300英里已经超出航程，而西北非航空军（简称NAAF）也无法到达，于是布里尔顿的第9航空队接受了这项任务。然而当时第9航空队能集合起来的力量也不过两个B-24轰炸机大队而已。斯帕兹将军将第8航空队的3个轰炸机大队借给了布里尔顿，解决了他的燃眉之急。轰炸机大队的指挥官全部都是经验丰富的老兵，其中很多飞行员已经执行过25次任务。

布里尔顿选择了低空打击的方式，用简单的机械瞄准具代替了"诺登"轰炸瞄准具。地勤人员还改装了顶部炮塔，可以让炮塔转向前方进行直射，并在机首另外安装了机枪。由于基地距离普罗什特非常遥远，因此B-24在炸弹舱内安装了两个辅助油箱，将飞机载油量从2480加仑增加到了3100加仑。连续几周间，B-24的飞行员们练习了翼尖对翼尖的密集编队飞行。当他们在距离沙漠表面仅几码的地方将模拟弹扔下时，激起了一片一片的沙云。由于飞机将以树梢高度飞行，因此飞行员们并不需要研读航拍侦察照片，而应熟悉目标区树梢高度可见的明显地标。

1943年8月1日早7时整，177架"解放者"（1架在起飞时坠毁）向科孚岛进发。机群抵达科孚岛后会转向东北飞向普洛耶什蒂。在希腊的德军情报人员破译了第9航空队的密码，获悉来自利比亚的一支大机群已经起飞，并警告了战斗机中队。

尽管进行了周密仔细的规划，但是在阴云密布的天气条件下，轰炸机大队还是走散了。一些飞机转向太早，飞到罗马尼亚首都布加勒斯特，

突袭普洛耶什蒂行动中的轰炸机大队		
参战大队	所属航空队	指挥官
第44轰炸机大队	第8航空队	利昂·约翰逊（Leon Johnson）上校
第93轰炸机大队	第8航空队	阿迪森·贝克（Addison Baker）中校
第98轰炸机大队	第9航空队	约翰·凯恩（John Kane）上校
第376轰炸机大队	第9航空队	K.K.康普顿（K. K. Compton）上校
第389轰炸机大队	第8航空队	杰克·伍德（Jack Wood）上校

而并非既定目标普洛耶什蒂,这使得罗马尼亚的整个防空体系都进入警戒状态。54架B-24完全彻底迷航,只有第376轰炸机大队的6架B-24轰炸了既定目标。其他几个大队的轰炸机向所发现的目标投下了炸弹,但这些目标大多是被分配给其他大队轰炸的。第44轰炸机大队(约翰逊)和第98轰炸机大队(凯恩)非常倒霉,他们沿一条铁路两侧飞行,且不巧遇上了一列德军高射炮列车。约翰和凯恩各自飞向了分配给对方的目标,并飞掠爆炸中的储油罐完成了任务。第389轰炸机大队完好地抵达目标区,摧毁了位于坎皮纳的炼油厂。当低空飞行的"解放者"在战火和硝烟中呼啸而过时,德军战斗机从上空进行打击,而高射炮则在地面对"解放者"进行攻击。

41架轰炸机在普洛耶什蒂被击落,另有13架在途中损失。航拍照片显示,普洛耶什蒂42%的炼油能力被摧毁。由于原油不足,普洛耶什蒂的生产能力只有原来的60%。几天之内,德国工程师便使炼油厂重新运转,尔后连续8个月,普洛耶什蒂未受到外界的打扰。至战争结束时,盟军为摧毁普洛耶什蒂的炼油设施共出动7500架次轰炸机,投下13469吨炸弹,期间损失了350架轰炸机。虽然已经尽力,但是第9航空队和第15航空队还是未能完全摧毁炼油厂。

上图:虽然对目标进行了详细的预分配,但是"解放者"的飞行员们被地形弄得晕头转向,通常只能透过乌黑的浓烟和猛烈的高射炮火力,杂乱无章地投下炸弹。

对页图:来自北非的B-24"解放者"轰炸机仅仅以树梢的高度飞行,冒着猛烈的高射炮火力轰炸具有重大战略意义的普洛耶什蒂炼油厂。

登陆日"霸王行动"

布里尔顿最终得到了他想要的一切，甚至比他想要的还要多。在英国，计划诺曼底登陆期间，第9航空队飞速成长。到了1944年5月底，布里尔顿手下已经有20万人、45个大队，共5000多架飞机，包括P-47"雷电"、P-51"野马"以及P-61"黑寡妇"夜间战斗机。

第9航空队在英格兰以外的一个任务便是支援"冲拳"行动，彻底摧毁在空中和地面上的德国空军力量。第9航空队在"冲拳"行动中也为"霸王行动"将执行的主要任务做了准备；在诺曼底登陆行动中，第9航空队负责为地面部队提供直接战术支援。同时，第9航空队的各大队利用这次机会，打击敌人位于法国、比利时和荷兰的铁路设备、机场、工业工厂和军事设施，提升自身的技术水平。

登陆日，也就是1944年6月6日当天，第9航空队的第9运兵司令部执行了伞兵投送和滑翔机牵引任务，该航空队其他部队利用P-47、P-51、B-25"米切尔"和B-26"掠夺者"中型轰炸机对敌人进行了大规模的空中打击。在上午的登陆中，P-38"闪电"为滩头部队提供了近距离

对页图：1944年，北美P-51D战斗机开始取代早期型号，并迅速成为美国陆军航空军第8战斗机司令部的标准战斗机。D型采用滑动式座舱盖以提供更好的视野。

下图：P-61"黑寡妇"最初是诺思罗普公司为英国皇家空军设计的。后来B型带有4个翼下硬挂点，用来携带炸弹和副油箱。1944年对瑟堡的轰炸行动中，这款重型战斗机首度亮相，但是该机一直未能达到预期的性能。

空中支援。实力急剧下降的德国空军在登陆日仅出动飞机250架次,与同盟国的14000架次形成鲜明对比。第9航空队最终负责了在卡昂和瑟堡的行动。乔治·巴顿(George Patton)将军率领的第3集团军从此处突破德军防线进入法国中部。

1944年8月,霍伊特·S.范登堡(Hoyt S. Vandenberg)中将负责指挥第9航空队,而布里尔顿则接管了第一联合空降军。第9航空队成为配属第12集团军的战术航空队并归属于战术航空司令部(Tatical Air Command)。1944年8月,第9航空队的小队参加了"龙骑兵行动"(法国南部登陆)、"市场花园行动"(对莱茵河上的主要桥梁进行空中袭击)、突出部战役以及"大学行动"(1945年3月强渡莱茵河)。

第9航空队在范登堡指挥下继续对德

下图:共和P-47D在非洲的第9战斗机司令部和英格兰的第8战斗机司令部服役。

上图:1944年6月26日,依旧涂刷着"霸王行动"条纹的第398轰炸机大队的马丁B-26B轰炸机,在前去法国卡昂附近执行战斗任务的途中飞行在同盟国补给船的上方。

国西部进行空中打击至1945年5月7日战争结束。第9航空队在1945年12月解散之前已经成为世界上最大的战术空中部队。

第12航空队

1942年夏季,阿诺德将军为代号"火炬"行动的同盟国北非登陆行动而组建了第12航空队。1942年8月20日,第12航空队在博林机场正式成立,由人称"吉米"的詹姆斯·哈罗德·杜立特(James Harold. Doolittle)准将负责指挥,范登堡(当时为上校军衔)任参谋长。虽然这支航空队是在美国组建的,但是其一半以上的飞机和人员来自位于英格兰的第8航空队,这支队伍有战斗经验。

艾森豪威尔在被任命全权指挥"火炬"行动后抵达英格兰,开始准备对阿尔及利亚登陆行动。1942年9月,参谋长联席会议决定"火炬"行动中增加进攻法属摩洛哥沿海、夺取卡萨布兰卡的行动。与阿尔及利亚一样，法属摩洛哥此时依旧听命于维希政府，而盟军方面没人能够确定北非法军是战是降。不过杜立特希望有一场战斗，因为沿大西洋海岸的摩洛哥城市设有大量的航运设施、部队集结地、补给站和装甲部队，在法属北非的战斗可以让第12航空队在转战其他战场前便获得作战经验。艾森豪威尔只给了杜立特不到3个月的时间，这3个月内他需要完成第12航空队的组建并使其进入战备状态，以及将尚在本土的第12航空队调至北非参加作战行动在内的所有工作。

1942年11月8日，盟军发起了第二次世界大战欧洲战场上的首场大规模两栖登陆行动。唯一参加行动的陆军航空军部队是驾驶"喷火"从直布罗陀出动的第31战斗机大队。当天，阿尔及尔投降；11月10日，奥兰投降。位于法属摩洛哥的法军在盟军舰载机的打击下于11月11日投降。由于希特勒此时已经向突尼斯派出援军，盟军的攻势暂时陷入停滞。杜立特的第12航空队的北非战役也就此拉开序幕。

1943年1月14日召开的卡萨布兰卡会议上，罗斯福和丘吉尔同意建立一种新的指挥结构，美军的两支航空队成为结构的一部分：第12航空队被编入西北非航空军（NAAF），而第9航空队则被编入中东航空军。这两个航空队当时所处的战场都是在意大利和德国本土。

北非作战

1943年2月，艾森豪威尔将所有在北非的英美空中部队合编为一支部队——由斯帕兹指挥的西北非航空军（简称NAAF）。杜立特指挥的西北非航空军的战略航空队，主要由第12航空队的轰炸机大队组成。少将亚瑟·坎宁安（Arthur Coningham）爵士则负责指挥西北非航空军的战术航空队。战术航空队主要由布里

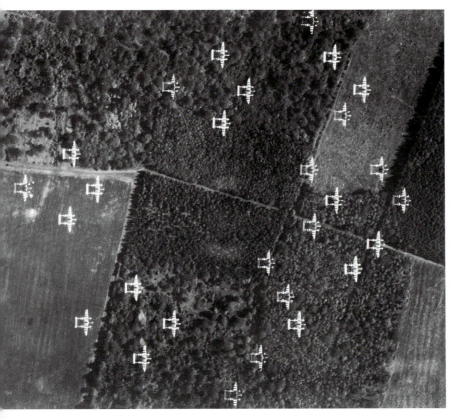

下图：1944年6月中旬，带有条纹的P-38"闪电"在法国上空打击隐蔽在灌木篱墙间的德军阵地。领航小队采用的是"四指"编队；随后的第二个中队和之后位置稍高一些的中队则是菱形编队。

上图：1944年9月17日，第9运兵司令部的道格拉斯C-47"空中列车"向荷兰空投伞兵，拉开了"市场花园"行动的序幕。

尔顿的第9航空队、英国皇家空军的沙漠空军和其他英国皇家空军部队组成。

杜立特指挥的第12航空队的大部分部队都是重型轰炸机大队。相比起在北非执行任务，重型轰炸机部队将大多数时间都花在了轰炸意大利的目标上。当杜立特发现他的P-38"闪电"战斗机大队是因其较大的作战半径、良好的耐久性和多功能性而被派来非洲且表现出色后，阿诺德将第8航空队所有的备用P-38都调给了杜立特。德意志非洲军团在凯塞林山口发动攻击时，杜立特派出了所有的飞机。B-17和B-24轰炸机从低空飞来，以雷鸣之势重创了德军的阵地。这次空袭支援了地面部队并粉碎了敌人的进攻，并迫使隆美尔撤退到唯一可以逃离的海角地区（Cap Bon）。

由A-20、A-26和B-25组成的第12航空队战术空中力量孜孜不辍地追击敌方地面部队，攻击轴心国舰船，拦截从意大利飞来的敌军运输机。1943年4月18日，在地中海进行的被称为"棕枝主日大屠杀（Palm Sunday Massacre）"的一次空战中，第57战斗机大队的4个P-40中队击落了60多架容克Ju-52运输机。这些运输机是用于救援位于突尼斯的敌军部队的。1943年5月初，德国每天都要遭受2000架次盟军飞机的攻击，于是他们试图沿着滨海平原突围。1943年5月10日，被同盟国部队围困在海边的27万轴心国部队投降。

上图:在针对德国的一次行动中,机枪手威廉·瓦茨(Willaim Watts)中士正在用0.50英寸口径机枪向一架从B-17下方飞过的德军飞机射击。

西西里岛"爱斯基摩人"行动

北非战役的最后两个星期，西北非航空军开始轰炸潘泰莱里亚岛。该岛是轴心国位于突尼斯海上西西里岛海峡的基地。斯帕兹想要拿下这座岛上的机场，因为这个机场可以起降四发动机轰炸机，并且有一处位于地下1100英尺处的地下机库，可以容纳80架战斗机。1943年6月11日，在对该岛实施猛烈轰炸，投下6200吨的炸弹之后，1000人的轴心国守备部队投降了。此次行动中美军依靠单纯的轰炸就迫使敌军投降了。

早在1943年6月，第12航空队的重型轰炸机便一直对西西里岛的机场发动持续轰炸。到了1943年7月初，除了少数几处机场之外，该岛有31座机场被摧毁。当1943年7月9日—7月10日同盟国部队在西西里岛登陆时，轴心国军队已经损失了1000架飞机，并将岛上残存的300架飞机转移到了意大利。登陆行动以大规模的空中行动开始。不过空中行动并非完美，执行将第505伞兵团空投至西西里岛上任务的道格拉斯C-47就将该团的部分部队投到了海中。其他的伞兵部队被空降到了乡野之中，一些运输机还被友军火力击落。西北非航空军出动战斗机5000架次，在完全掌握了制空权后开始集中精力打击敌军地面阵地。巴顿的第7集团军和蒙哥马利的英国第8集团军在盟军飞机的掩护下向前进军。38天之后，德军渡过墨西拿海峡撤回意大利本土。

登陆意大利

在蒙哥马利的第8集团军在意大利半岛一面追击德军，同时向北方福贾进发时，马克·W.克拉克（Mark W. Clark）将军率领的美军第5集团军于1943年9月9日（也就是意大利投降后的第二天）在萨勒诺登陆。西北非航空军依然牢牢掌握着战术制空权，但是德国地面部队却接管了意大利人的阵地，在萨勒诺猛烈抵抗。1943年9月14日，当克拉克考虑撤退时，斯帕兹投入了整个第12航空队的力量，以及每一支由他掌控的空中部队。

上图："无比强大的第8航空队"成立于1942年2月1日。从1942年7月4日直至战争结束，该部队从英格兰东部的机场起飞，执行昼间轰炸任务。

上图：为夺取北非、西西里岛和诺曼底的制空权，第9航空队于1942年11月2日由位于埃及的中东航空军演化而来。这既是一支战略部队，也是一支战术部队。

第12航空队	轰炸机联队	战斗机联队	轰炸机大队	战斗机大队	侦察机大队
第12轰炸机司令部*	4	0	25	12	1
第12战术空军司令部†	3	1	12	8	0

*：从1942年11月1日—1944年3月1日参加战斗
†：从1942年11月9日—1945年5月参加战斗

西北非航空军出动飞机3400架次；第12航空队的轰炸机对敌军阵地发起猛烈轰炸，投弹密度达到平均每平方英里760吨。第5集团军最后终于突破滩头阵地，并于10月1日解放了那不勒斯。

1944年1月22日，克拉克又在罗马以南50英里的安齐奥和内图诺两地登陆，未遇抵抗。他没有趁此机会深入内陆，而是草率地命令部队和补给慢慢上岸，留给德军加强该地区兵力的时间。德军的猛烈进攻一度几乎将第5集团军赶下大海。在这危急关头，第5航空队第12轰炸机司令部的各轰炸机大队紧急出动，进行了意大利战役期间规模最大的空中打击行动，帮助第5集团军在春季的作战中守住了阵地。

1944年1月，斯帕兹将杜立特从地中海战场调走，晋升他为中将，并任命他为位于英格兰的第8航空队的指挥官。然后，斯帕兹派埃克到意大利，负责指挥地中海盟国空军（简称MAAF）。这支部队包括约翰·K.坎农（John K. Cannon）少将率领的第12航空队以及最近抵达的由

下图：当德军将盟军部队阻滞在意大利的卡西诺时，第15航空队和第12航空队发起了本场战争中最为密集的空中轰炸，彻底摧毁了该地区。英国部队必须要先清除瓦砾才能继续前行。

内森·E.唐宁(Nathan E. Twining)少将率领的第15航空队。

解放罗马"扼杀行动"

埃克到达地中海之前,德军就将盟国部队阻滞在了"古斯塔夫防线"以外。这是一条横跨意大利的坚固防线,从第勒尼安海畔的加埃塔一直延伸到亚得里亚海的佩斯卡拉。在这条防线中间,矗立着卡西诺山和圣本尼迪克修道院。该修道院是一处宗教圣地,盟军认为德军会将其用于侦察、通信和狙击。1944年2月15日,埃克从第12航空队和第15航空队派出了254架轰炸机,向卡西诺山投下多达576吨的炸弹,摧毁了圣本尼迪克修道院。航空国家的打击未能在古斯塔夫防线处打开缺口,因此盟军发动了"扼杀行动"。

1944年3月15日,第12航空队与第15航空队的300架B-17和B-24轰炸机一起,向卡西诺投下了1400吨炸弹,其中大多是1000磅的重磅炸弹。轰炸摧毁了所有

上图:第12航空队于1942年中期为支援北非的"火炬"行动而组建。随后这支部队在地中海战场作战,之后又参加了西西里岛、意大利和法国南部的战斗。

上图:第15航空队作为战略航空部队成立于1943年11月1日,在成立的第一天就从其位于意大利南部的基地出发执行了战斗任务。

左图:在对位于卡西诺的德军坚固阵地发起打击的空中行动中,第332战斗机大队的4架P-51"野马"排成编队飞过意大利兰米特里空军基地上空。

的建筑物,将整个小镇夷为平地,只留下了如月球般荒凉的景象。在继续向前推进之前,盟军地面部队要清除地上的残骸。这样的耽搁付出了巨大的代价。天下起了雨,地面变得泥泞不堪,飞行气象条件也越来越糟,而纳粹空军元帅艾伯特·凯塞林(Albert Kesselring)指挥的15个德军师还在前方阻碍盟军进入意大利的中心地带。

从1944年3月下旬直到5月中旬,在天气晴朗的日子里,盟军共出动战斗轰炸机65000架次,对意大利的铁路、隧道、桥梁以及补给线展开猛烈攻击,使意大利的运输系统陷入瘫痪。1944年5月11日,在盟国发起春季攻势时,由于每日都需要10000吨的补给才能有满足作战所需。德军每天仅能获得4000吨,且这些补给只能在夜间送达,德军的战斗力大打折扣。盟军以空中力量"绞杀"敌军的战略取得了成功。虽然德军在意大利的部队依然在坚持战斗,但防御已经逐渐瓦解。1944年6月4日,也就是诺曼底攻击前的两天,盟国地面部队解放了罗马。法国登陆之后,艾森豪威尔在意大利留下了足够的空中力量,用以支援沿亚平宁半岛继续向北进攻的盟国部队以及1944年8月5日在法国南部的登陆("龙骑兵"行动)。

第12航空队驻守地中海和欧洲战场直至战争结束。第12战术空军司令部的一部

左图:1945年3月19日,第15航空队的一架B-24"解放者"从位于意大利的空军基地出发,向德国米尔多夫的铁路调车场投下炸弹;而其他"解放者"则飞越阿尔卑斯山脉,袭击从维也纳到慕尼黑的重要铁路线。

分于1945年10月4日在意大利的波米利亚诺被撤销；而另外一部分在西德的巴特辛根服役，直至1947年11月10日被撤销。

第15航空队

无论什么时候，只要阿诺德将军需要一个以任务为本的人来完成一项工作，他都会调来吉米·杜立特。杜立特于1942年9月组建了第12航空队，并在北非战役期间指挥该部队。1943年11月1日，阿诺德在突尼斯组建了第15航空队，并任命杜立特为指挥官，同时要求他为战斗做好准备。

由于陆军航空军大量的飞机和人员已经被部署至海外，杜立特直接从第9航空队的第9轰炸机司令部抽调一部分人力，组建了几个战略轰炸机大队。此时的第9航空队已经被调往欧洲准备作为战术航空部队投入战斗。杜立特随后又从第12航空队抽调了几个轰炸机大队，并把几个准备进入第8航空队服役的轰炸机和战斗机大队协调过来。第15航空队有1个轰炸机大队装备B-17，而其他4个轰炸机大队则驾驶B-24。3个战斗机大队装备P-38，另有4个装备P-51。每个轰炸机大队下辖4个中队，每个战斗机大队则配备3到4个中队。

1944年1月第15航空队正式组建，杜立特将其指挥权交给了唐宁将军，自己则回到英格兰指挥第8航空队，领导对德战略空中行动。

第15航空队以意大利南部为基地执行任务至战争结束。1944年9月15日该部队被撤销。

"大星期"行动

从意大利起飞的第15航空队和从英格兰起飞的第8航空队共同执行了被俗称为"大星期"的"论证"行动（Operation Argument）。1944年2月中旬，当气象学

> 我几乎每一天都能在南部湛蓝的天空上看到战争结束的迹象。美军第15航空队的轰炸机高度低到简直是在挑衅。他们从意大利的基地出发，飞越阿尔卑斯山脉去攻击德国的工业目标。
>
> 引自艾伯特·施佩尔（Albert Speer）的回忆录《第三帝国内幕》

对页图：1943年标志着对德军飞机制造业的昼间轰炸的开始，但是美国的空中力量全部进入这一行动则是在1944年2月的"大星期"行动中，第8航空队飞行3800架次。英国皇家空军和第15航空队也发动了类似行动，最终使德国的飞机生产陷入瘫痪状态。

第15航空队（1944年8月）	轰炸机联队	战斗机联队	轰炸机大队	战斗机大队
第15轰炸机司令部	5	1	21	7

家预测天气将短暂转好时,第8航空队抓住机会投入了全部空中力量:1000多架轰炸机以及1000多架的战斗机对德国中部和波兰西部的12个目标进行了猛烈的打击。第15航空队则负责轰炸位于德国东部的目标,并在投弹之后飞到位于苏联的空军基地重新加油、装弹。在返回意大利的途中,第15航空队会再一次打击敌人目标。美军指挥官预计穿梭轰炸会有巨大损失,但是行动中仅有21架轰炸机被敌人击落。

在持续5天的大规模空袭中,第8航空队出动飞机3800架次,英国皇家空军出动3300架次,第15航空队出动500架次,共向德国投下了重达1万吨的炸弹。这个数量等于第8航空队在其第一年的任务中所投下的所有炸弹重量之和。然而,损失也在随着每一次的进攻而增加。至"大星期"行动结束时,美军总共有226架轰炸机和28架战斗机未能返回。这次行动破坏了德国的大部分飞机制造业,摧毁了几百架停在地面及位于工厂内的飞机,使得位于哥达的Me-110飞机工厂以及位于阿舍斯莱本和贝恩堡的Ju-88工厂陷入瘫痪。然而,德军将机床集合起来。1944年5月份,生产线又开始进入工作状态了。

"虔诚教徒"行动

"大星期"行动之后,第15航空队将精力集中于支援意大利的第5集团军的作战上。第15航空队以用高爆炸弹对德国博洛尼亚的铁路货运编组站和补给中心进行地毯式的轰炸打击来庆祝1944年的哥伦布发现美洲纪念日。1944年11月中旬,就在极端恶劣的天气使得美军战机难以出动时,美军侦察机报告敌人的列车、卡车和大炮开始转移至巴尔干半岛。第15航空队的重型轰炸机随后摧毁了德军赖以进入奥地利的勃伦纳山口通道以及波河流域渡河所需的道路桥梁。

至1945年4月,当唐宁将军批准了"虔诚教徒"行动,德军已经处于全线撤退的状态。第15航空队所有能够出动的飞机都开始为围堵德军退路的第5集团军提供支援。这是第15航空队在战争期间持续时间最长的轰炸行动,在P-38和P-51战斗机的护卫下,1142架B-17轰炸机和B-24轰炸机炸毁了桥梁、弹药库、铁路、卡车,消灭了公路上的步兵纵队。自此之后,每一场空中行动都集中火力阻截敌人的逃跑路线,并使其彻底失去斗志。德军不久就挺不住了,他们于1945年4月29日投降。6天之后,欧洲战场宣告胜利。希特勒一命呜呼,作为胜利者的盟军则放下了手中的武器开始庆祝胜利。

但对于一些飞行员来说,战斗还没有完全结束,冲绳战役才刚刚开始,而登陆日本本土的行动已经提上日程。

对页图:第8航空队的"雷电"王牌飞行员,人称"加布"的弗朗西斯·S.加布雷斯基(Francis S. "Gabe" Gabreski)中校取得了28次胜利,成为美军在欧洲战场上的头号王牌飞行员。

5

远东大战
（1941—1945年）

下图：1941年12月7日晨，一架三菱A6M"零"式21型战斗机从日军航空母舰上起飞，偷袭珍珠港。美军最初给予了该机"齐克（Zeke）"的绰号。然而随着时间的流逝，"零（Zero）"取代了原来的"齐克（Zeke）"成为盟军对该机的通用称呼。

早在1931年，第二次世界大战远东战场的种子就已经埋下。日本暴露了侵占中国东北领土的野心，发动九一八事变，并在占领中国东北后成立了伪"满洲国"作为傀儡。1932年，日军在上海发动侵略，继而在1933年对北平以北的两个省份（热河和察哈尔）发起侵略。日军的侵略行径逐渐升级，在1937年7月7日与中国军队发生战斗。3周后，随着局势进一步恶化，日军开始增派兵力，并向国民党政府下达最后通牒，要求彻底控制中国华北和中国东北。中国国民党政府拒绝了日方通牒。日本发动全面侵华战争。

1941年8月1日，美国停止向日本出售石油和航空燃料。此举进一步刺激日本向美国开战。1941年8月20日，指挥夏威夷航空队的弗雷德里克·L.马丁中将转交了

> 如果我们不尽快采取攻势，日本人将会把我们赶出太平洋。
>
> 哈罗德·H.阿诺德将军
> 于《全球使命》

一份报告,他在报告中描述了日军如果袭击珍珠港可能会采取的方法,并要求配备更多的飞机用于防空和侦察。虽然罗斯福总统意识到了远东日益的问题恶化,但是他还是更关心英国的孤立以及欧洲战场。1941年10月16日,以东条英机为首的军国主义分子取代了首相近卫文麿公爵组织的内阁,局势变得更加严峻。在日军潜艇于夏威夷水域的活动日趋增多的同时,政治局势继续恶化。1941年11月30日,东条英机正式决定开战。虽然美国的密码专家已经破译了日方的密码,并向太平洋上的美军基地发出了警告,然而这个消息既不准

左图:1941年12月8日上午,富兰克林·D.罗斯福总统因日军偷袭珍珠港对日宣战。英国和其他英联邦国家及其盟国随即发表了同样的对日作战宣言,加入了支持美国的行列。

下图:日军偷袭珍珠港期间,第一波次的日军战斗机对美军机场发动了轰炸和扫射。图中是一枚击中希卡姆机场11号飞机库的265磅炸弹炸飞了机库的顶棚和侧壁。

确也不及时。珍珠港总部直到1941年12月7日中午才接到警告,而这个时候距离日本偷袭珍珠港已经过去5个小时。

珍珠港

驻夏威夷陆军部队司令沃尔特·C.肖特(Walter C. Short)中将在收到了来自华盛顿语义含糊的警告之后并没有与驻夏威夷的航空军指挥官沟通,只是下令部队提高警惕严防间谍破坏。不论是肖特自己,还是太平洋舰队指挥官——哈斯本·金梅尔(Husband E. Kimmel)海军上将都不相信日军会袭击珍珠港。1941年12月7日的袭击对于除了瓦胡岛上的雷达操作员之外的每一个美国人来说都是一场彻头彻尾的突然袭击。当时雷达操作员发现在北方130英里外的海面上出现大批飞机。当时唯一在信息中心值班的军官是一位年轻的中尉,他认定雷达上的光点是

下图:一架美军驱逐机的残骸,位于希卡姆机场一幢建筑物前方纷乱的废墟上。该机是被炸弹巨大的冲击力从停机点"吹"到此处的。

B-17"空中堡垒",于是他没有发出任何警告。

早上7时55分,由183架战机组成的日军编队,从距离瓦胡岛以北200英里的6艘日军航空母舰上起飞,袭击美军位于珍珠港、希卡姆和檀香山附近惠勒机场的战机,以及位于福特岛和卡内奥赫的海军航空基地。一个小时之后,第二波170架飞机紧随其后。弗雷德里克·L.马丁指挥的夏威夷航空队共有100架可执行战斗任务的驱逐机,但只有25架起飞,这其中大部分来自恰好被日军飞行员忽略的哈雷瓦陆军机场。陆军航空军部署在珍珠港的231架飞机中有152架损失在地面上,其中包括许多整齐停放在希卡姆机场的B-17轰炸机。部署在珍珠港的169架海军飞机中有87架被敌人炸成碎片。太平洋舰队的航空母舰因碰巧出海幸免于难。但整齐停泊在福特岛的8艘战列舰却被击沉或遭受重创。

在日军第二波空袭机群发起攻击之际,12架从加利福尼亚飞抵珍珠港的B-17轰炸机无处降落,被卷入空战中。这批飞机的机枪还涂着防锈油,机上也没有弹药。日军飞机将注意力集中在了船运上面,因此只有一架B-17被击落,3架被击伤。直到日军结束空袭3小时后,美军才出动飞机搜索日军舰队,而此时日军的航空母舰早已消失得无影无踪。

日军仅为他们的卑鄙偷袭付出了微不足道的代价。乔治·S.韦尔奇(George S. Welch)中尉驾驶的一架P-40于8时15分从哈雷瓦场起飞,他宣称击落了4架敌机。地面防空火力和美军飞行员联合击败了25架敌机。在随后的几个月中,美军在太平洋的处境已经岌岌可危。

美国陆军航空队在菲律宾

1941年12月8日凌晨4时整,麦克阿瑟上将及其航空军司令刘易斯·H.布里尔顿少将得知了珍珠港被袭的消息。他们也收到了华盛顿的警告:菲律宾可能也会成为日军打击的目标。布里尔顿的远东航空军在马尼拉以北的克拉克机场部署有两个B-17轰炸机中队,在德尔蒙特还部署有两个中队。麦克阿瑟和布里尔顿都有足够的时间派出其已经做好战斗准备的远程侦察轰炸机。然而他们在得知珍珠港遭到偷袭后又干等了4个小时。

1941年12月8日上午8时整,布里尔顿从克拉克机场派出两个驱逐机中队和两个B-17轰炸机中队,执行巡逻任务。两个小时之后,麦克阿瑟下令空袭日军在中国台湾的机场,于是布里尔顿召回B-17轰炸机,准备执行任务。"空中堡垒"开始降落时,108架日军轰炸机和84架"零"式正从中国台湾飞往菲律宾,准备袭击克拉克机场和伊巴机场。11时27分,雷达

上图：日军偷袭珍珠港之后，消防人员试着扑灭一架联合PBY"卡特琳娜"飞机上的火焰。该机因"零"式的扫射引燃油箱而起火。

手报告，在距离仁牙因湾70英里的位置发现敌机。11时30分，雷达失去接触。12时33分，就在飞行员和机组人员吃午饭时，54架日军轰炸机和50架"零"式战斗机摧毁了大部分停靠在伊巴机场地面的驱逐机。2分钟之后，另一队飞机袭击了克拉克机场，轰炸摧毁了建筑物，袭击了燃料库，毁坏了飞机跑道。"零"式战斗机对机场进行了长达30分钟的猛烈攻击，将停放在机场上的B-17轰炸机悉数摧毁。有4名P-40飞行员在日军发起空袭前设法驾机升空，并在空袭期间击落了3架敌机。

日军的昼间空袭摧毁了菲律宾其他基地的大部分飞机。令人费解的是，这些飞机总是停在地面，而不是飞在空中。12月10日傍晚，布里尔顿只有12架B-17轰炸机、22架P-40驱逐机以及8架老式的塞维尔斯基P-35驱逐机能执行任务。

就在日军步兵登陆仁牙因湾并迅速向马尼拉推进的同时，麦克阿瑟正在等待援兵和飞机。然而，不管是援兵还是飞机都没有来，于是布里尔顿将他手上还能飞的B-17轰炸机派往澳大利亚。1941年12月24日，麦克阿瑟合并了其地面部队，向巴丹半岛行进。罗斯福总统命令麦克阿瑟于3月11日到达澳大利亚，于是麦克阿瑟将其地面部队交给了乔纳森·M.温赖特（Jonathan M. Wainwright）少将。然而，直到1942年5月6日温赖特才带着队伍抵达狭小的科雷希多岛。

因在地面损失了太多飞机，尤其是在克拉克机场损失了很多飞机，布里尔顿受到了责备。然而，1941年12月8日后，他以自己剩余的战斗机中队向数量远远超过自己的敌人发起了一次坚决的防御战斗。1942年3月，阿诺德上将派布里尔顿到印度，组建第10航空队（1942年3月-6月），之后又将他调到中东，布里尔顿在中东指挥第9航空队（1942年6月-1943年9月）。他最后被调至英格兰，协助推进诺曼底登陆计划。尽管布里尔顿在菲律宾遭受了挫折，但因后续的优秀表现而得到了高度评价。

下图：1941年12月8日，日军飞机奇袭菲律宾时，位于马尼拉附近尼克尔斯机场的所有美军飞机都整齐地停放在草坪上。损失的飞机包括图中这架已经过时的塞维尔斯基P-35飞机。老旧的P-35即便成功升空也会很快被击落。

飞越东京的30秒——杜立特空袭

尽管蒙古入侵舰队被台风摧毁一事已经过去了500年，但是日本人依旧相信他们的"神风"能够保卫自己的家园。此时日本的战争机器正如入无人之境，他们的海军也彻底掌握了制海权，日本民众认为战火离自己还很遥远。

早在1942年年初，海军上将欧内斯特·J.金（Ernest J. King）的参谋部成员之一弗朗西斯·S.洛（Francis S. Low）上校便提出利用舰载飞机空袭东京。海军飞机的航程不够，因此金的空中作战军官唐纳德·邓肯（Donald Duncan）海军上校将洛的构思传达给了陆军航空队。阿诺德将军表示他有非常合适的人选来执行这项任务。于是人称"吉米"的詹姆斯·杜立特中校开始在阿拉巴马的恩格林机场训练北美B-25B"米切尔"轰炸机飞行员进行短距离起飞。此时飞行员们还不知道自己接受这一训练的目的是什么，他们在结束训练后转场至加利福尼亚州阿拉米达

上图：1942年4月18日，也就是轰炸东京的前一天，人称"吉米"的詹姆斯·杜立特上校（图左）和马克·A.米切尔（Marc A. Mitscher）海军少将在"大黄蜂"号上交谈。

右图：北美"米切尔"轰炸机以伟大的空军先驱比利·米切尔命名。图中，专门为轰炸东京而特别改装的16架B-25B"米切尔"中的一架正从航空母舰起伏不定的甲板上摇摇晃晃地艰难滑跑起飞。

左图：从杜立特的一架B-25轰炸机的机头拍下的日军横滨海军基地的照片。这次突袭仅对日军造成了轻微损害，然而却给日军所吹嘘出来的安全感造成了沉重打击。

的海军航空基地，看着起重机将他们的16架"米切尔"吊起，装上"大黄蜂"号航空母舰。当杜立特告知参战机组这项任务的详情后，所有人员都自愿参加。参战的每架B-25都装载有3枚500磅高爆炸弹，以及1枚500磅集束燃烧弹。他们的目标分别是东京、横滨、名古屋、大阪和神户。在对日本本土实施空袭后他们将调头飞向中国，与第10航空队会合。

威廉·F.哈尔西（William F. Halsey）司令指挥着舰队，准备在距离日本本土400英里的海域放飞舰载机，然而美军舰队却在距离日本本土600英里以外的海面上被敌人的警戒哨舰发现了。虽然提前起飞会导致油量不足，但所有参战机组都赞成立即起飞。1942年4月18日上午8时24分，第一架B-25在杜立特的亲自驾驶下沿着航空母舰甲板上所画的白线跃入空中。最后一架轰炸于1小时后离开航母甲板，升空加入编队。

在日本市民完成例行的正午防空演练返回工作岗位之际，"米切尔"轰炸机从东京上空呼啸而过实施低空轰炸。虽然美军投下的炸弹并未造成显著的破坏，但对日本国民造成了巨大的震动。由于过早离舰，参战飞机无一安全降落于中国国民党控制区内的机场，且许多参加行动的空勤人员失去了自己的生命。从对日本国民士气的巨大影响方面看，此次任务取得了巨大成功，然而杜立特却对此次任务的巨大损失感到悲痛。当气急败坏的日军开始寻找杜立特的岸基轰炸机的出发机场时，罗斯福总统建议他们去"香格里拉"找找看——"香格里拉"是詹姆斯·希尔顿（James Hilton）在他的小说《消失的地平线》中提到的一条西藏幽径（当然在现实中并不存在）。

这次突袭迫使日军扩大了国防圈的范围并调整了海军力量的部署。一位日本市民坦诚道："（在遭到轰炸后）我们开始怀疑，我们是不是真的所向披靡。"

对页图：在西墨西哥州卡尔斯巴德上空进行的高级飞行训练课程中，飞行员们驾驶着比奇AT-11一边保持编队一边投下炸弹。

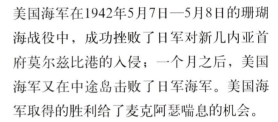

下图：在太平洋战场作战的每一名空勤和地勤人员都接受关于飞机识别的简短培训。图中的教员从满是模型的桌子上举起一架B-17轰炸机的复制品，而B-17恰巧与日军制造的任何飞机都有巨大的外观差别。

麦克阿瑟将军的西南太平洋司令部

1942年3月17日，麦克阿瑟抵达澳大利亚，负责抗击日本陆军及海军力量向南推进的威胁。在太平洋战争爆发后的6个月中，日军蚕食了包括菲律宾、威克岛、关岛、新加坡、马来半岛、泰国以及几乎整个缅甸在内的每一处阻碍他们前进的土地。在更远的南方，日本帝国的战争机器已经征服了荷属东印度群岛，并在新不列颠、新几内亚以及所罗门群岛上夺取了根据地。除了麦克阿瑟手头东拼西凑的西南太平洋司令部以及美国海军的剩余力量，几乎没有什么能够挡住日军的前进脚步。

美国海军在1942年5月7日—5月8日的珊瑚海战役中，成功挫败了日军对新几内亚首府莫尔兹比港的入侵；一个月之后，美国海军又在中途岛击败了日军海军。美国海军取得的胜利给了麦克阿瑟喘息的机会。

此时麦克阿瑟手中的航空部队只有少量的美军和澳大利亚部队：3个美军战斗机大队、5个轰炸机大队、2个运输机中队，合计1602名军官和18116名士兵。如果不是海军上将尼米兹（Nimitz）将海军陆战队部署在瓜达尔卡纳尔岛，开辟了亨德森机场，分散了敌人的注意力，那么麦克阿瑟将不可能凭借手中薄弱的兵力守住莫尔兹比港。日军为了夺回瓜达尔卡纳尔岛与美军展开了消耗战，麦克阿瑟的压力从而减轻。趁此机会，他开始加紧增兵，特别是增强航空部队的力量。

第5航空队

第5航空队源自战前部署于菲律宾的远东航空队（简称FEAF）。在遭受了严重损失后，幸存下来的美军飞机在荷属东印度群岛和澳大利亚基地的南部重新安置下来。在珊瑚岛战役中，这些飞机发挥了辅助作用，协助击退了入侵莫尔兹比港的日军舰队。

1942年7月29日，乔治·C.肯尼（George C. Kenney）少将就任司

5 远东大战（1941—1945年） | 151

第5航空队——1942年9月3日	
第5战斗机司令部	第5轰炸机司令部
第8战斗机大队（P-39驱逐机）	第3轰炸机大队（B-25轰炸机，A-20以及A-24攻击机）
第49战斗机大队（P-40驱逐机）	第19轰炸机大队（B-17轰炸机，远东航空队的幸存者）
第35战斗机大队（P-40驱逐机）*	第22轰炸机大队（B-26轰炸机）
	第38轰炸机大队（B-25轰炸机）
	第43轰炸机大队（没有飞机）

*代表：位于莫尔兹比港

下图：教练员驾驶的基本教练机保持编队飞行，飞行学员们则仔细观察。在德克萨斯州伦道夫机场170英尺高塔楼的入口处，我们可以看到机群轰鸣而来，从星条旗上空呼啸而过。

令，并带来了更多的飞行中队。他对航空队的各个基地进行了视察，并很快激励起了整个航空队参谋部的士气。肯尼坦言称："不论我们此前有何成就，都可以做得更好。"他重组了士气低落的远东航空队，任命恩尼斯·C.怀特黑德（Ennis C. Whitehead）准将为坐镇莫尔兹比港前沿基地的副手，任命肯·沃克（Ken Walker）准指挥第5轰炸机司令部，而保罗·B.沃特史密斯（Paul B. Wurtsmith）准将则被任命为第5战斗机大队的指挥官。在战争期间怀特黑德一直是肯尼最为青睐的战斗指挥官。怀特黑德后来获得中将军衔，并被提拔为第5航空队司令。1942年9月3日，第5航空队司令部在澳大利亚布里斯班成立，第5轰炸机司令部和第5战斗机司令部随之成为第5航空队的核心。第5航空队是少数几支在美国境外组建的美军航空队之一。

乔治·C.肯尼将军（1889—1977年）

1889年8月6日，肯尼出生于加拿大新斯科舍省的雅茅斯市。1911年，他毕业于马萨诸塞州技术学院，成为一名工程师。1917年，他成为通信兵团航空处的一名士兵。接受飞行员培训之后，他乘船来到法国，在第91飞行中队服役16个月。期间他参加了75次战斗任务，击落4架德军飞机，并因勇敢精神而获得优异服役十字勋章和银星奖章。

战后，肯尼继续他的学业，他进入陆军设立的所有高等学府深造并最终全部毕业。这些学校包括陆军指挥和参谋学校（1927年）以及陆军战争学院（1933年）。

1942年4月，此前负责指挥第4航空队的肯尼来到澳大利亚组建了第5航空队，并使这支部队做好了战斗的准备。他改进了B-25轰炸机，使其适于低空攻击，还牵头研究了低空水平轰炸技术，并在俾斯麦海战役中利用空中力量挫败了日军增援莱城的企图。肯尼的第5航空队在整场西南太平洋战役中全程支援了麦克阿瑟将军在新几内亚以及解放菲律宾的作战行动。

1945年，肯尼晋升上将，并指挥在太平洋的全部盟国空军部队。战后他曾任联合国军事参谋团的美国高级代表。1946—1947年间，肯尼出任战略航空队司令。作为一位精力充沛、有进取心且富有远见的航空队司令，肯尼被麦克阿瑟和参谋长联席会议称赞为杰出的空中战略家。1951年，肯尼退役。1977年8月9日，他在佛罗里达州的迈阿密附近去世。

上图：第一次世界大战期间，乔治·C.肯尼是一名飞行员。在空军的转型过程中，他晋升迅速，并成为缔造太平洋空中胜利的真正规划者之一。

上图:远东航空队于1941年9月在菲律宾组建。菲律宾战役后其残存部分转移到了澳大利亚,并在1942年8月改组为第5航空队,由乔治·C.肯尼少将负责指挥。

新几内亚岛的早期作战行动

肯尼的目标很明确:"歼灭日军空中力量直至我们获得新几内亚的制空权为止。"然而他面临着不少难题。日军轰炸机的升限高于驻扎莫尔兹比港的美军P-39。而从菲律宾战场上幸存下来但却已经残破不堪的32架B-17中只有4架能起飞。于是肯尼集中兵力对位于布纳和莱城的日军机场实施低空轰炸。这两座机场分别位于欧文斯坦利山岭的另一侧和新几内亚岛的东北端。

肯尼的飞机不适合针对布纳的行动,因此他修改了空中战术。首先,他利用B-17和B-25系列轰炸机以常规方式袭击敌人的机场。然后,他利用A-20和B-25进行低空袭击。这些飞机上配有机械天才保罗·冈恩(Paul Gunn)设计的新式武器——一种重23磅、带有微型降落伞的微型破片杀伤炸弹。伞投杀伤炸弹实际上可以追溯到1928年进行的试验。这些炸弹能够贴地爆炸,密集的破片会撕碎停放在地面上的飞机。为了给A-20和B-25提供额外的机枪扫射火力,冈恩去掉了机首上的玻璃窗,换成0.50英寸口径的机枪。这项战术需要飞机低空飞过敌机场,利用伞投杀伤炸弹破坏飞机,然后绕回来进行机枪扫射。到了1942年9月中旬,第5航空队已经取

得了布纳上空的制空权,并为麦克阿瑟将敌人赶出新几内亚的攻势扫平了道路。

盟军部队依托莫尔兹比港发动反击,将日军赶回欧文斯坦利岭另一侧之后,肯尼从澳大利亚空运了两个团4500名新兵,飞越高山,将他们部署到了布纳附近盟军控制的临时跑道上。1942年11月,当地面部队再无法通过海上运输进行补给时,肯尼的空中运输填补了空缺,为地面部队运送了2450吨补给。在P-38"闪电"战斗机于1942年12月加入肯尼的部队之后,美军在制空作战中开始占据优势。1943年1月2日,日军放弃了布纳。

萨拉毛亚和莱城

布纳被美军占领后,美军侦察机报告称敌人分别退到了位于布纳以西150英里的萨拉毛亚和175英里的莱城。两处都已经加强了防守。冈恩将8挺机枪装进B-25飞机的机首。再加上机首处已有的1挺机枪,使B-25成为战争中的第一款名副其实的"空中炮艇"。此前冈恩已经为几架轰炸机加装了专门用于攻击舰船的75毫米机关炮。

1943年3月1日,一架在执行空中巡逻任务的B-24轰炸机报告称一支由16艘舰船组成的敌方护航船队满载着增援莱城的日军有生力量驶离新英格兰的格罗斯特角,正在经过俾斯麦海向莱城驶去。肯尼派出包括皇家澳大利亚空军(简称RAAF)飞行员驾驶的布里斯托"英俊战士"在内所有可用的飞机搜寻敌军船队的踪迹。在此后为期3天的俾斯麦海战役中,在P-38驱逐机的空中掩护下,B-25轰炸机和A-20攻击机利用低空水平轰炸彻底毁灭了这支护航船队。空袭击沉了8艘运输舰和4艘驱逐舰,并击落24架敌机,3500多名日军步兵在海上被歼灭,日军增援莱城的企图被彻底挫败。

肯尼力劝麦克阿瑟推迟对萨拉毛亚和莱城的攻击,等到第5航空队压制了日军位于300英里远西部威瓦克的空军基地之后再发动进攻。1943年8月17日,18架B-25和A-20对威瓦克发动低空轰炸,摧毁了175架停放在地面的飞机。9月4日,在第5航空队的掩护下,澳大利亚第9师绕过萨拉毛亚在莱城附近登陆。针对萨拉毛亚的行动几天之后才开始。在第二次世界大战期间最为经典的一场空降作战中,运输机将第503空降团和炮兵空投至莱城以西19英里处。至1943年9月中旬,在来自各个方向的盟军进攻以及连续的空中打击下,萨拉毛亚和莱城停止了抵抗。

扩大空中行动

麦克阿瑟继续沿新几内亚的北部海岸

对页图:第二次世界大战期间美国陆军航空军创建了16支以数字为番号的航空队。随着战争的开始,大部分航空队的部队都在向德国和日本本土靠近。不过也有例外,第20航空队的司令部从未迁出华盛顿,这是因为组建了这支部队的"哈普"·阿诺德将军一直保持着对该航空队的直接指挥。第20航空队在印度和中国经历了短暂的战斗后转移至马里亚那群岛。而典型的例子,如第9航空队在北非创建随后转移至英格兰;而第12航空队也在北非创建,在战争结束时部署于意大利。第15航空队同样是在地中海创建,不过却长期以意大利作为基地。

道格拉斯飞机公司在其长滩飞机工厂开发出了速度快且强有力的A-20攻击机。这款如空中炮艇一般武装到牙齿的攻击机能够携带9挺0.50英寸口径机枪以及重达6000磅的炸弹。

推进。1943年10月初，第5航空队开始转移到被盟军占领的芬什港基地。这使得第5航空队可以支援向新英格兰的推进，以及向西进发威瓦克。1943年11月1日，当第3陆战师登陆布干维尔岛时，肯尼通过一场空中战役获得了新爱尔兰以及新不列颠的制空权，压制了日军在腊包尔的空军基地。此时的他指挥着控制所罗门群岛的第13航空队以及第5航空队，并利用这两支部队建立了制空权。到了1943年12月中旬，日军新爱尔兰和新不列颠的空中力量已经被摧毁。1944年2月，一度强大的日军军事要塞腊包尔已经摇摇欲坠。不过新几内亚岛上仍分布着多达70000人的零星日军部队，且日军在威瓦克和霍兰迪亚依然拥有相当的空中实力。

就在第5航空队摧毁威瓦克的航空军基地的同时，麦克阿瑟计划对芬什港西北450英里的霍兰迪亚发起跳岛作战。但是在敌人的飞机前他不敢冒险登陆。第5航空队现在拥有B-24轰炸机以及A-20和B-25轰炸机，并为P-38增加了翼下副油箱，将其任务半径扩大到了650英里。4月的头几天，第5航空队的轰炸机在P-38的护卫下彻底摧毁了霍兰迪亚的机场。在这场行动期间，理查德·I.邦格（Richard I. Bong）上尉以击落27架敌机的战绩，打败了埃迪·里肯巴克在第一次世界大战中创下的纪录。盟军部队随即开始快速推

左图："空中堡垒"在太平洋战场并没有像欧洲战场一样得到广泛运用，但是第5航空队在所罗门群岛作战期间使用了该型机。1942年10月5日的一次出动中，这架"空中堡垒"在行动中飞越所罗门群岛中的吉佐岛，此时该航空队的任务是压制日军试图巩固瓜达尔卡纳尔岛的行动。

右图:阿诺德将军(图左)将取得多次胜利的理查德·I.邦格少校召回美国接受荣誉勋章,并让他参加征兵宣传。邦格厌恶这种碌碌无为的生活,申请返回太平洋战场,在回到战场后他又击落了15架敌机。

进,1944年4月22日,盟军对爱塔佩和霍兰迪亚发起跳岛登陆;5月17日,登陆威瓦克岛;5月27日登陆比亚克岛;7月31日登陆桑萨坡(Sansapore);而9月15日,则推进至摩鹿加群岛的摩罗泰岛。此时盟军距离菲律宾的棉兰老岛仅有250英里。

在菲律宾的空中行动

1944年8月,第5航空队首次对棉兰老岛发动空袭。肯尼的空袭集群会同哈尔西海军上将的第3舰队舰载机以极小的损失迅速摧毁了日军在该岛的空中力量。在哈尔西报告莱特岛几乎无人防守之后,麦克阿瑟决定绕过棉兰老岛转而登陆莱特岛。然而,哈尔西的报告并不那么准确。1944年10月20日,麦克阿瑟的第6集团军在莱特岛登陆时,岛上还有2万的日军,另外还有两支强大的日军舰队正在赶来。麦克阿瑟期待着第3舰队能够提供空中掩护,但是日军以一支饱经战火的航空母舰和巡洋舰组成的小舰队诱骗了哈尔西。不过麦克阿瑟仍拥有海军中将托马斯·C.金凯德(Thomas C. Kinkaid)率领的第7舰队的掩护——这是一支拥有战舰和护航航空母舰的舰队。然而由于没有可供使用的起

5 远东大战（1941—1945年） | 161

降场，第5航空队没有抵达。

就在哈尔西的舰队返回莱特岛时，日军的"神风特攻队"对金凯德的第7舰队发动了第一轮自杀式攻击，击沉了两艘护航航空母舰。因为哈尔西不得不错开其航空母舰部队回到乌利西环礁补给燃料，问题变得更复杂了。陆军工兵部队匆忙在塔克洛班建了一个可供战斗机使用的简易机场。1944年10月27日，第5航空队的P-38抵达，开始抵御日军"神风特攻队"的袭击并为滩头阵地提供空中防御。地面部队在深入内陆的同时，肯尼的飞行员在莱特

下图：在南太平洋的15次任务中，这架"信天翁"号"空中堡垒"轰炸机击落了7架日军飞机。虽然很少有轰炸机机组能够成为王牌，但一部分B-17机组却在战争期间取得了令人惊讶的战绩。

第5航空队的王牌飞行员

许多第二次世界大战中的战斗机飞行员都是在第5航空队服役期间成为王牌的。这些勇敢的飞行员们甚至敢于在飞机已经被击伤的情况下向着6倍于己的敌人发起进攻。第5航空队的战斗机飞行员们经常将他们的无线电调至日军频率,与敌人相互谩骂。在进入空战后,他们就变成了骄傲、自信、勇敢、坚定、有铁一般的神经——甚至有点儿疯狂的勇士。

理查德·I.邦格以击落40架日军飞机的战绩成为美国的"王牌中的王牌"(即头号王牌)。他驾驶P-38与第35战斗机大队一起作战。到1943年11月,他已经取得了21次胜利。在被调到第5航空队参谋部之后,邦格说,他宁愿再去飞行。于是他加入了第49战斗机大队,又取得了7次胜利。邦格从来不以射击见长——他在空战中习惯于向敌机俯冲,在靠近到几乎会相撞的距离才开火,直到撞机前最后一秒才拉起飞机——这就是他的制胜之道。考虑到邦格可能会因此丢掉性命,第5航空队把他送回美国接受射击训练。接受训练后邦格返回到第5航空队,又击落了12架敌机。至此,他共击落了40架敌机。1944年12月,邦格被授予荣誉勋章,之后他留在美国本土成为一名试飞员。老实说,如果他继续留在战场,或许还能留住性命。1945年8月,邦格在加

右图:理查德·I.邦格少校以驾驶P-38"闪电"击落40架敌机的战绩成为美军头号王牌飞行员。同时,他也成为第二次世界大战中盟军(不含苏军)的头号战斗机王牌。

左图：第5航空队第35战斗机大队的托马斯·P.林奇（Thomas P. Lynch）上尉驾驶P-38"闪电"与理查德·邦在同一个战场战斗，共取得了20次胜利。

利福尼亚伯班克附近试飞一架F-80时因故殉职。

第431战斗机中队的小托马斯·B.麦奎尔（Thomas B. McGuire, Jr.）少校的战绩仅比邦格少了两架。他是邦格的最大竞争对手。他们都曾为了在纪录上超过对方而冒险。在威瓦克岛上空的一次事件中，麦奎尔与一名同自己一样坚定的日军战斗机飞行员迎面靠近，在半空中彼此擦身而过。1945年，麦奎尔在取得了他的第38次胜利并获得荣誉勋章之后，在菲律宾上空的一次任务中失踪。

与邦格不同的是，第5航空队其他成为王牌的战斗机飞行员们大都是出色的射手。仅次于麦奎尔的是第475战斗机大队的查尔斯·H.麦克唐纳（Charles H. MacDonald）上校，他击落了27架敌机。来自第35战斗机大队的托马斯·J.林奇（Thomas J. Lynch）上尉击落了20架敌机；杰拉德·约翰逊（Gerald Johnson）中校可能是所有人中最好的射手，他曾在45秒的时间内仅靠3次射击就击落了3架日军战斗机，在战争中共取得了22次胜利。

第82战术侦察中队的"野马"飞行员威廉·A.舒摩（William A. Shomo）上尉在他的第一次空战中便成为王牌飞行员。他在一场空战中击落了6架轰炸机和1架战斗机，创下了前无古人后无来者的纪录。肯尼曾打趣他，问他为什么有两架战斗机逃走了。舒摩直白地回答道："我没有子弹了。"他的弟兄们给他起了个绰号——"飞行送葬者"。陆军授予了他荣誉勋章。

指挥第381战斗机大队的奈耳·E.基尔比（Neel E. Kearby）上校的战绩与舒摩相差无几。1943年10月11日，基尔比在一次常规性的侦察中率领4架P-47飞机袭击了由36架战斗机护航的12架轰炸机。在敌我实力对比为10∶1的情况下，基尔比击落了6架敌机。他共获得了20次胜利，被授予荣誉勋章。

空战绝非怯懦者的游戏。能够在空战中幸存的飞行员依靠的不仅是运气，还有绝大的胆量。

左图：太平洋上的跳岛作战期间，当基建工兵们仍在摊开被粉碎的珊瑚拓宽跑道的时候，B-24"解放者"轰炸机就已经开始利用这个空军基地了。

岛上空击落314架敌机，而自己则仅仅损失了16架。1944年12月15日，盟军地面部队在民都洛岛登陆时，空中已经没有日军飞机的踪影。

1945年1月7日，在美军第一批部队登陆吕宋岛的仁牙因湾前两天，第5航空队的40架B-25和97架A-20空袭了克拉克机场。美军战机先投下8000颗伞投杀伤炸弹，然后盘旋折回进行机枪扫射，击毁了60架日军飞机。敌人在其他岛上仍有几架飞机。1945年1月9日，当第一批部队在吕宋岛登陆时，"神风特攻队"再度出动。这些由年轻但缺乏经验的日军飞行员驾驶的自杀式飞机很容易被击落。在菲律宾的空中行动中，美军击落了1500多架日军飞机。为了给本土防御作战保留力量，日军撤回了剩余的飞机。在菲律宾战役的余下时光中，第5航空队为地面部队提供了近距离空中支援。

1945年2月初，马尼拉解放，2月27日夺回科雷希多岛，肃清整个菲律宾的敌军只是时间问题。4月1日，行动转移到距离九州岛海岸325英里的冲绳岛。麦克阿瑟的部队依然在菲律宾，但是6月的时候怀特黑德将军将第5航空队调往冲绳岛与第7航空队会合，成为规模更大的远东航空队的一部分。1945年8月15日日军投降时，这两支航空队依旧驻守在冲绳岛。

上图：1940年10月19日在夏威夷群岛创建的夏威夷航空队于1942年9月18日被改编为第7航空队，其总部位于希卡姆机场。这支队伍在中太平洋执行任务，包括1944年12月在塞班岛的任务以及1945年7月在冲绳岛的任务。

对页图：随着远航程的北美P-51D"野马"开始在欧洲执行护航任务，早期的P-51B/C型号被转移到太平洋。而此时太平洋战场的纵深突防轰炸任务还没有开始。

第7航空队

第7航空队由夏威夷航空队演化而来。夏威夷航空队因其轻松随和、田园诗般的环境而通常被称作"菠萝航空队"。这支航空队于1940年10月19日从本土调来夏威夷，统筹指挥数量越来越多的飞行中队。1941年7月，夏威夷航空队的司令部转移到位于檀香山的希卡姆机场。1942年2月5日，该部队改编为第7航空队，成为美军中太平洋司令部陆军部队的一部分。1943年，尼米兹上将在太平洋战场发动第一次跳岛作战，威利斯·H.霍尔（Willis H. Hale）少将手下的飞行员才有了少数几处用武之地。与此同时，霍尔将航空队装备的B-17轰炸机替换为B-24轰炸机。霍尔命令轰炸机飞行员们执行针对太平洋岛屿的中远程侦察任务。出乎大家预料的是，飞行员们在数十座岛屿上发现了此前美军并未掌握的敌军设施以及空军基地。

尽管在珍珠港事件中第7航空队几乎全军覆没，但是重建后的第7航空队慢慢恢复了活力。该航空队第一次参加的主要战役是在1942年6月3日。当时B-24轰炸机、B-25轰炸机以及携带鱼雷的B-26轰炸机在中途岛抗击了入侵的日军舰队，不过战绩差强人意。这次行动表明，虽然轰炸机能够以一定的准确度集中攻击地面的固定目标，但是却无法命中水上的移动目标。

霍尔指挥的航空队或许是在太平洋战场上空间分布最广的部队。他曾经将一个轰炸机大队内的各个轰炸机大队拆散，部署到基地间彼此距离600英里（1英里≈1609.344米）的好几处基地。第11轰炸机大队的一部分曾部署于瓜达尔卡纳尔岛的亨德森机场，并参加了所罗门群岛战役。在争夺瓜达尔卡纳尔岛的过程中，这支分队损失了21架轰炸机，同时击毁或击伤了181架日军地面飞机。霍尔写道："对于所罗门群岛的进攻直接削减了敌人对夏威夷的威胁。"

跳岛作战

在海军对吉尔伯特群岛的塔拉瓦环礁进行两栖攻击之前，霍尔就将他的轰炸机大队以及两个战斗机中队转移到了距离希卡姆机场2600英里的埃利斯群岛富纳富提。在1943年11月20日海军陆战队登陆塔拉瓦的战斗以及此后的跳岛作战中，第7航空

> 日军偷袭珍珠港给了我们第一轮打击之后，我们的第一反应就是动用一切手段加强夏威夷的防御。
>
> 威利斯·H.霍尔少将

队都一马当先，为地面部队开辟道路。

1944年1月31日至2月5日的马绍尔群岛战役中，第7轰炸机司令部的重型和中型轰炸机往返飞行2000英里进行战斗；在夸贾林环礁登陆中，第7航空队的战机削弱了日军位于沃特杰、迈利和马洛埃拉普的机场防御。在这些任务中机组人员需要滞空长达10至15个小时，平均每3天就会进行一次类似的出击。就在夸贾林登陆前夕，冈恩少校在第5航空队的新发明——机头安装75毫米机关炮的B-25G轰炸机首次出现在第7航空队的序列中。

为了保证分布广泛的分队能够获得补给，霍尔组建了航空勤务支援中队（缩写为ASSRONS）。这些小而紧凑的支援部队会在地面部队已经夺取岛礁后将补给空运至这些狭小的岛礁。这些勤务支援中队会随着作战部队飞机的到来在岛礁机场上开始运作，然后又随着作战部队的飞机转场至其他岛礁机场而在转瞬之间离开。跳岛作战对于亲历者而言着实是一段痛苦的经历——就像一位飞行员曾回忆的那样："白天有苍蝇，晚上有蚊子；痢疾更是如影随形。"

第7航空队在马里亚纳群岛

阿诺德上将最想得到的就是可供

B-29"超级空中堡垒"轰炸日本本土的基地,第7轰炸机司令部也因此深度参与到马里亚纳群岛战役中。美军计划对防守严密的塞班岛、提尼安岛以及关岛发动大规模的两栖登陆行动。在登陆的准备阶段,第7航空队实施了多次航拍侦察任务,并仔细标示出塞班岛和提尼安岛上的军事设施和防御工事。1944年4月,B-24机群开始从马绍尔群岛的埃尼威托克岛起飞执行穿梭轰炸任务。B-24机群在袭击关岛、塞班岛和提尼安岛后会转向南方,经由加罗林群岛到达位于海军上将群岛的美军基地。在补给燃料后,"解放者"机群会在返回埃尼威托克岛的途中轰炸波纳佩岛。整条穿梭轰炸航线有4300英里的航程都位于开阔的水面上。

为了给马里亚纳群岛登陆作战铺平道路,第7航空队和第13航空队的重型轰炸机对特鲁克岛展开了长途奔袭。日军在马里亚纳群岛的部队可以从特鲁克岛获得飞机、补给以及海军支援。如果对该岛置之不理,便会威胁到美国登陆舰队的侧翼。到美军登陆塞班岛时,特鲁克岛已经被炸成了一片废墟。

美军为声势浩大的马里亚纳群岛登陆行动集结了一支兵力甚至超过整个日本海军的庞大特混舰队。1944年6月15日,当海军陆战队在塞班岛登陆时,第7航空队的P-47战斗机与海军和海军陆战队的战机一道为地面部队提供近距离空中支援。为了摧毁敌人挖掘的洞穴及碉堡网络,第318战斗机大队的"雷电"战斗机投下了凝固汽油弹。这是胶质汽油燃烧武器第一次投入使用。29662名顽固的日本守军在岛上防守了长达1个月。除了1780名日军被俘外,其他没有战死的日军都在1944年7月12日战斗结束前切腹自尽。而在此之前霍尔的战斗机和轰炸机部队已经从塞班岛的空军基地起飞,前往提尼安岛和关岛执行任务。1944年7月21日,第3陆战师登陆关岛,第2陆战师3天之后在提尼安岛登陆,而第7航空队则与海军飞行员和海军陆战队飞行员一起协作,为两支登陆部队

下图:一架P-51D"野马"从位于火山列岛的硫黄岛上的基地起飞。1944年,性能有很大提升的P-51D开始抵达太平洋战场,伴随波音B-29"超级空中堡垒"对实施进行远程轰炸。

提供空中支援。

1944年10月中旬，第一批B-29轰炸机开始抵达塞班岛。这些飞机来自由阿诺德将军亲自指挥的第20航空队。陆军航空队太平洋部队总司令米勒德·F.哈蒙（Millard F. Harmon）中将亲自监督B-29轰炸机基地的建设情况。美军最终在塞班岛建立了一个B-29基地，在关岛建立了两个基地，在提尼安岛也建立了两个基地。由于上级从未向霍尔将军拨付过B-29轰炸机。第7航空队继续利用第7轰炸机司令部的B-24和B-25以及第7战斗机司令部的P-51和P-47参加战斗，这些飞机大都继续部署在马里亚纳群岛的基地。

硫黄岛和冲绳岛

1944年秋末，阿诺德将军想要在硫黄岛（也就是塞班岛和东京连线的中间点）为B-29轰炸机建立一处紧急备降基地。为此第7轰炸机司令部的部队开始从马里亚纳群岛的基地出发，袭击火山列岛和小笠原群岛。美军连续74天对硫黄岛进行了猛烈的火力打击，几乎将这座面积仅8平方英里的岛屿夷为平地，但却并未消耗太多的日军守岛部队。美军第4和第5陆战师于1945年2月19日登陆，随即被猝不及防地卷入到了血战当中。对该岛控制权的争夺持续了34天，海军陆战队在战斗中阵亡5981人，另有19920人受伤。但是在接下来的5个月中，有2251架次B-29轰炸机携带着24761名机组人员在硫黄岛紧急备降，挽救这些宝贵的空勤人员的生命让此前的巨大牺牲显得值得。

随着1945年3月16日美军宣布硫黄岛被肃清，第7战斗机司令部的P-51"野马"开始入驻岛上机场，护送B-29轰炸机轰炸日本本土。但当B-29的任务变成夜间投掷燃烧弹之后，战斗机护航便没必要了。在1945年4月7日—8月14日之间，战斗机部队执行了38次跨洋飞行1200英里的长途任务，对位于东京、名古屋和大阪的日军航空基地发动轰炸和扫射。

上图：1943年1月13日，第13航空队在位于珊瑚海的新喀里多尼亚岛开始行动。地面部队到哪里，这支航空队就到哪里。在肯尼将军的指挥下，这支部队执行的大部分任务都是从热带丛林和偏远岛屿出发完成的。

左图：整个国家有数以千计的海报钉在电线杆上，鼓励人们"购买战争债券"。许许多多的美国人响应，为战争提供资金。

虽然第7航空队是太平洋上较小的空中部队之一,但这支队伍一马当先。在冲绳战役期间,该航空队成为肯尼将军率领的远东航空队的一部分。远东航空队还包括第5航空队和第13航空队。在第5航空队的轰炸机大队轰炸九州岛的同时,第507战斗机大队将其P-47N转移到伊江岛的基地,随后长途奔袭1600英里,袭击了位于汉城的日军大型机场。第507大队在遭遇50架敌机围攻时击落了其中20架,己方仅损失了一架飞机。该大队获得了优异集体嘉奖,成为太平洋战场上唯一一支获得该嘉奖的P-47部队。

霍尔将军将太平洋战场的轰炸和欧洲战场的轰炸进行对比。他写道:"在该战区根本不能进行大面积轰炸。我们必须准确定位目标。一个简单的原因就是,这些目标很小,很难直接击中。无论如何,40英尺的误差意味着炸弹要么击中目标,要么就掉进水里。而我们飞了2000英里可不是为了炸死水里的鱼。"

1945年8月中旬,当第一颗原子弹在

上图:南太平洋战区的机械师们让这架B-17轰炸机一直保持可出动状态。正是在地面上的10人地勤团队的辛勤工作,才确保飞机可以参加战斗。

对页图:一次所罗门群岛的轰炸任务返回之后,一架"空中堡垒"的炮手班组成员在队伍位于新赫布里底群岛的基地清洁飞机上的13挺0.50英寸(1英寸≈25.4毫米)口径机枪。

对页图：在新几内亚的行动中，来自莫尔兹比港沃兹机场的道格拉斯C-47"空中列车"在莱城和萨拉毛亚附近的瓦鸟的起落跑道上排成一排，为麦克阿瑟迅速推进的陆军卸下补给。

广岛爆炸的时候，第7航空队依旧执行着轰炸日军的任务。

第13航空队

与第5航空队一样，肯尼将军的第13航空队也从未驻扎在美国。该航空队是现役资历最老的数字番号航空队之一。第13航空队于1942年12月14日创建，一个月后在珊瑚海的新喀里多尼亚岛郁郁葱葱的风景中开始活动。之后，第13航空队转移到新赫布里底群岛的圣灵岛，成为美国陆军远东部队的一部分。

第13航空队大量被部署在海军陆战队所到的丛林和偏远岛屿上执行任务，因而被称为"丛林航空队"。第13航空队最初负责在南太平洋与敌军交战，而在加入第5航空队，参加海军上将群岛、新几内亚、摩罗泰岛和菲律宾的行动之前，该航空队一直在进攻所罗门群岛。丛林航空队在5个不同的作战区域服役，先后参加了13次战役。第13轰炸机司令部装备有B-17"空中堡垒"、B-24"解放者"、B-25"米切尔"以及B-26"掠夺者"等多种轰炸机；第12战斗机司令部则拥有P-38"闪电"、P-39"空中眼镜蛇"、P-40"战鹰"以及P-61"黑寡妇"；空中运输司令部的飞机有C-46"突击队员"、C-47"空中列车"以及L-5"哨兵"。

上图:准备于1943年进入所罗门群岛时,指挥南太平洋美国陆军航空队的内森·F.唐宁少将(图右)会见陆军司令米勒德·F.哈蒙中将(中)和亚历山大·D.帕齐(Alexander D. Patch)少将。

1943年1月13日,肯尼将军任命唐宁少将负责指挥第13航空队,并命令唐宁与海军合作,夺取所罗门群岛中部地区的制空权,并摧毁敌人在所罗门群岛北部的补给线。在融入由哈尔西海军上将指挥的战区期间,唐宁遇到了各种各样的指挥问题以及各军种间的龃龉。海军提出让B-17执行侦察任务,而唐宁则打算利用它们执行轰炸任务。不过双方在战斗机部队的用途上并没有意见相左。几支第13航空队的战斗机部队来到了瓜达尔卡纳尔岛的亨德森机场,与来自海军陆战队、海军和皇家新西兰空军的飞行员们并肩执行任务。1943年6月14日,当120架日军飞机接近瓜达尔卡纳尔岛时,第13航空队的飞行员从亨德森机场起飞,与其他盟军部队的飞行

山本五十六之死

1943年4月,珍珠港的密码破译人员截获,日军海军上将山本五十六(Isoroku Yamamoto)视察驻所罗门群岛日军部队的行程表,并将情报告知了海军上将哈尔西。由于哈尔西没有远程战斗机,他将这份情报交给了所罗门群岛航空军司令马克·A.米切尔少将。4月18日,小托马斯·H.拉姆菲尔(Thomas H. Lamphier, Jr.)上尉率领瓜达尔卡纳尔岛从第13战斗机司令部3个中队抽调的18架P-38在布依恩的凯利机场附近(恰好就是海军情报人员指出的地点)击落了山本五十六的飞机。联合舰队司令长官山本五十六的死亡对日军是一次重大打击。第7航空队的拉姆菲尔为此获得了海军十字勋章。海军极少将这种勋章授予陆军飞行员。

上图:在位于珍珠港的海军密码破译人员截获了山本五十六海军大将的行程之后,美军从瓜达尔卡纳尔岛出动了一个P-38F"闪电"中队将他截杀。

左图:山本五十六海军大将乘坐的G4M"贝蒂"被击落后,其残骸杂乱地散落在布伊恩附近的丛林中。日军搜索人员将山本的尸体从该地点转移,用船运回了日本。

员一起击落了94架敌机。

第7航空队拥有在整个所罗门群岛地区唯一的重型轰炸机部队，该部队无情地打击了日军的机场及其从新乔治亚到新不列颠和腊包尔的船运。1943年6月，当海军和海军陆战队开始对所罗门一系列群岛发起两栖登陆时，第13航空队紧随其后。等到海军基建工兵将岛礁机场修建好可供使用时，他们立马转移到这些丛林茂密的小岛上。蒙达、维拉拉维拉、舒瓦瑟尔、科罗帮格拉和布干维尔岛成为第13航空队的主要目标。被占领的机场重整完毕，第13航空队的战斗机中队就会紧随陆战队的脚步登上这些岛屿。

1944年1月，休伯特·R.哈蒙（Hubert R. Harmon）少将接任第13航空队司令，并将总部转移到了瓜达尔卡纳尔岛。当肯尼将精力集中在第5航空队上并将日军赶出新几内亚的时候，哈蒙受命压制腊包尔。当盟国获得俾斯麦海的控制权时，第13轰炸机司令部已经让腊包尔失去了原有的战略价值。

第868轰炸机中队（B-24轰炸机）在瓜达尔卡纳尔岛以外执行任务，最先对敌人的船运实行了低空雷达夜间轰炸，对日军造成了极大损害，致使日军放弃了通过水路为部队提供补给的行动。

美国海军在中太平洋建立空中基地的几个月之前，第13轰炸机司令部的"解放者"耗时14个小时飞行1800英里，在没有护卫的情况下执行针对加罗林岛的特鲁克岛、雅浦岛以及帕劳群岛的轰炸。在攻击目标的同时，他们必须击中敌人的战斗机，避开高射炮的集中攻击。在第7航空队接手这项任务后，第13轰炸机司令部的B-24轰炸机中队转移到海军上将群岛，支援麦克阿瑟的登陆，并对霍兰迪亚、艾塔佩和瓦莱伊环礁发起攻击。

第13航空队与第5航空队合并

1944年5月，圣·克莱尔·斯特里特（St. Clair Streett）少将接替了哈蒙将军的位置负责指挥第13航空队，并开始出动飞机削弱斯考滕群岛内的比亚克岛的防御。1944年7月1日，当澳大利亚部队登陆位于东印度群岛的巴厘巴板时，第13航空队为其提供了空中掩护。同时，第13航空队和第5航空队共同组成了新建的远东航空队（简称FEAF）。在接下来的战争里，斯特里特指挥着远东航空队。至1945年夏，第13航空队在巴拉望岛执行任务，进行了这支丛林航空军的最后一击。

第20航空队

1941年6月20日，阿诺德将军下令组建第20航空队，这支战略轰炸部队的司令

B-29"超级空中堡垒"

开发B-29"超级空中堡垒"时，阿诺德将军要求工程师们让B-29成为"机身尺寸最大、装载武器最多、飞行航程最远"的轰炸机。研制期间，工程师们时常怀疑阿诺德所要求的一切是否能够实现，然而这位将军仍旧坚持自己的想法。按照阿诺德的想法，波音B-29成为当时最为复杂的一款飞机。这款起飞重量可达65吨的庞大战争机器由4台2200马力的莱特R-3350发动机驱动，长99英尺的机身以及142英尺的机翼内密布着线缆。阿诺德希望他的B-29轰炸机续航时间能够达到16小时，能够以最高时速350英里飞行，最大载弹量达到20000磅。凭借4100英里的作战半径、32000万英尺实用升限以及13挺机枪，B-29轰炸机成为第二次世界大战期间最具杀伤力的武器之一。

配备11名机组人员的B-29是第一款使用机舱和炮塔以及大展弦比机翼的飞机。相比此前凸出的人操炮塔，体积较小的遥控炮塔产生的阻力更小。B-29还搭载有当时精度最高的AN/APQ-13

轰炸雷达，位于两个炸弹舱之间。高耸的垂尾矗立于机尾，成为B-29轰炸机最显著识别的特征。

早在第一架B-29轰炸机还未升空飞行的时候，陆军航空队就下达了1600架的订单。波音公司新建了4个工厂来应对这个大订单。第58轰炸大队于1943年7月收到了第一架B-29轰炸机，用于测试和评估。如果B-29项目失败，那么与日军的战争可能还要延长一两年的时间。

上图：1944年，波音B-29"超级空中堡垒"开始在太平洋战场参加作战，由此美国空中力量进入了一个崭新的时代。即便处于空载状态，一架B-29轰炸机仍然比一架满载时的B-17还要重2000磅。

左图：波音公司的B-29在当时是一个了不起的杰作，其尺寸大于当时其他国家生产的所有型号轰炸机。该型机的载油量是B-17的两倍，而作战半径也是B-17的两倍。

上图:1943年2月,在季风雨的间歇中,一架B-25"米切尔"正在对日军阵地发起猛烈打击,支援在崇山峻岭的、丛林茂密的缅甸实施敌后作战的英军"钦迪特"特种部队。"钦迪特"部队的敌后作战得到了由约瑟夫·史迪威(Joseph Stilwell)训练的中国驻印军的支援,驻印军由弗兰克·D.梅里尔(Frank D. Merrill)准将指挥。

部一直留在美国本土,由他亲自指挥。早在战前,阿诺德就亲自为B-29"超级空中堡垒"设定了性能规范,他希望看到飞行员按照他的预想使用这款重型轰炸机。阿诺德还决定了将这些轰炸机部署在何处。唯一装备B-29轰炸机的第20航空队先后转战中国—缅甸—印度战场以及太平洋战场,但是没有到达欧洲战场。

中国—缅甸—印度战区

虽然阿诺德原来的计划是与日本距离处在B-29航程之内的太平洋小岛上部

第20航空队的编成情况	
单位	组建年份
第20轰炸机司令部	1944—1945年
第21轰炸机司令部	1944—1945年
第7战斗机司令部	1945年

缅甸行动期间,寇蒂斯·李梅将军(图右)和约瑟夫·史迪威就B-29轰炸机进行商谈。

上图：第20航空队由阿诺德将军于1941年1月20日创建，其总部一直在华盛顿。在寇蒂斯·李梅和内森·唐宁的指挥下，该航空队的B-29轰炸机和其他飞机在印度、中国和太平洋执行任务。

署B-29轰炸机，但是到该型机轰炸机具备能力时，距离夺取马里亚纳群岛还有数个月之久。阿诺德没有等待，他迅速组建起由肯尼斯·B.沃尔夫（Kenneth B. Wolfe）少将指挥的第20轰炸机司令部，并于1944年4月将第一批B-29轰炸机派往印度。自1942年6月以来，日军步兵封锁滇缅公路后，部署在印度的第10航空队一直在飞越被称为"驼峰"的喜马拉雅山脉航线，为部署在中国的第14航空队提供汽油、弹药以及备件的补给。B-29轰炸机问世前的6个月，阿诺德命令美军工程兵以及35000名中国劳工在中国西部建设4个基地，同时美军在印度东部也建设了4个基地。由于沃尔夫不能提供第10航空队的补给，于是第20轰炸机司令部必须自行负责后勤任务，从印度往中国成都运送汽油和军械。为了给一次作战任务提供补给，B-29轰炸机机群必须在喜马拉雅山脉上空往返飞行6次。

1944年6月5日，第20轰炸机司令部的部队首度出动，轰炸了位于泰国曼谷的日军设施。10天之后，47架B-29轰炸机首度从中国出发执行夜间轰炸任务，袭击位于九州八幡市的日本钢铁制造工厂。这次行动只对日军造成了轻微损失，然而标志着B-29的大规模空袭已经拉开序幕。

1944年9月间，38岁的寇蒂斯·E.李梅（Curtis E. LeMay）少将从英格兰的第8航空队调到中缅印战区。作为一名直率而杰出的战术家，李梅反对夜间轰炸，将夜间轰炸改为密集队形高空昼间轰炸，且飞行高度要超出日军高射炮的射程和日军截击机的有效升限。B-29对日军造成的损害很快开始激增。10月份进行的空袭几乎摧毁了位于中国台湾的冈山飞机装配厂，使位于屏东和台南安南区的岛上两个最重要的机场陷入瘫痪状态，从而支援了麦克阿瑟的菲律宾登陆。尽管地面条件和气象条件都很恶劣，但李梅的轰炸机部队持续从中国发动空袭行动。

左图：B-29轰炸机进行的地毯式轰炸被称为"自天上降下的地狱"，这种轰炸能够严重打击东京市内分散的工业企业。尽管大片市区遭到了毁灭性打击，日军却并没能就此走上谈判桌。

B-29在马里亚纳群岛

1944年9月初，第21轰炸机司令部司令海伍德·S.汉塞尔（Haywood S. Hansell）准将亲自驾驶第一架B-29轰炸机降落在马里亚纳群岛。随着第73轰炸机联队的抵达，汉塞尔加快了训练的步伐。1944年10月下旬，B-29执行了针对特鲁克岛的第一次战斗任务。1944年11月1日，"东京玫瑰"在一次关键的侦察任务中成为第一架飞过东京上空的B-29，此次侦察为后续轰炸行动确定了目标。由于日本上空有着风速每小时180英里的强大湍流，而布局分散的工业也令高空飞行的轰炸机难以瞄准。美军在此后的22次任务中出动2148架次B-29轰炸机，向日军投下5398吨炸弹，但却只有一半击中了主要目标。单次任务损失率高达6%，这意味着每执行17次任务汉塞尔的部队就要整个换一次血。

汉塞尔依照阿诺德的命令尝试了不同的战术，包括用燃烧弹袭击日本的主要城

对页图：稳定的定期空投补给使"钦迪特"特种部队有能力与据守在缅甸丛林中坚固阵地内的日军展开战斗，"钦迪特"部队在1944年的奋战极大地加快了敌军的彻底瓦解和毁灭。

市。然而在第一次攻击名古屋的行动中，由于云层遮挡，炸弹全落到了目标区以外。汉塞尔还尝试在20000～35000英尺的高度进行轰炸，情况依然没什么改善。阿诺德没有在他的B-29轰炸机上获得自己希望的结果，于是1945年1月，李梅接替了汉塞尔。

李梅以一流飞行员和导航员的身份而闻名。第二次世界大战爆发后，他受命指挥第305轰炸机大队，他将这支部队带到英格兰，成为埃克将军第8航空队的组成部分。由于李梅在战术方面的突出才能，阿诺德晋升他为少将，任命他指挥在中国的第20轰炸机司令部。李梅取代汉塞尔时，阿诺德要求他让B-29轰炸机部队达到期望的战术水平。

李梅虽然雷厉风行，但首先他要进行一些测试。他首先出动100架左右规模的编队，分别于1945年2月4日空袭了神户，2月15日空袭了名古屋，而2月19日则空袭了东京。2月25日，他将打击力量增加到了200架飞机，向东京市区投下了600吨炸弹。然而李梅仍然不满意，他利用凝固汽油与镁混合的燃烧弹焚烧日军

下图：1945年8月6日美军投向广岛的第一颗原子弹几乎将日军最重要、人口最多的城市之一夷为平地，只有郊区还矗立着几幢建筑物。

的主要城市。他尝试了不同的载弹量、队形、高度以及天气条件下轰炸的效果,对这些情况一一分析,并在评估了所有的报告以及统计数据,对上述情况进行总结,在此过程中许多次尝试的成果都被"抛诸脑后"。

日军战斗机部队的实力急剧下降,因此李梅轰炸机群规模增加到了629架。他下令用重量更轻、威力更大的新型燃烧弹取代了几吨重的震撼炸弹,再加上拆除各类设备,让B-29的起飞载荷减少了135000磅,从而大大扩大了任务半径。出于敌军防空武器在低空效能更低的考虑,他命令飞行员在5000~8000英尺的高度而非30000英尺高空飞行。他还下令机组拆除B-29的大多数机载机枪以减轻重量,同时采用夜间大面积轰炸战术,在必要时可以投掷照明弹指示目标——将整个城市工业区直接焚毁。虽然大面积轰炸战术违背了美军当时的空战学说,但是由于日军的军事工业都是以数以千计的木质结构小工厂的形式散布在工业城市中,因此李梅认为区域轰炸是必要的。

下图:"伊诺拉·盖伊"号 B-29轰炸机在执行完对广岛的核轰炸任务之后,在位于马里亚纳群岛的航空军基地着陆。机组人员后来才知道他们投下的炸弹对日军产生的致命后果。

天降火海

1945年3月初，李梅命令火攻东京、神户、名古屋和大阪的工业中心。1945年3月10日午夜过后，285架B-29轰炸机在东京上空5000~6000英尺高度呼啸而过，点燃了15.8平方英里的区域，其中包括11000个小型工厂。3月12日，另外286架"超级空中堡垒"向名古屋的飞机工业中心投下了1950吨的燃烧弹。5天之后，B-29轰炸机又焚毁名古屋5平方英里的区域，炸掉了城市中未受影响的小型工厂。3月14日，一支由280架B-29轰炸机组成的队伍向大阪的工业中心投下了2240吨燃烧弹，将8.3平方英里的区域烧成灰烬。三天之后，309架轰炸机向神户的船舶工厂和军火工厂投下2328吨燃烧弹，摧毁了该城市3平方英里的区域。3月中旬的轰炸闪电战摧毁了日本4个最重要城市，共32平方英里。然而，这仅仅是开始而已。

第20航空队也沿着战略海上航线出动了1500架次，投下的12000多枚水雷击沉

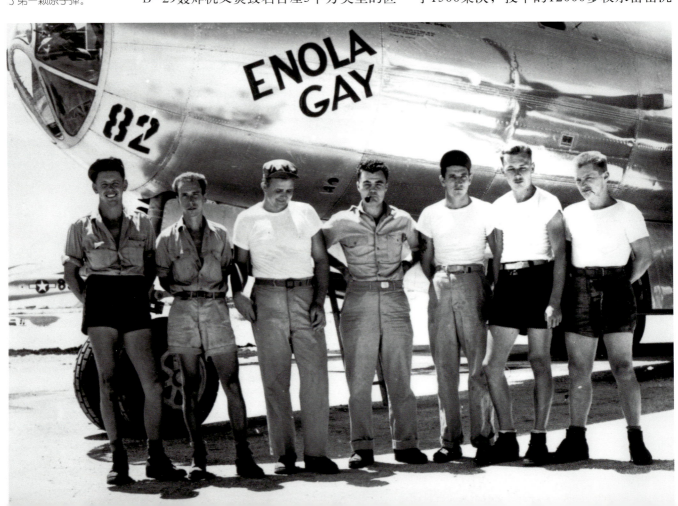

下图："伊诺拉·盖伊"轰炸机飞行员保罗·W.蒂贝茨（Paul W. Tibbets）上校（正中）与其他的机组成员一起站在飞机旁边。这架飞机向广岛投下了第一颗原子弹。

了80万吨的日本航运船只。这一战绩甚至高于同期美军潜艇的击沉吨位。

李梅虽然不明白为什么日军拒绝投降，但他丝毫没有减轻打击力度。对日军的燃烧弹袭击又持续了4个半月。到1945年8月时，美军的轰炸已经彻底摧毁了日本的工业。此时李梅已经将他的部队扩大到了5个轰炸机大队，分别为第58轰炸机大队、第73轰炸机大队、第313轰炸机大队、第314轰炸机大队以及第315轰炸机大队，拥有1000架"超级空中堡垒"。最后一次燃烧弹袭击发生在8月2日。当时855架B-29轰炸机向工业城市投下了6632吨炸弹。

接下来的两次袭击都是单机任务。1945年8月6日，小保罗·W.蒂贝茨上校驾驶的"伊诺拉·盖伊"号轰炸机向广岛投下了第一颗原子弹，将这座城市夷为平地。3天后，查尔斯·W.斯威尼（Charles W. Sweeney）少校驾驶的"伯克之车"号又向长崎投下了一颗裂变式原子弹。6天后，日军投降。

阿诺德将军的B-29轰炸机完成了它们的任务，李梅和他的第20航空队也完成了任务。战略航空力量也拥有了令人畏惧的强大破坏力，这一决定性力量迎来了最辉煌的时代。

上图：1945年8月9日，第509混编大队的查尔斯·W.斯威尼少校驾驶B-29"伯克之车"号轰炸机将第二颗原子弹投向长崎，将其夷为平地。几秒钟之后，浓烟和碎屑如巨浪般汹涌，直冲天空。

克莱尔·L.陈纳德将军（1893—1958年）

陈纳德出生于美国得克萨斯州的科默斯。1917年，他加入步兵部队，成为一名中尉，并决心成为一名飞行员。同年，他获得飞行翼章。陈纳德随后受命指挥一支驱逐机中队。他潜心研究了空战战术，在1931年从陆军航空兵团战术学校毕业之后，他担任了5年的教员。由于陈纳德大肆宣扬战斗机制胜论，他激怒了"轰炸机俱乐部"，不得不以上尉军衔退役。陈纳德希望找到对手一决高下，而1937年7月7日日本发动侵华战争，陈纳德接到蒋介石的邀请之后成为中国空军的特别顾问。

几个月之后，陈纳德在蒋介石的允许下返回华盛顿，请求罗斯福总统允许他效仿拉斐特飞行队，组建美国志愿航空队，增强中国空军的实力。出于保卫缅甸公路、维持中国继续作战的能力的考虑，罗斯福应允了陈纳德的请求。

陈纳德回到中国时带来了100名飞行员和200名地勤人员，并以此班底成立了美国航空志愿队（简称AVG或称"飞虎队"）。为了对付性能占优势的日军飞机，美军为陈纳德提供了100架原本由瑞典订购的、已经过时的P-40B"战鹰"。陈纳德悉心挑选人员，仔细认真地训练他们。1941年12月飞虎队参战之后，在最开始的7个月时间里击落了299架日军飞机，而自身则仅仅损失了32架飞机及19名飞行员。1942年7月，飞虎队被正式改编为第10航空队的第23战斗机大队。

1942年4月，陈纳德以上校军衔重新加入美国陆军航空队，负责指挥美国航空军驻华特遣队，并升为少将。8个月之后，美国航空军驻华特遣队被改组为第14航空队，以支援约瑟夫·史迪威将军率领的陆军在中国—缅甸—印度战区的行动。即使在指挥第14航空队期间，陈纳德依旧是一个性情暴躁、特立独行的人。他不理会指挥链，经常绕过自己的上级直接与蒋介石研究事务。罗斯福不想破坏与蒋介石的关系，因此让陈纳德留在了中国。

战争结束后，陈纳德退出了现役但仍然留在中国。1958年，陈纳德因癌症去世，美国空军将他晋升为荣誉中将。

下图：身着皮夹克的陈纳德将军，他从不认为坐在扶手椅上就能指挥军队，因此一贯深入一线。图中他正在指导机械师们维修一架P-40。

第10航空队和第14航空队

第10航空队创立于1942年2月12日,其司令部设在印度的新德里,由曾在菲律宾领导远东航空队的路易斯·H.布里尔顿(Louis H. Brereton)少将指挥。这支部队继承了克莱尔·L.陈纳德(Claire L. Chennault)准将的美国志愿援华飞行队"飞虎队"。"飞虎队"曾应国民政府主席蒋介石的请求来助战。1942年7月,布里尔顿将陈纳德的部队合并入第10航空队,改编为第10航空队驻华特遣队。此后的数个月中,第10航空队的大部分飞机都是从菲律宾和荷属东印度群岛逃出来的,这批残存的飞机和部队组成了陆军航空队驻印特遣队。直至1943年,阿诺德上将下令在中国组建以陈纳德为司令的第14航空队之前,第10航空队是唯一一支在中国—缅甸—印度战区作战的美国航空军部队。

第10航空队之后在印度和缅甸参战,并在1945年7月来到中国。

飞越"驼峰"喜马拉雅

在中国的"飞虎队"和陆军航空队无法在没有补给的情况下战斗。他们完全依赖第10航空队的空中运输司令部(ATC)。1942年6月,当布里尔顿将军将所有的轰炸机和12架运输机都带到中东后,他留给接班人的只是一个配备老旧飞机的破败中队。至1942年12月,克莱顿·比斯尔(Clayton Bissell)少将只有22架可参加战斗的重型轰炸机、43架中型轰炸机以及160架可用的战斗机。日军切断滇缅公路之后,拥有很多架双发动机道格拉斯C-46A"突击队员"和C-47"空中列车"的空中运输部队接手了运输工作,继续为在中国的第10航空队提供补给。

上图:成立于1942年2月12日的第10航空队在印度、缅甸和中国服役,成为陈纳德将军的美国援华飞行大队"飞虎队"、美国航空军驻华特遣队和美国航空军驻印特遣队的继承人。

下图:在中国西部的早期战斗中,克莱尔·陈纳德将军指挥的"飞虎队"的飞行员们,收到远处的中国观察哨发出的日军来袭的警报后,驾驶他们的P-40紧急起飞。

从印度东北部到中国昆明和重庆的唯一一条航线总长500英里,需要飞越世界上最糟糕的地形,经历恶劣的天气。横断山脉是被飞行员们称为"驼峰"的喜马拉雅山脉的延伸部分,横亘在印度阿萨姆和航线终点(中国云南和四川)的中间。横断山脉最高峰超过16000英尺,稍低的山脉也有14000万英尺。雷电交加的暴风雨、积冰、每小时100英里的风速以及剧烈的气流使得这条路线成了飞行员们的"噩梦"。

1943年初开始,"驼峰"航运的输送吨位开始稳步增加。由于运输机消耗的燃料几乎与运输的燃料一样多,汽油和补给的运送量依然较小。在缅甸作战的盟国部队同样需要定期空投物资,因此空中运输部队也担负起了运送补给的任务。李梅将军将B-29轰炸机转移到中国,对日军进行袭击时,他也借用了空中运输部队的力量。

战争结束时,空中运输部队飞越凶险的山峰运送了多达65万吨的补给。

下图:两架P-40N"战鹰"在一座修建于丛林中的机场滑行。P-40N是寇蒂斯公司生产的最后一款"战鹰",时速可达375英里。然而到了1944年P-40N已经成了二流战斗机。

第11航空队

阿拉斯加航空队于1942年1月15日在埃尔曼多夫机场成立。3个星期之后，该航空队更名为第11航空队。第一批加入第11航空队的人员装备包括埃弗雷特·S.戴维斯（Everett S. Davis）少校、两名士兵、一架已经服役6年的马丁B-10轰炸机。戴维斯的工作是训练相关人员在阿拉斯加的天气条件下执行侦察任务。随后更多的飞机加入第11航空队。至1942年春，第11航空队开始从位于阿留申群岛，拥有两条5000英尺飞机跑道的荷兰港机场出发执行任务。1942年3月8日，威廉·O.巴特勒（William O. Butler）准将接管第11航空队，并在科迪亚克岛建立了司令部。

日军也明白阿留申群岛的价值。这个常年被大风席卷的岛链为发动针对加拿大以及美国西北海岸的袭击提供了潜在据点。中途岛战役中，日军没有注意到美国在荷兰港的航空军基地而试图占领该岛，因此被突如其来的美军战斗轰炸机打得措

下图：两架寇蒂斯C-46"突击队员"开始了漫长而艰苦的飞行，飞越大风席卷的喜马拉雅山脉。飞行员们"飞越驼峰"，为在中国昆明以外作战的第10航空队运送汽油和补给。

上图：阿拉斯加航空队于1942年1月15日在埃尔曼多夫机场成立。1942年9月18日，这支部队成为第11航空队，将任务扩大到了阿留申群岛。

阿拉斯加的第11航空队
第11战斗机司令部
第11轰炸机司令部
第11航空队勤务司令部

手不及。随后B-17和B-26轰炸机袭击了日军舰队，日军运输舰在将步兵送上阿留申群岛远西端的阿图岛和吉斯卡岛这两个偏远的岛屿后便撤离了该海域。

1942—1943年间，陆军航空队在阿留申群岛继续扩建基地，以便空运司令部以此处为中转点向苏联运送飞机和补给。在气象条件允许的情况下，被海军接过战术指挥权的第11航空队都会对阿图岛和吉斯卡岛进行定期轰炸。虽然日军的存在不过是癣疥之疾，但参谋长联席会议依然希望清除阿留申群岛上的敌人。1943年5月29日，美军在阿图岛和吉斯卡岛登陆，歼灭了日军的守备部队。两个月后，日军部队撤出吉斯卡岛。第11航空队在此之后入驻阿图岛上的机场。1943年7月，第11航空队的B-24轰炸机奔袭1600英里，开始对日军的千岛群岛发动轰炸。B-24的轰炸

价格昂贵的飞机（1944年）（单位：美元）			
轰炸机	战斗机	运输机	教练机
B-29 605500	P-38 97100	C-54 260000	AT-7、AT-11 68000
B-24 215500	P-47 85600	C-46 222000	
B-26 192500	P-51 51500		
B-17 204000	P-39 51000		
A-26 176000	P-40 45000		

1940年7月1日—1945年8月31日制造的飞机数量（单位：架）	
北美公司	41188
联合-伏尔提公司	30903
道格拉斯飞机公司	30696
寇蒂斯飞机公司	26154
洛克希德飞机公司	18926
波音飞机公司	19381
格鲁曼飞机公司	17428
共和飞机公司	15603
贝尔飞机公司	13575
马丁飞机公司	8810
钱斯-沃特飞机公司	7890

飞机的战斗损失	
对德国以及意大利	22948架
对日	4530架
美国陆军航空队的人员损失	
阵亡	40000人
被俘	41500人
失踪及确定死亡	12000人
受伤	18000人
其他	10500人
总计	122000人

一直持续到战争结束，几乎摧毁了日军的全部罐头工厂（共65个）。这些工厂专为军队加工鱼类罐头。

与其他的航空队不同，第11航空队作为阿拉斯加航空司令部依旧在美国本土保持现役状态，负责指挥管理美国的国土防空系统。

美国的战争动员

1940年初，陆军航空队的飞机数量很少，且只有极少部分能在性能上与欧洲和日本的先进飞机相提并论。战争期间美国在飞机制造方面花费了450亿美元，投资规模甚至大于整个军需项目。至太平洋战争胜利时，陆军航空队共接收158000架飞机，其中包括51221架轰炸机和47050架战斗机。

1943年，国会批准成立一支拥有273.4万人的航空部队，但是陆军航空队的人数从未到达这个数字。航空队从1941年12月的354000人，发展至1944年3月的2411294人。然而1945年8月战争结束时人数减少到了2282000人。

短短5年中，美国的空中力量从世界第六位跃居到了世界第一位。

对页图：第二次世界大战期间，飞机上的每一个零件都来自大规模的生产线。图中这一排又一排的A-20镶嵌玻璃机头在厂房的灯光下熠熠生辉。1940年7月1日—1945年8月31日，美国的各飞机总装厂交付了158000架军用飞机，这些飞机的零件需要数以千计的工厂生产。

6

冷战：从柏林到远东半岛
（1945—1955年）

第二次世界大战结束后，阿诺德将军创立了美国战略轰炸调查团，评估空中轰炸的效能。他总结道，现代战争的成功取决于进攻和防御方面的空中优势。他还暗示，永远保持戒备是自由的代价；他相信"我国空中力量对于国家安全事业的最重要贡献便是研究的前瞻性"。哈里·S.杜

> 上头要求我们输掉战争，不允许我们获胜。
>
> 美国空军乔治·E.斯特拉特迈耶（George E. Stratemeyer）中将于1954年对参议院国内安全委员会的陈词

右图：卡尔·斯帕兹将军（图右）宣誓成为美国空军第一任总参谋长之后，他与W.斯图亚特·赛明顿（W. Stuart Symington）一起商议问题。赛明顿于1947年9月18日就任第一任空军部部长。

上图：巨大的康维尔B-36洲际轰炸机于1951年首飞后装备了第5轰炸机联队。该型机配备6台星形活塞发动机及4台涡轮喷气发动机，设计航程达1万英里。图中是一架飞行中的GRB-36F，该机的机腹悬架可以系留一架共和YRF-84F"雷电"战斗机，"寄生"在母机上的"雷电"可以在被释放后保护母机的安全。

鲁门总统已经受够了战争，因此在战争结束后以惊人的速度对军队进行了复员。至1945年12月时，美国的空中力量仅仅只存在于人们的记忆中了。前第8航空队指挥官埃克将军承认，到了1946年，陆军航空队连一个航空军大队都没有。几乎是在一夜之间，世界上最辉煌的航空部队便凋谢了，从1945年的230万士兵，以及72000架飞机，骤降到1947年5月的30万人和10000架飞机。然而，阿诺德1946年3月退役时，还有一个重要的使命没有完成。他把这个使命重新交给了他的继任者——斯帕兹将军。

美国空军（USAF）的成立

1946年，论战转移到了五角大楼和国会之间。辩论的内容是"现代战中3个军种协调统一指挥的重要性"。第二次世界大战期间，如果陆海空三军队伍能够协同

上图：霍伊特·S.范登堡将军于1948年接任了斯帕兹的职位，成为空军总参谋长，并且在这个职位上服务了5年。他带领空军经历了柏林空运和半岛战争。1953年退役之前，他依旧尝试着说服吝啬的国会不要砍掉空军建立143个联队的计划。

战斗而非各自行动，那么一些近似灾难的事情就可以避免。陆军和陆军航空队都坚持认为应当成立国防部，三个军种继续维持独立，但是又在该部门的指挥下平等地协同作战。海军上将们则反对这一建议，指责陆军和航空队试图削弱海军的重要性，以空中力量取而代之。从某种程度上来说，事实的确如此，因为像斯帕兹和李梅等人认为所有的未来战争都将是核战争，战争的胜利将取决于战略轰炸。

经过了几个月的辩论之后，各方达成了妥协，包括海军和海军陆战队航空工业的存续问题。国会通过了《1947年国家安全法》，建立国防部以及一支独立的空军。杜鲁门总统颁布第9877号行政命令，明确了陆海空三军的角色及使命，任命前海军部长詹姆斯·V.福莱斯特（James V. Forrestal）为第一任国防部长，斯图亚特·赛明顿为第一任美国空军部部长。

在新生的美国空军的上将们的假设中，他们错误地猜想未来的战争都将是核战争。不过巨大的康维尔B-36洲际轰炸机还是于1951年首飞，B-36和

前几任空军总参谋长	
卡尔·A.斯帕兹	1947—1948年
霍伊特·S.范登堡	1948—1953年
内森·F.唐宁	1953—1957年

上图:一排道格拉斯C-47"空中列车"排成一队,在坦佩尔霍夫空军基地卸下其运送的货物。这些飞机中,很多在1942年就开始服役了。从发动机板条箱、牛奶瓶、煤炭、食物到乘客,C-47无所不运。

在此基础上改装而来的RB-36E随后加入了美国空军第5轰炸机联队。美国空军的主要职责本质上并没有变化,但是多了一些次要任务,如压制敌方海上力量、反潜战斗以及空中布雷行动。让这些为核战争摩拳擦掌的空军上将们没能预料到的是,一场新的国际危机很快在德国爆发。

柏林空运

第二次世界大战后,随着对德分区军事占领的开始,西方国家与苏联之间的联盟关系迅速瓦解。1948年3月,苏联步兵开始扣押美国、法国和英国的军用运输列车。这些列车都用于向三国各自在柏林

美国空军学院

在1947年美国空军独立后,斯帕兹将军和范登堡将军广泛进行游说,推动建立一所空军学院,从而让军官教育脱离西点军校,在这个新成立的专注于教授空中力量运用的学院中进行。7年之后的1954年,半岛战争结束之后,艾森豪威尔总统批准了拨款。一年之后,美国空军学院在科罗拉多州丹佛附近的洛里空军基地开始了第一堂授课。

前第7航空队指挥官休伯特·R.哈蒙中将在退役之后出任该学院的第一任院长。任职时哈蒙说:"学院的任务就是培养将军,而不是培养少尉。"他可能还参与了学院座右铭的编写:"知识是一个人的飞行生涯的源泉。"

1958年8月,美国空军学院的学员们转移到了位于科罗拉多斯普林斯美丽的新校园。第一个班的学员1959年毕业。6年之后,这些年轻的军官们成为在东南亚战斗中服役的飞行员。

的占领区运输物资。6月7日,西方国家宣布准备在德国西部创建一个资本主义的德国。两周之后,苏军封锁了西柏林并宣布西柏林因其所在位置绝对不能成为西德的首都。西方国家认为,如果失去柏林,那么德国全境也将面临威胁。为了应对这一危机,杜鲁门总统命令刚刚独立的美国空军组织一次大规模的紧急空中运输,为西柏林提供补给。

1948年6月25日,正在指挥美国驻欧空军部队的寇蒂斯·李梅中将接到了陆军卢修斯·D.克莱(Lucius D. Clay)将军的电话。电话中,克莱将军问道:"柯特,你能空运煤炭吗?"李梅回答道:"先生,空军什么都能运送。"6月26日,李梅开始从阿拉斯加、加勒比、夏威夷、欧洲以及其他地方调配道格拉斯C-47"空中列车"以及C-54"空中霸王",命令他们飞往威斯巴登空军基地以及西德境内其他的空军基地。

一天后,李梅任命约瑟夫·史密斯(Joseph Smith)准将领导柏林空运特遣队的食品行动。每一架飞机每天都要往返柏林三次。史密斯在法兰克福的航空运输控制中心进行日程安排,协调飞行。1948年7月24日,史密斯将自己的指挥棒交给了威廉·H.特纳(William H. Tunner)少将指挥的军事空运部队。这支部队设定了目标:不论白天还是夜晚,每分钟要降落一架飞机。特纳召集了几架新型费尔柴尔德C-82"派克特"和C-74"环球霸王",用四发动机的C-54取代了所有的C-47系列,并维持着随时都有225架飞机在空中执行任务而其他75架在进行维护的轮替状态。

从1948年6月26日至1949年9月30日,美国空军出动飞机189963架次,向东德和西柏林运送重达1783573吨的食物、煤炭及其他货物,运入乘客25263人,运出乘客37486人。1949年5月12日,苏联正式解除封锁。之后,西德和东德两个国家正式建立。随即北大西洋公约组织(简称NATO)成立。

半岛奇袭

大规模裁军使得美国的飞机制造业陷入严重的亏空状态。美国空军总参谋长范登堡将军警告称,"美国每制造一架军用飞机,苏联就已制造了12架"。1948

1948年10月2日,对柏林的日常运输量	
项目	单位:吨
食物	1435
煤炭	3084
商务/工业项目	255
新闻印刷品	35
液体燃料	16
药材补给	2
给德国百姓的补给总计	4827
为美国,英国和法国军队提供的补给	763
每天3班的客运航班	30
总计	5620

(资料来源:阿尔弗雷德·戈德堡(Alfred Goldberg)所著《美国空军历史》的第240页内容。)

下图:军事空运部队的道格拉斯C-54系列运输机,可以运送数量巨大的各种类型货物,最终取代了C-47"空中列车"。当柏林空运进入尾声时,一队大胆的机组因作为"最后一班向柏林运送食物的飞机"将这一荣誉漆在机身上。

上图:"半岛危机"期间,"联合国军"最高总司令道格拉斯·麦克阿瑟在日本东京的羽田空军基地向前来参与军事会议的空军总参谋长范登堡上将问好。

远东航空队指挥官	
乔治·E.斯特拉特迈耶中将	1950年6月25日
厄尔·E.帕特里奇（Earle E. Partridge）中将	1951年5月21日
奥托·P.韦兰（Otto P. Weyland）将军	1951年7月10日

年,美国空军部部长托马斯·K.芬勒特（Thomas K. Finletter）牵头组建了总统的空军政策委员会。在芬勒特题为《航空时代的生存》报告中,他要求到1950年1月1日,一支下辖70个大队的空军部队必须齐装满员,做好准备,同时要建立配备8100架现代飞机以及401000名士兵的预备役部队。1948年,国会按照芬勒特的要求为其拨款,然而杜鲁门却不理会国会及自己委员会的建议,扣留了用于购买新飞机的资金。在苏联的飞机制造如火如荼之际,美国的飞机合同却被取消了。1949年8月,当苏联人引爆了一颗原子弹,终结了美国在核能方面的垄断地位时,美国全国哗然。

1949年3月28日,路易斯·A.约翰逊（Louis A. Johnson）取代了福莱斯特成为国防部长。在1948年杜鲁门的总统竞选中,约翰逊是一位有影响力的捐款人。他决心要削减臃肿的军队机构。1949年7月,他将最后一支美军部队撤出半岛。他还向忧心忡忡的美国人保证,没有一个敌人能够在没有遭受"美国空军成功反击"的情况下,对美国发动一次"凌晨四点的奇袭"。

1950年6月25日星期日凌晨4点钟,半岛战争爆发。6个小时之后,消息传到日本。午夜,美国驻汉城大使约翰·J.穆乔（John J. Muccio）安排美国公民及其

6　冷战：从柏林到远东半岛（1945—1955年）

4架来自第8战斗轰炸机大队的洛克希德F-80"流星"战斗机编队飞行。

上图:第3轰炸联队一架装备了伞降破片弹的道格拉斯B-26(也称A-26)"入侵者"轰炸机,准备袭击位于半岛西海岸战略港口群山港(Kunsan)附近的伊里(Iri)的调车场。"入侵者"是美国空军装备的最后一款螺旋桨动力轻型轰炸机。

第5航空队指挥官	
厄尔·E.帕特里奇中将	1950年6月25日
爱德华·廷伯莱克(Edward Timberlake)少将	1951年5月21日
弗兰克·F.爱弗斯(Frank F. Everest)中将	1951年6月1日
格伦·O.巴克斯(Glenn O. Barcus)中将	1952年5月30日
塞缪尔·E.安德森(Samuel E. Anderson)中将	1953年5月31日

家属乘船从仁川撤离。一天之后,在日军指挥第5航空队的厄尔·E.帕特里奇少将才获得指挥远东航空队(简称FEAF)的乔治·E.斯特拉特迈耶中将的许可,加快撤离速度。帕特里奇派出了第374运兵机大队的C-54飞机,由F-82"双野马"战斗机护卫。这样的警戒措施产生了成效,6月27日,当5架苏制"牦牛"战斗机出现在金浦机场的上空时,第68战斗机中队的威廉·G.哈德森(William G. Hudson)

上图：在攻击半岛北部目标的任务中，第3轰炸机大队的B-26"入侵者"投下瞬发引信的破片炸弹。这款轻型轰炸机昼夜出动，攻击交通枢纽以及铁路和桥梁。

中尉取得了美军在半岛战争中的第一次空中胜利。詹姆斯·W.利特尔（James W. Little）少校和查尔斯·B.莫兰（Charles B. Moran）中尉分别击落一架战机。下午4点，8架朝军的伊留申Il-10试图空袭金浦机场。美军洛克希德F-80"流星"击落了其中4架。C-54飞机疏散了851名平民，再没有受到苏制飞机的干涉。

1950年6月26日，在联合国安理会的支持下，杜鲁门总统批准远东美军司令麦克阿瑟将军动用空军和海军部队参战；但是除了紧急情况之外，不许越过三八线进行攻击。

美国空军参战

1950年6月27日，帕特里奇将军集合自己已被严重裁减的作战大队，将第35截击战斗机联队和第49战斗轰炸机大队转移到九州，这两个大队都下辖有两个F-80战

上图:虽然战争期间喷气式飞机迅速成熟起来,但是在第二次世界大战期间研制的波音B-29轰炸机此时已经显得脆弱。图示为B-29从日本冲绳岛的机场起飞,对半岛发起猛烈轰炸。

厄尔·埃弗拉德·帕特里奇（Earle Everard Partridge）将军（1900—1990年）

帕特里奇将军是部署于半岛（1948—1951年）的第5航空队的司令。与远在东京指挥B-29部队的斯特拉特迈耶将军不同，帕特里奇在战场附近指挥作战，他的司令部帐篷挨着沃克将军的帐篷。帕特里奇的第5航空队是斯特拉特迈耶率领的远东航空队下辖的战术部队，肩负着获得制空权并维持制空权的任务。帕特里奇的飞行员们负责执行近距离空中支援、战场遮断以及侦察任务。

1951年5月，斯特拉特迈耶将军心脏病发作后，帕特里奇曾暂任远东航空队代理司令，并将第5航空队交给了爱德华·廷伯莱克少将掌管。1951年6月，奥托·P.韦兰将军抵达日军，接替了帕特里奇的职务，负责指挥远东航空队。帕特里奇在回国后被任命为一个新组建的司令部的指挥官。1954年4月，他以四星上将的军衔取代了韦兰成为远东航空队司令。

左图：帕特里奇将军执掌第5航空队之后，通过在执行任务期间更改任务目标、响应地面指挥官的要求来展示空中力量的灵活性。

下图：对于在半岛崎岖不平且树木丛生的山区中执行近距离空中支援任务来说，在攻击敌人地面部队方面速度较慢且适应性强的F-51"野马"通常更有效。

右图:一排北美F-86C"佩刀"战斗机,"佩刀"技术先进,而且仍保持着小巧的体型,这令飞行员驾驶非常愉快。"佩刀"还因其操作性及机动性而受到飞行员的青睐。

右图:机身上喷有PS-515字样的共和F-84"雷电",其飞行员每次进入驾驶舱时都要穿戴飞行盔、一个降落伞、抗过载服、救生包、随身武器、急救材料、导航工具包及其他随身物品。

斗机中队。当晚第3轰炸机大队的12架道格拉斯B-26"入侵者"轰炸机（即早期的A-26"入侵者"）执行了它们的第一次任务。6月28日，B-26轰炸机与F-80飞机共同作战，下午，从关岛转场至达冲绳岛的4架B-29轰炸机在通往汉城的公路上轰炸了人民军纵队。第二天，美军出动大规模机群轰炸了金浦机场。但是空中打击并没有使人民军放慢脚步，也没能阻止人民军的苏制战机从北方升空作战。

在第二次世界大战中吸取的教训依旧适用于半岛战场。高空飞行的B-29轰炸机并不是提供近距离空中支援的理想飞机。

釜山防线

守住釜山防线，对于麦克

右图：波音B-29轰炸机以极高的精确度迅速摧毁了北方的工业基地。当"联合国军"向北跨过三八线进入平壤和元山时，他们发现工业建筑已经被彻底摧毁，到处是扭曲的钢梁和已经化为焦土的炼油厂，但是周围的居民区以及商业区却未遭破坏。

阿瑟极为重要。1951年8月期间,帕特里奇的F-82G、F-51D以及F-80C战斗轰炸机平均每天都要出动340架次,执行近距离空中支援239次。

鸭绿江战斗

麦克阿瑟向联合国和杜鲁门总统报告:他建议继续向北进攻。麦克阿瑟扬言士兵们将在家度过圣诞节,因此联合国同意了他的建议,杜鲁门也同意了。麦克阿瑟立即与帕特里奇的战斗机和轰炸机一起发动了鸭绿江攻势。且当阿尔蒙德将军将第10军运到东海岸的元山时,麦克阿瑟将第8集团军派到了半岛的西侧。

麦克阿瑟低估了发动鸭绿江攻势的后

下图:第98轰炸机联队的前情报参谋哈里·B.贝利(Harry B. Bailey)少校正在向一个任务编队介绍位于新义州的目标的基本情况。新义州是鸭绿江沿岸最常遭受打击的城市之一,被驻扎在日本和冲绳岛的B-29轰炸机反复轰炸。

上图:为了给半岛战争装备工具,作战物资运输司令部催促费尔柴尔德C-119"飞行车厢"进入战斗区域,将部队运入釜山防线,将疏散人员运出,并向没有路的地方运送成吨的货物。

果。在接下来的3周,"联合国军"取得"胜利"似乎已成定局。轰炸机已没有可轰炸的目标,战斗机没有遇到任何抵抗。虽然有情报称中国可能派出"志愿军",但是联军一直都没有发现这样的情况。直至1950年11月1日,当6架米格-15喷气式战斗机在中国东北与朝鲜的界河鸭绿江附近对美军F-51(P-51)战斗机发动了攻击后,美军察觉到了事态不妙。8天之后,在鸭绿江上方的高空,米格战斗机对美军的F-80C发动了攻击,世界上第一场喷气式战斗机之间的空战就此拉开序幕。F-80已经过时,无法与高速且拥有后掠翼的米格-15相抗衡。

米格飞机的出现,预示着麦克阿瑟还

左图:一名伞兵从第437运兵机大队的C-46飞机上跳下降伞被缠住,他抱住了一个横梁。

6 冷战：从柏林到远东半岛（1945—1955年） | 211

在半岛的美国空军各个部队	
鸭绿江攻势	
第8战斗轰炸机大队	F-51战斗机
第18战斗轰炸机大队	F-51战斗机
第35截击战斗机联队	F-51战斗机
第49战斗轰炸机大队	F-80战斗机
第51截击战斗机联队	F-80战斗机
第502战术指挥大队	C-47／C-119系列运输机

左图：作战物资运输司令部的C-119"飞行车厢"组成密集队形，用降落伞为联合国部队投下食物和汽油。这些部队集中在忠州附近大雪覆盖的战场上。

下图：这幅照片是根据F-86"佩刀"上照相枪胶卷洗出来的。照片显示，烟雾从一架后掠翼苏制米格-15战斗机中喷出来。这架飞机在半岛西北部被称为"米格走廊"的空域被击落。

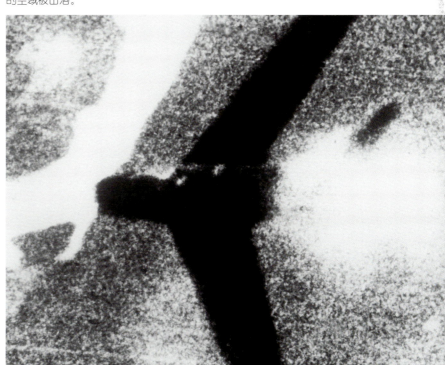

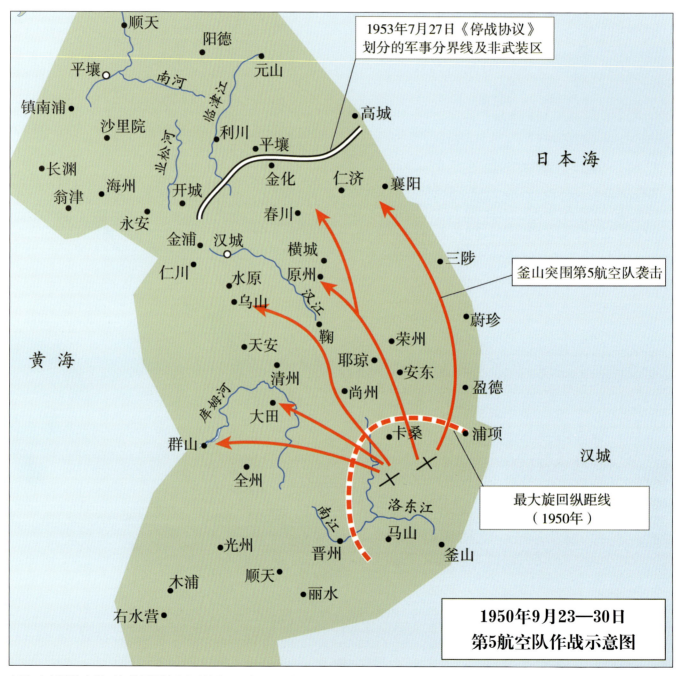

上图：仁川登陆之后，第8集团军从釜山防线突围。这些先头部队得到了美国空军F-51"野马"战斗机、F-82"双野马"战斗机以及美国海军陆战队F-4U"海盗"战斗机的支援。这些战斗机在地面部队推进的范围内摧毁了坦克、大炮以及机动车辆，造成了大规模的混乱。由于少数几个建在釜山防线内的机场太小，无法容纳喷气式飞机，美军依然使用螺旋桨飞机。

会有更多的麻烦。次日志愿军在云山附近包围了美国第8骑兵团的分队。为了应对威胁，帕特里奇将3个F-51大队转移到了朝鲜，并出动运输机为第8集团军空投补给。当沃克的部队从清川江南岸撤回进行重整时，麦克阿瑟向斯特拉特迈耶求助。斯特拉特迈耶此时已经将远东航空队撤回了日本。斯特拉特迈耶出动B-29轰炸机炸毁鸭绿江上的跨国桥梁，并下令"摧毁所有交通方式，摧毁每一处工厂、每一座城市、每一个村庄"。

大国参战

1950年11月18日，麦克阿瑟认为长达10天的空中打击已经奏效。他给沃克、阿尔蒙德和帕特里奇6天的时间准备新一轮攻势。11月24日，沃克的第8集团军以及阿尔蒙德的第10军在第5航空队以及海军飞机的支援下按预计时间向前挺进。次日，30万中国人民志愿军部队开始进入朝鲜，还有更多的部队即将抵达。沃克和阿尔蒙德的部队在与中国军队交锋后立即选

下图：冲绳岛上的一个空军基地，在空军宪兵全天候的贴身警卫下，一架重新装配的苏制米格-15战斗机在为期一周的多种测试中被推着滑行到停机线上。这架飞机将由5名美国空军飞行员试飞。

择了撤退。1950年12月初,第8集团军和第10军已经全线撤退,他们唯一的救星就是空中力量。

由于第5航空队的飞机在性能上无法与米格战斗机相提并论,米格战斗机的出现令帕特里奇忧心忡忡。1950年12月中旬,美国的喷气式飞机抵达:第4截击战斗机联队的北美F-86"佩刀"以及第27护航战斗机联队的共和F-84"雷电"也抵达了。F-86A飞行员的任务是夺取半岛西北部地区制空权。

第8集团军撤退的过程中,第2步兵师陷入了志愿军的包围,被迫冲破由地军火炮、迫击炮和机枪火力组成的长达5英里的杀伤区,伤亡惨重,狼狈逃出了埋伏圈。

撤退到汉城的郊区之后,第8集团军开始沿临津江集结。斯特拉特迈耶和帕特里奇合作,试图遏制数量众多的中国军队向汉城推进。远东航空队的B-29轰炸机负责扰乱部队的活动,切断铁路线路,而第5航空队的战斗轰炸机则在白天进行轰炸。即使如此,志愿军依然继续向前推进。1951年1月5日,志愿军部队夺取了金浦机场,将第8集团军赶出了汉城。

上图:第51截击战斗机联队的3架F-86E"佩刀"从距离汉城西北大约25英里的金浦K-14空军基地起飞后,以大约500节的速度飞越北部山地,向报告中提到的逐渐逼近的一支米格战斗机中队快速移动。

对页图:第51截击战斗机联队的一个F-86"佩刀"喷气式战斗机中队在"米格走廊"的上空向上拔高,准备发动空战。

直升机在半岛

半岛战争期间,美国空军利用西科斯基H-5创建了几个装备直升机的空中救援中队。1950年9月4日,一支小队首开救援任务先河,在敌人的阵线后面营救了一名被击落的飞行员。这次救援标志着直升机在战地应用的开始。

陆军军官们意识到如果用救护车将受伤严重的士兵运送到战地医院,他们根本无法在漫长的转运过程中存活下来,因此要求配备更多直升机。1950年11月22日,贝尔H-13抵达半岛,该型机在1950—1951年冬季战役中,被配属于第8055陆军流动外科医院(简称MASH)。直升机并非只配备空军,所有军种在半岛战争期间都使用了直升机。H-13E经过特别设计,它作为空中救护车,装备有两个外部担架。因为直升机在半岛战争中的应用,美军的死亡率仅为第二次世界大战的一半。

1952年,西科斯基H-19和席勒H-23"大乌鸦"来到半岛,被陆军用于执行作战任务。虽然早期的旋翼飞机有许多弊端,如噪声过大以及结构脆弱性,但直升机却挽救了许多人的生命,在半岛战争中证明了自己的价值。

对页图:美军医务人员将一名受伤的士兵从一架被用作空中救护车的贝尔H-13直升机上轻轻地抬下来。有了直升机,伤员可以在几个小时内从战场转运到现代化医院。

下图:1952年,西科斯基H-19"契卡索人"抵达朝鲜,开始取代过时的H-5"蜻蜓"时,空军和陆军将体型更大的H-19投入了战斗行动,同时也用于搜索和救援。

上图:1950年12月,第8集团军从半岛北部撤出时,一架低空飞行的F-86战斗机发射火箭弹,为"联合国军"地面部队提供近距离空中支援。

战略改变

1950年12月间,杜鲁门总统担心新的世界大战爆发。麦克阿瑟无法接受战败或僵持状态这样的结果,他公然反对杜鲁门总统进行的和谈。1951年4月11日,总统将这位拒不服从的将军召回,任命李奇微取代了他的位置。一个月之后,在第二次世界大战中领导美国第5集团军的马克·克拉克中将出任第8集团军司令。

犹豫不决的结局

经过了三年一个月零两天的战斗之后,1953年7月27日,停火协议签订,半岛战争结束。驾驶F-86战斗机的拉尔夫·S.帕尔（Ralph S. Parr）击落了最后一战敌机。而一架B-26轰炸机则在停火协议正式签订前的24分钟投下了最后一颗炸弹。朝鲜战争在优柔寡断的决定中结束了，三八线继续成为分隔线。

没有空中力量，人数上不占优势的联合国地面部队，根本无法在中国人民志愿军的打击下幸存下来。正如和谈中朝鲜首席代表南一（Nam Il）观察到的那样，"如果不是你方空军以及海军的轰炸支援，你们的部队早就被我们强大而作战有术的地面部队赶出朝鲜半岛了。"

朝鲜战争结束了，然而，冷战才刚刚开始。

下图：观看F-86"佩刀"喷气式战斗机起飞的人员依次为（从左至右）：第4截击战斗机联队的乔治·J.奥拉（George J. Ola）上校、助理参谋长布莱恩·L.米尔本（Bryan L. Milburn）、马修·B.李奇微将军以及第5航空队的弗兰克·F.爱弗斯（Frank F. Everest）中将。

对半岛作战过程中,第5航空队第3轰炸联队的道格拉斯B-26"入侵者"轰炸机利用准爆破炸弹粉碎了元山的补给仓库和码头设施。

右图：指挥远东航空队的乔治·E.斯特拉特迈耶中将与小埃默特·奥多内尔少将。

对页图：美国飞行员。

下图：F-86"佩刀"喷气式战斗机。

7

越南战争
（1955—1975年）

越南的民族主义者结束法国殖民统治的努力始于第一次世界大战期间。直至1940年法国被德国占领，法国才放弃了对越南的殖民统治。日军立即取代法国将其帝国触角延伸到中南半岛地区。越南被占领之后，越南独立同盟（简称"越盟"）建立了民族主义阵线。胡志明的追随者转入地下工作，成为越南民族主义抵抗力量的主力。在第二次世界大战的最后几个月里，美国陆军航空队的伞兵引导员空降在印度支那中部，加入了胡志明领导的越南独立同盟，为他们提供武器和战术建议，对抗日军。1945年8月日军投降，越南独立同盟解除了敌人的武装，夺取了他们的武器。此时胡志明领导的越南人拥有一支组织有序且装备精良的部队。

1946年3月，法军部队达到西贡，法军的雅克·菲利普·勒克莱尔（Jacques-Philippe Leclerc）将军与胡志明签署了一份协议，将越南分而治之，然而不久协议

7 越南战争（1955—1975年）

> 我所能预见的悲剧中，没有比美国卷入一场中南半岛的全面战争这件事更大的了。
>
> 德怀特·D.艾森豪威尔将军

便作废了。胡志明的支持者发动了游击战争，而越南独立同盟的武元甲将军则开始指挥部队对法军的哨位以及载重汽车队发动攻击。

1950年2月16日，法国正式请求美国协助。杜鲁门选择支持法国的利益，派出军事援助顾问团（简称MAAG）到达越南。这支队伍包括美国空军人员、军事顾问、维修及补给专家以及维持美国租借的作战飞机状态的地勤人员。

1953年，艾森豪威尔就任美国总统，他遵循杜鲁门的遏制政策。艾森豪威尔认为，越南独立同盟的胜利会使共产党在整个东南亚掌握政权。1954年，他支持按北纬17度线将越南分裂。虽然艾森豪威尔通过军事援助顾问团增加对法国的支援。

1961年，艾森豪威尔离任。他叮嘱新任总统约翰·F.肯尼迪（John F. Kennedy）要在东南亚站稳立场，避免军事纠缠。然而肯尼迪采用了他自己的计划。他增加了军事援助，将第507战术控制大队以及费尔柴尔德C-123运输机派往

对页图：一次大范围扫荡中，一位法国外籍军团士兵徒步穿过一片稻田的干旱田埂，后面跟着一辆美国作为剩余物资援助给法国的美制坦克。这次扫荡是在海防市和河内市之间红河三角洲越南独立同盟控制区内进行的。

左图：越南战争的最初几个月，总统林登·约翰逊在西贡附近的空军基地慰问美军。

上图：位于泰国乌汶的一架马丁B-57G"堪培拉"夜间攻击机投下炸弹。

西贡，扩大了美国空军的介入范围。肯尼迪同意推翻越南南方总统吴庭艳（Ngo Dinh Diem）的政变，局势变得更加不稳定。3个星期之后，一名刺客射杀了肯尼迪。1963年11月22日，副总统林登·B.约翰逊（Lyndon B. Johnson）就任美国总统。

约翰逊总统的战争

1964年，越南北方利用鱼雷艇在北部湾对"马多克斯"号驱逐舰发动了一次攻击。1964年8月4日，第二次发生鱼雷艇袭击之后，约翰逊批准了一次报复性空袭，利用美国空军和海军的飞机袭击越南北方的港口。

麦克斯韦·D.泰勒（Maxwell D. Taylor）大使在西贡的办事处要求再进行轰炸，参谋长联席会议表示赞同。经过只言片语的辩论之后，国会便于1964年8月7日通过了《北部湾决议》，在是否让美国卷入战争这个问题上为约翰逊总统提供了选择的自由。同时，约翰逊也有权选择远离一场代价高昂的战争，将注意力集中在国内问题上，建立他的"伟大社会"。然而，参谋长联席会议说服了总统和国防部长罗伯特·S.麦克纳马拉（Robert S. McNamara），使他们相信应该升级在越南的军事部署。

空中部队立即开始了部署。两个马丁B-57轰炸机中队（同时装备麦克唐纳RF-101侦察机）从菲律宾进入边和空军基地；北美F-100战斗机和康维尔F-102截击机被部署至岘港。其他部队则部署在泰国。随着喷气式飞机的就位，约翰逊批准对北方的补给线展开行动。这条补给线漫长而蜿蜒，途径越南北方、老挝以及柬埔寨，被称为"胡志明小道"。美军战斗轰炸机轰炸这条线路，但是几乎对北方物资的运输没造成什么影响。1964年11月1日，北方以迫击炮进行报复，在边和空军基地摧毁了5架B-57轰炸机，击伤了15架B-57。游击队还摧毁了5架美军直升机，致使美军伤亡132人。

肯尼迪政府和约翰逊政府在灵活反应的报复概念上纠结不已，空军总参谋长寇蒂斯·李梅将军厌倦了这样的状态，于1965年1月31日退役。1965年2月7日，约翰逊获得了连任。他批准了"火标"行动，将美国彻底拖入一场富有争议的战争中。

> 我们用8年的苦战打败了你们法国人……虽然美国人比法国人强大得多，但是他们还不太了解我们。尽管我们可能要花上10年时间才能打败美国人，但是我们那些在南部的英雄同胞们（游击队）最终还是会打败他们的。
>
> 《战争的最后思考》一书中，胡志明对伯纳德·B.费尔（Bernard B. Fall）所说的话。

"火标"与"滚雷"行动

在美军介入东南亚所犯下的许多错误中，最不可宽恕的便是麦克纳马拉编织的谎言。他将美国战略建立在他的谎言之上。游击队攻击了波来古军营之后，麦克纳马拉极力主张进行一场"睚眦必报"的战争。约翰逊批准了"火标"行动，于是报复性打击开始了。49架海军飞机袭击了东海市，而美国空军A-1"空中袭击者"和F-100"超佩刀"则袭击了位于执礼的越南北方军营。

"火标"行动期间，取代李梅任参谋长的约翰·P.麦克唐纳将军将第7轰炸机联队和第320轰炸机联队的波音B-52轰炸机转移到了关岛。他提供了一份清单，

提议进行大规模的空中攻势,摧毁敌人发动战争的能力。这份清单上列出了越南北方94个战略目标。本来以很少的人力损失便可以很快将这些目标清除,但是麦克纳马拉想让美国看起来是在与越南进行一场战争。约翰逊批准了"滚雷"行动,取代了"火标"行动。这是一次针对越南北方补给体系进行的轰炸,以有限力量进行的不果断、具有限制性的渐进轰炸战斗,由身在华盛顿的麦克纳马拉进行微观管理。这些人指定任务时,全然不顾天气条件或地面状况。当华盛顿的领导者下令进行打击时,很多可移动目标都已经转移至其他地方。麦克唐纳哀叹,飞行员们驾驶着几百万美元的飞机袭击那些在丛林中运送稻米的廉价卡车,却不允许他们击沉位于海防港口的船只。那些船只一次便可向越南北方运送300辆卡车以及补给、武器和汽油。

麦克纳马拉在错误的前提下精心策划了"滚雷"行动,打算采用逐步升级响应的方式进行打击。

在"滚雷"行动中,飞机出动架次从1965年的55000次增加到了1966年的110000次,而花费也从4.6亿美元猛增到了12亿美元。"滚雷"行动的前20个月,美国空军和海军损失了300架飞机。国会财务审查办公室声称,在这段时间内,美国要花费6.6美元才能给敌人造成1美元

左图:在B-52研制期间,寇蒂斯·李梅在飞机的性能指标方面丝毫不肯退步。正是他的坚持让"同温层堡垒"在航程和任务多样性方面表现出色。在1966年10月的"滚雷"行动中,一架从关岛起飞的B-52"同温层堡垒"轰炸机向军事目标投下了一连串19颗炸弹。

的损失;而到了1967年,美国则要花费9.6美元才能给敌人造成1美元的损失,这是因为损失增加,且使用的武器也更加昂贵。1968年,约翰逊宣布不再连任。11月1日,他叫停了在19度纬线上空的轰炸。这场轰炸持续了4年,比美国参加第二次世界大战的时间还要长。1972年4月17日,理查德·M.尼克松(Richard M. Nixon)重新开始轰炸,批准了"后卫"行动。此次行动酷似麦克唐纳将军1965年的提议。

约翰逊总统并非战争的唯一政治牺牲品。麦克纳马拉的首席顾问艾兰·C.恩索文博士(Dr. Alain C. Enthoven)向麦克纳马拉报告,逐步响应策略未能削弱敌人的意志,彻底失败了。之后,麦克纳马拉于1968年2月29日辞职。到那时为止,每年战争消耗的金钱已经超过100亿美元。美军投下了数以百万吨计的炸弹,50万美军身陷越南,然而越南人依然控制着越南南方的乡村,这种情况自1965年开始几乎没改变过。

上图:这是"滚雷"行动期间国防部长罗伯特·S.麦克纳马拉所举行的许多微管理会议之一。他正在从华盛顿选择目标推行他的那些战斗策略和规则,而这些战斗策略和规则在大多数情况下却都错误的。

对页图:第34战术大队(基地位于边和市)全副武装的道格拉斯A-1H"天袭者"在飞往西贡以南桢沙特区。

美国空军的目标和武器

越南是一个农业国家,没有工业输出。"滚雷"行动的主要目标是铁路、雷达站、桥梁和公路。约翰逊在极其罕见的情况下才会批准针对石油存储中心、电厂或海港的袭击,因为约翰逊担心战争升级。因此他宣布,轰炸机不许靠近河内以及海防市、米格机场、地空导弹(简称SAM)基地以及距离中越边境25英里的缓冲带。因此武元甲将越南北方大部分的米格战斗机、地空导弹阵地以及其他苏联提供的防空武器都安置在轰炸限制区域内。越南北方空军在这些庇护所内布置了几架

下图:"后卫"II行动期间,当美国空军的B-52前来空袭时,越南北方SA-2导弹阵地的操作人员冲向他们的导弹发射架。在1972年12月18日—12月29日的空袭中损失的15架B-52轰炸机全部是由地空导弹击落的。

苏制伊留申Il-28轻型轰炸机、大约55架米格-15和米格-17。

1965年4月,一架洛克希德U-2飞机发现了第一个SA-2地空导弹阵地;到了1965年底,地空导弹阵地的数量已经达到了50个。地空导弹是一种极其有效的武器。越南北方军队(简称NVA)在1965年发射了180枚地空导弹,击落了11架美国飞机。地空导弹阵地的存在迫使飞行员进行低空飞行。而低空飞行又容易被其他类型的防空武器攻击。

执行对抗措施的道格拉斯EB-66电子战飞机搭载了抛射式箔条和用于干扰地空导弹目标锁定以及干扰越南人民军地面指

下图:泰国的第335战术战斗机联队的一架道格拉斯EB-66C引导着由四架飞机组成的中队对越南北方进行轰炸。编队中F-105G和F-4C各有两架。F-4挂载有"宝石路"激光制导炸弹。

挥通信的设备。随着一架麦克唐纳F-4C战斗机成为1965年7月地空导弹的第一个牺牲品,美国空军终于获准空袭地空导弹阵地。F-105战斗机摧毁了击落F-4C的基地。

攻击地空导弹阵地的严格限制让飞行员们恼怒不已。虽然驾驶舱内的目标数据已经移除,飞行员们却不能攻击处于搜索模式的敌军防空导弹雷达。上级只允许他们在敌方雷达切换为跟踪模式,导弹即将

下图:一架从绥和空军基地起飞的北美F-100D"超佩刀"向位于越南南方的敌军集结点齐射2.75英寸口径火箭弹。

上图：越南战争期间，美国空军依然装备着1951年研制的洛克希德F-104A"星战士"战斗机。"星战士"经历大量改装后逐渐演化为F-104G攻击侦察机以及F-104S截击机，不过在越南战争中依旧很难见到"星战士"的身影。

发射的前一刻发动攻击。

到了1965年，共和F-105"雷公"因其超声速飞行能力及出色的航程成为美国空军的主力战斗轰炸机。其他在越南参战的飞机包括F-100"超佩刀"、洛克希德F-104"星战士"战斗机、马丁B-57"堪培拉"。波音KC-135A加油机主要在老挝北部及北部湾之间的区域活动，为战斗机、轰炸机以及侦察机补给燃料。在1965年3月2日的第一次"滚雷"行动中，25架F-105和20架B-57摧毁了位于非军事区以北几英里处的一个小型弹药库。

挫折的代价

1971年，指挥第7航空队的约翰·D.拉维尔（John D. Lavelle）将军开始担心飞行员的安全问题。在此之前，除非美军战机遭到攻击，否则飞行员们不得攻击未授权的目标。这样的政策是在浪费飞行员的生命，拉维尔对此强烈反对。他对华盛顿提出的交战规则阳奉阴违，私自下令对一些越南北方目标发动空袭。他还让返航的飞行员们伪造任务报告，将主动出击伪装成飞行员在被挑衅后的正当还击。在

"野鼬鼠"部队

为了消除地空导弹的威胁，加里·威拉德（Garry Willard）少将召集飞行和地勤人员组建了第一支"野鼬鼠"部队。1965年11月21日，从第623战术战斗机联队（TFW）专门抽调的一支分队抵达泰国，该分队装备了7架接受了专门改装的双座型F-100F"超佩刀"。这批"超佩刀"加装了APR-25雷达自动引导与告警系统以及IR-133全向接收机，后者可以通过分析雷达信号确定辐射源是否来自高射炮阵地、地面截击引导雷达及地空导弹阵地。第3个设备为APR-26导弹发射告警接收机，该装置能够探测到地面制导雷达在导弹发射时天线功率突然增强。所有这些设备都集成在较为老旧的F-100F战斗机上。F-100F配备有20毫米机关炮和2.75英寸火箭弹，还可携带AGM-45"百舌鸟"导弹。

"野鼬鼠"部队的任务被称为"铁腕"，但是这支部队按照规定不能攻击河内或海防市10英里范围内的地空导弹阵地。这样的限制对"野鼬鼠"部队的飞行员非常不利。在1965年12月20日的行动中，约翰·皮奇福德（John Pitchford）上尉和罗伯特·特里尔（Robert Trier）上尉驾驶的飞机便恰好是在距离河内东北方向30英里的地方被击落。两人都成功弹射。皮奇福德当了7年战俘；而特里尔则被杀害。几天之后，埃尔·拉姆（Al Lamb）上尉和杰克·多诺万（Jack Donovan）上尉摧毁了距离河内西北方向75英里的一个基地。之后，美军对猎杀地空导弹阵地的态度变得认真。

只有优秀的飞行员才能完成"野鼬鼠"部队的任务。当飞行员驾驶飞机的时候，一位技术同样熟练的电子战军官必须在大过载飞行中操作新式雷达报警系统。除了控制电子设备之外，作战官还要识别空中的地空导弹以及地面上的地空导弹阵地，指导飞行员在适当的位置发射武器。第一次"铁腕"飞行摧毁了7个地空导弹阵地，但是损失了2架飞机。

由于"铁腕"任务经常要求F-105护航，空军开始用两架双座型F-105G取代已经陈旧的F-100F。每架F-105G都由一架单座的F-105D伴随。F-105D负责对付已经升空的地空导弹；而F-105G则负责摧毁地面的发射阵地并拦截来袭的米格飞机。地空导弹绝不能被放任不管，必须将它们压制住。

"野鼬鼠"部队还在"滚雷"行动中为战斗轰炸机开路。空袭机群的基本作战构成为：16架F-105战斗轰炸机组成4个4机编队，每个机群都由两个F-4战斗机4机编队分别在机群前后为战斗轰炸机提供掩护。"野鼬鼠"部队先于F-105接近目标，攻击之后随着战斗机飞离目标。麦克纳马拉的"神童"们指定目标，指定使用什么样的军械以及打击的时间，但是他们却完全不顾天气条件。飞行员们经常因为无法发现目标而只能胡乱投掷炸弹。

美国空军受地空导弹打击的损失率			
年份	地空导弹发射数量	击落飞机数量	百分比
1965	194枚	11架	5.7%
1967	3202枚	56架	1.75%
1972	4244枚	49架	1.15%

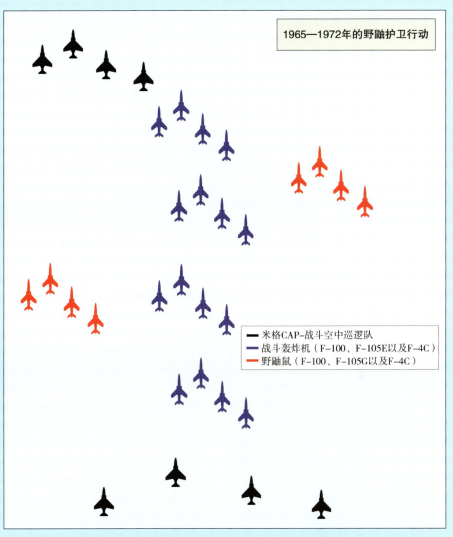

上图：代号为"铁腕"的"野鼬鼠"编队，由4架飞机组成。"野鼬鼠"的早期主要机种为F-100F，后来是F-105G，再后来换成了F-4C系列。两架携带4枚"百舌鸟"导弹或9枚"标准"反辐射导弹的战斗轰炸机由两架携带常规炸弹的僚机随同。随着米格飞机的活跃，一个典型的美国空军轰炸队形包括16架被安置在中心纵队的打击轰炸机，两侧有两个负责对付敌军防空导弹的"野鼬鼠"编队。两个战斗机护航编队在高空维持战斗空中巡逻以防米格战斗机偷袭。"野鼬鼠"编队担负着最为艰难的任务，第一个进入目标地区，却是最后一个撤离。

对页图：1966年6月14日，4架F-105D"雷公"在一架EB-66"毁灭者"的雷达引导下编队穿过低空云层，向越南北方南部狭长地带内的军事目标投下了重达3000磅的炸弹。美军的机载电子战装置可以探测到越军地空导弹的引导雷达发射的雷达信号并向轰炸机告警，让飞行员有时间采取对策。

右图：一架米高扬-格列维奇米格-17"壁画"在越南北方上空以每小时915英里的速度飞行，即将被美军战机射出的"响尾蛇"空对空导弹击中。由于青睐超声速的米格-19，米格-17不久便被逐渐淘汰了。

下图：一位越南北方飞行员爬上一架苏制米格-21"鱼窝"截击机。他不用忍受束缚着美军飞行员的那些复杂且束手束脚的交战规则。

对整个事件进行了调查之后，空军总参谋长约翰·D.瑞安免去拉维尔的职务，并将他的军衔连降两级后勒令退役。

米格战争

美国战斗机飞行员不仅急于建立起空中优势，同时也急于跻身王牌飞行员行列。但他们很快发现虽然越南飞行员拥有性能非常好的先进苏制飞机，但是相比于空战，他们更喜欢偷袭。1953年初问世的米格-19"农夫"是世界上第一款超声速喷气式战斗机。米格-19装备有机关炮和导弹，在越南战争初期，它是一架坚固的战斗机。然而越南北方空军的骄傲却是三角翼的米格-21"鱼窝"。在1965年，米格-21的性能远超绝大多数在越南北方上空活动的美军飞机。

越南北方的"鱼窝"飞行员通常以双机编队出动，在来袭美军机群后方占领阵位后加速至超声速冲入美军编队，同时发射红外制导的"环礁"空空导弹，随后迅

越战期间的美国空军总参谋长	
托马斯·D.怀特（Thomas D. White）	1957—1961
寇蒂斯·E.李梅	1961—1965
约翰·P.麦克唐纳	1965—1969
约翰·D.瑞安	1969—1973
乔治·S.布朗（George S. Brown）	1973—1974
大卫·C.琼斯（David C. Jones）	1974—1978

1965—1972年战斗机

型号	机组人员数量（单位：人）	最大速度（单位：英里/小时）	升限（单位：英尺）	武器
米格-17	1	711	54560	机关炮
米格-19	1	920	58725	机关炮/导弹
米格-21	1	1384	50000	机关炮/导弹
米格-25	1	1848	80000	导弹
A-4	1	661	45000	机关炮/导弹
F-4B/E	2	1485	58000	机关炮/导弹
F-8E	1	1120	17983	机关炮/导弹
F-100	1或2	864	46000	机关炮/炸弹
F-101	2	1221	54800	AIM导弹
F-102	1	825	54000	火箭弹/AIM-4导弹
F-104	1	1453	58000	机关炮/AIM-9弹道
F-105	1或2	1480	52000	机关炮/炸弹

速俯冲脱离,避免与美军发生缠斗。这种战术的目的是迫使美国战斗轰炸机的飞行员抛弃炸弹,美军飞行员也经常因此就范。在机载雷达预警与空中指挥系统(AWACS,即预警机)出现前,米格的偷袭对美军造成了相当严重的损失。直至麦克唐纳F-4E于1968年登上战场前,美军F-4B战斗机还只能携带"麻雀"和"响尾蛇"导弹。这两种导弹是用来对付轰炸机的,因此它们并不适合战斗机之间的空战,想要用导弹击落一架以2马赫速度飞行的米格战斗机几乎是不可能的事。此外,由于华盛顿方面坚持要求开火之前必须对攻击目标进行目视识别,美军飞行员在空战中越发觉得混

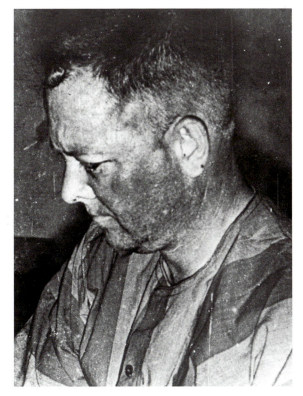

左图:1967年8月14日,也就是美国空军上尉埃德温·L.艾特贝瑞(Edwin L. Atterberry)被俘两天之后,越南北方报纸《越南人民报》刊发了他的这张照片。虽然他的名字从未出现在战俘名单中,但是他后来被登记为"关押期间去世,经双方协商后将遗体运回"。

在东南亚指挥第8战术战斗机联队的罗宾·奥尔兹上校预检其麦克唐纳·道格拉斯F-4C"鬼怪"。在越南服役期间,奥尔兹在空战中击落了4架米格飞机。

乱。1966年间,美国空军战斗机部队损失了6名机组人员,击落了19架米格飞机。

1966年12月,第7航空队指挥官威廉·W.莫迈耶(William W. Momyer)将军批准第8战术战斗机联队经验丰富的王牌飞行员罗宾·奥尔兹(Robin Olds)上校组织"大刀"行动。1967年1月2日,奥尔兹模仿一次典型的F-105任务发动了一次战斗机扫荡,但机群中全是采用空战挂载的F-4"鬼怪"战斗机,且携带有与"野鼬鼠"部队相同的电子对抗(ECM)吊舱。米格战斗机故技重施,然而这一次它们却遇到早已抛弃了副油箱就等着跟米格展开格斗的F-4。美军飞行员在很短的时间内击落了7架米格战斗机,其中奥尔兹击落了2架。4天后,越南北方飞行员在另外一次小规模冲突中又损失了2架米格-21,此后他们在美军飞行员的视线内消失了几个月。

秘密战争

1960年至1968年,肯尼迪总

康维尔公司设计的F-102A"三角剑"截击机设计用于北美大陆的空中防御,但是美国空军将几个"三角箭"中队部署到泰国用以保卫空军基地,护卫B-52轰炸机,此外还执行了少量需要携带空对空导弹和火箭弹的任务。

山西突袭：1970年11月20日—11月21日

美国空军准将唐纳德·D.布莱克本（Donald D. Blackburn）因美国战俘被残忍对待的报告而感到担忧。1970年，他开始组织人手研究营救50名被关在河内以北山西战俘营内战俘的可行性。8月8日，他将营救的任务指派给美国空军准将勒罗伊·J.马诺尔以及人称"公牛"的亚瑟·D.西蒙斯陆军上校。然而布莱克本并不知道，由于山西战俘营的水质过差，战俘们已经在7月被安置在了另外的监狱内。在接下来的两周，马诺尔和西蒙斯两位军官成立了一个计划组，准备发起代号为"象牙海岸"的营救行动。

这个计划需要投入陆军的游骑兵部队。在特种部队的5架A-1E"天袭者"和2架C-130E"战斗爪"的支援下，游骑兵部队将乘坐从航空航天救援回收勤务处抽调的1架HH-3和4架HH-53直升机抵达山西。HH-3将在战俘营内紧急降落，搭乘HH-3的游骑兵鱼贯而出压制战俘营内的敌人，而其他游骑兵则在墙外机降并突破入口，里应外合完成营救任务。

此次突袭的训练于1970年11月中旬在泰国皇家空军基地完成。由于北部湾刮起了台风，马诺尔将军下令11月20日才开始行动。为了迷惑敌

下图：指挥山西突袭，亚瑟·D."公牛"·西蒙斯（Arthur D. "Bull" Simons）上校在五角大楼的一次吹风会上回答问题。这次吹风会由（从左至右）国防部长梅尔文·R.莱尔德（Melvin R. Laird）、参谋长联席会议主席，海军上将托马斯·莫尔（Thomas Moorer）以及计划了该行动的美国空军准将勒罗伊·J.马诺尔（Leroy J. Manor）组织。

左图：从空军航空航天救援回收勤务处抽调的直升机满载着突击队员跟随着一架特种部队的C-130E"战斗爪"编队飞行。这个编队将作为突击队突袭河内以北的山西战俘营。

人,海军和空军联合对越南北方发动了一次猛烈的空中打击,在重创越南北方的同时彻底迷惑了其防空系统。河内城内激烈的轰炸使得谣言四起,甚至有人宣称这座城市受到了核攻击。

与此同时,2架C-130向战俘营投下了凝固汽油弹作为导航基准点。但是在混乱之中,3架救援直升机误降在了附近的越南北方工兵学校,而非监狱大院。50名突击队员冲进工兵学校,短暂交火后撤退寻找方向,随后抵达了战俘营。

在这场混乱出现的同时, HH-3E紧急降落在了监狱大院内。突击队员们杀死了守卫,却没发现任何战俘。30分钟之后,任务组返回泰国。整个任务中只有一名空军机械师的脚踝骨折。

这次任务在战术上取得了成功,如果战俘们在战俘营的话,他们一定能被营救出来,但是河内关闭了所有小型战俘营,将战俘都转移到了大型战俘营中。而大型战俘营难以通过这种行动进行解救。然而,将战俘们集中在一起管理,却在不经意间激励了他们的斗志。

统和约翰逊总统都试图淡化中央情报局对老挝和缅甸的介入。在随后的几年中,当CIA在越南需要动用飞机和飞行员时都会动用空军第7航空队的资源。在20世纪60年代初还是螺旋桨飞机完成这项工作。到了1968年,随着越南北方的反制措施开始增强,中央情报局开始利用喷气式飞机和B-52轰炸机进行一场未公开的战争。

由于战斗往往发生在崇山峻岭间的小路上,美国空军利用带有红外热像仪、雷达以及20毫米侧射加特林机关炮的AC-130"幽灵"炮艇机搜索并打击敌人。一些AC-130还使用带有激光指示器的40毫博福斯机关炮。"幽灵"普遍在夜间行动,通常飞行在危险的低空,运送价值比他们摧毁的卡车更加昂贵的炸弹。麦克纳马拉的"神童队"一度提议在老挝边境建立一座带有传感器的高墙与空中监视相配合,以取代浪费弹药的盲目攻击。但是参谋长联席会议认为这种想法很荒谬。第7

下图:EC-47是最早在越南投入使用的监视飞机,早在1961年就投入使用。第360战术电子战中队在1970年还在使用这种飞机监视"胡志明小道"和"西哈努克小道"。

共和F-105"雷公"

F-105堪称是越南战争中的"军马",它却因其撞地时发出的巨大噪声而得了个颇具辛辣意味的绰号——"砰"(Thud)。在共和公司的初始设计中,F-105是投掷核弹的核攻击机,但是共和公司的改装让机身纤长的F-105也适应了常规战争。"雷公"速度可达2马赫,高达10000磅的载弹量甚至高于第二次世界大战期间的B-17轰炸机。

1965年,美军在泰国部署了第一个F-105中队,5个月的时间里该中队出动飞机2231架次。来自第355和第388战术战斗机联队的7个中队随后而至。这7个中队也是从位于泰国的空军基地起飞的。F-105系列战斗机在"滚雷"行动中首当其冲。共和公司生产的833架飞机中,在越南就损失了超过350架。尽管F-105缺乏机动性,但是F-105的飞行员在空战中通过攻击咬住其他F-105的敌人击落了超过27架米格战斗机。

上图:共和F-105"雷公"战斗轰炸机是美国空军在越南的主力。610架F-105D和143架F-105F双座型执行了多种任务。有多个隶属于不同战斗机联队的中队装备这两款"雷公",而F-105F还被"野鼬鼠"部队使用。

上图：1971年11月间，在空袭越南北方目标之前，一架波音KC-135加油机在为一群装备常规炸弹和火箭弹的麦康唐纳公司道格拉斯F-4C"鬼怪"战斗机加油。

麦克唐纳道格拉斯F-4E"鬼怪"II

F-4作为一款海军舰载战斗机于1953年开始研制，但美国空军也在1962年列装了该型机。"鬼怪"II体型庞大，起飞重量高达62000磅。两台通用电气公司的J79涡轮喷气发动机的强大推力使得该机的最大平飞速度达到2.27马赫。早期型"鬼怪"仅挂载导弹，导致该型机在近距离格斗中时常陷入无武器可用的绝望境地。投入越南战场的F-4E在机鼻下方安装了一门M61A1"火神"20毫米加特林机关炮并可携带4枚"麻雀"导弹。

"鬼怪"可以接受KC-135加油机在空中加油，它不仅拥有优异的作战航程，还可以以较低的燃油量挂载重达7吨的炸弹起飞。尽管米格战斗机在机动性、加速性、盘旋速度等方面都占优，但是"鬼怪"的速度和动力使其拥有更出色的垂直方向机动性能。在"滚雷"行动中，F-4作为护航飞机参加行动，与F-105同速巡航。在遭到攻击后，F-4的飞行员便会抛弃他们的炸弹以便加速爬升、占据有利位置，击退从后方袭来的米格飞机。F-4E最终成为"野鼬鼠"部队的座机，在对抗地对空导弹的作战行动中取代了F-105。

波音B-52G"同温层堡垒"

20世纪50年代中期开始生产的波音B-52D也被称为"Buff",意思是"又大又丑又胖的家伙"(Big Ugly Fat Fellow)。该机最初被设计为核轰炸机,但是为了执行从1965年6月18日开始的轰炸任务,这个重达300000磅、拥有8台发动机的庞然大物不得不接受改装以适应在越南的常规战争。该机的尾炮塔装有4挺12.7毫米伯朗宁M3机关枪,可携带重达54000磅的炸弹。随着时间的推移,AGM-28"大猎犬"导弹和AGM-69A近程攻击导弹(SRAM)增强了B-52飞机的火力。

第7和第320轰炸机联队从关岛的安德森空军基地起飞执行了越南战争中的第一次任务,对西贡附近的阵地实施轰炸。这次任务中两架B-52在空中从KC-135接受空中加油时发生碰撞。轰炸机大队逐渐转场至位于泰国的一处海军航空基地,每次任务空中加油的次数减少到一次。同时,与从关岛起飞时长达12小时的任务时间相比,从泰国起飞的任务时间减少到几个小时。两年之后,B-52的飞行员已经擅长攻击困难目标。B-52参与了两次任务。一次是"尼亚加拉"行动,在此期间B-52对包围溪山海军陆战队基地的30000名越南人民军正规军部队实施了猛烈轰炸。另一次是参与了尼克松总统批准的"后卫"II行动,在"后卫"行动中,B-52执行了461次任务,出动2701架次,向河内、海防市以及其他城市投下了多达75631吨的弹药,最终迫使对方走上谈判桌。

下图:B-52"同温层堡垒"本是设计用来携带核武器攻击远距离敌人的。然而,越南战争期间,其唯一的战斗功能便是投下大量常规高爆炸性的铁炸弹。

航空队的指挥官莫迈耶将军主张轰炸河内、海防市以及铁路枢纽,这样可以从源头上掐断越南北方的补给线。事实上美军还是继续出动飞机,并向"胡志明小道"空投了数以百万计的地雷。这次行动成为一次世界级的惨败。1968年2月,麦克纳马拉离开五角大楼,转而领导另外一个运转不良的组织——世界银行。

直升机和空中机动作战

在越南战争中,参战直升机的型号之繁杂,远超此前的所有战争。树林密布、道路条件恶劣再加上游击队的活动,如果不利用直升机执行任务,美军的侦察、部队投送、伤员后送、指挥控制、重型装备吊运、基地安保以及心理战行动将寸步难行。越南为美国空军提供了试验空中机动作战理念的

下图:在湄公河三角洲执行完战斗任务之后,一架贝尔UH-1"易洛魁"直升机在西贡附近的第211直升机中队基地的越南南方空军士兵头顶盘旋。

美国空军在越南的直升机		
型号	服役年份	用途
席勒H-23"大乌鸦"	1954	侦察
贝尔H-13"苏族"	1954	侦察
卡曼H-43"哈士奇"	1958	搜索和救援
西科斯基H-19"契卡索"	1960	部队调动/补给
皮亚塞茨基CH-21C"肖尼"	1961	搜索和救援
西科斯基H-34"乔克托"	1961	部队调动/补给
西科斯基CH-37"莫哈维"	1962	重型空运
贝尔UH-1H"易洛魁"	1962	多种任务
波音CH-47"支奴干"	1965	中等重量起吊/多用途
西科斯基Ch-54"塔赫"	1965	起吊12.5吨以下的货物
贝尔AH-1"休伊眼镜蛇"	1967	火力支援
西科斯基HH-3"海王"	1968	搜索和救援
西科斯基HH-53"海上种马"	1969	搜索和救援
休斯OH-6A"印第安种小马"	1969	侦察
贝尔OH-58A"伊奥瓦"	1969	侦察

下图：西科斯基HH-3E"快乐绿巨人"因绿色与褐色相间的迷彩而得名。它们在越南的首秀是在1965年，且整场战争期间都在营救被击落于内陆或大海的美军飞行员。

场地。在空中机动作战中,直升机会将部队空运至战场并为部队提供火力支援和补给。

如果直升机在战场的耐久力没有巨大提升,空中机动作战根本是空中楼阁。直升机的旋翼叶片从木质材料进化为复合材料,动力装置从活塞传动发动机进化为涡轴发动机。在越战战场上,很多直升机都已经配备重型武装,安装有机关炮、加特林机枪和火箭弹。

直升机的武器种类也在增加。贝尔公司的"休伊"是在越南战场最常见的直升机。该机型于1962年经过改进,可携带2.75英寸折翼航空火箭弹以及7.62毫米前射机枪。后继的几种型号还在侧门处安装了两挺机枪。贝尔公司的AH-1"眼镜

上图:罗伯特·S.多森(Robert S. Dotson)上尉从他的飞机上跳伞之后,第40航空航天救援回收中队的一架直升机从老挝的丛林中将他吊起。多森的飞机此前被防空火炮击落。

右图:带有激光制导系统或光电制导系统、重达2000磅的MK-82炸弹在1972年的"后卫"行动得到采用。图中,一位弹药专家正在准备一枚即将挂载到B-52轰炸机上的MK-84。

军事空运局

军事空运局（简称MATS）以陈旧的运输机群参加了越南战争。这些飞机包括耐用的、可追溯到1942年的道格拉斯C-47"空中列车"以及可以追溯至1948年柏林空运期间的道格拉斯C-124"环球霸王"。

1956年，道格拉斯C-133A"运输霸王"成为美国空军的第一款涡桨发动机驱动的运输机，可运载52000磅的货物，在4000英里长的线路上，以每小时323英里的巡航速度飞行。但是到了1966年，该型号飞机由于寿命损耗而退役。洛克希德C-130系列和波音C-135系列运输机暂时承担起了运输任务。

洛克希德C-130"大力神"运输机于1954年8月首飞，同样为了应对在越南服役的需求进行了改进。新的C-130E最多能携带92名陆军士兵，或64名伞兵，或70副担架以及6名医疗人员，或总计42000磅的有效载荷。C-130系列也被改造为AC-130E、AC-130H炮艇机以及WC-130E气象侦察机。C-130衍生型号不断刷新着机身寿命、可用性、多功能性以及可靠性方面的纪录。在运输效率方面，100架C-130E运输机可以完成1500架C-47才能完成的任务。

波音公司生产的C-135"同温层货船"接受了洛克希德公司的不断改进。同时洛克希德公司还设计了C-141"运输星"，后者于1965年4月参加越南战争，抵达时间很及时，恰好分担了道格拉斯"环球霸王"和"运输霸王"的工作量。至1968年已经有284架C-141"运输星"加入机队，使军事空运局的空运能力达到了新的水平。新型物资装卸设备允许一架C-141在不到一个小时内卸下68500磅货物、加油以及重新装货。

位于东南亚的战术空运机队的运输能力从1965年的每月30000吨增加到1968年3月的单月209000吨。1966年1月，军事空运司令部（MAC）接替了军事空运局。随着C-135以及C-141的出现，美国空军开始将更多的C-130改造为炮艇机以及搜救飞机。1964—1973年，炮艇机和直升机营救了3883名飞行员。

上图：一架C-130"大力神"运输机的机组人员利用低空降落伞空投系统（LAPES），为位于第二军区内的安溪的第一骑兵师送去补给。扯投式货盘的投放高度通常不到5英尺。

蛇"可以携带多种武器，包括7.62毫米加特林机枪、40毫米手榴弹发射器、20毫米机关炮、反坦克导弹以及不同种类的火箭弹。

美国空军、陆军、海军以及海军陆战队的直升机在越南战争中出动3600万架次。任务包括2100万架次的侦察以及搜救；750万次运兵突击；400万架次攻击以及350万架次的货物和补给运送。在越南作战中，美军损失了4500多架直升机。

"后卫"行动

以结束越南战争为竞选筹码而获胜之后，尼克松总统于1969年上任。不过除了"越南化"之外，他也没有更明确的计划来结束战争。"越南化"是指为越南南方军队提供训练到其足以自保的程度。在始于1968年的4年停止轰炸的时间里，越南北方的实力也在不断增强。1972年3月，越南北方出动机械化部队越过非军事区进入越南南方。尼克松停止了和谈，于1972年4月17日下令执行"后卫"I行动，一场B-52轰炸机袭击在20度线上方开始了，袭击彻底击溃了几座城市，用地雷炸毁了海防市的战略码头，迫使越南北方回到了和平谈判桌上。尼克松停止轰炸时，武元甲将军将这次暂停轰炸解读为软弱的信号，施加了更多的军事压力。

1972年底，越南北方似乎正在进行

下图："后卫"行动中，一架战略空军司令部的波音B-52"同温层堡垒"从关岛起飞时喷出了羽状发动机尾烟；而另外一架B-52D则在停机坪上等候命令。

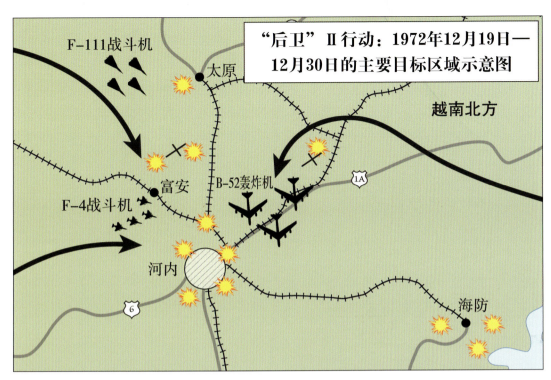

左图:"后卫"Ⅱ行动开始于1972年12月19日,针对河内、海防及其他的越南北方目标出动了2123架次。在11天的时间里,B-52轰炸机从关岛和泰国出动729架次。至12月26日,F-4战斗机在F-111战斗机的配合下完全摧毁了越南北方的空军基地。

动员,以期获得军事上的胜利而不是获得谈判得来的和平时,尼克松下令执行"后卫"Ⅱ行动。1972年12月19日至12月30日期间,B-52出动729架次,对河内海防区域实施空袭,投下了15000吨的炸弹。这个区域拥有强大的空中防御。美国空军毁灭了越南北方两座主要的城市,但是却在12天的轰炸中因地空导弹损失15架轰炸机。美国空军的指挥官们只能强忍着自己的怒火,他们都很清楚这一切本应在1965年毫发无损地完成。

1973年1月3日,越南北方迅速返回巴黎的和平谈判桌前。尼克松反对参谋长联席会议的建议,暂停了"后卫"行动。越南北方在和谈桌上取得了非军事胜利,并于3年之后解放了越南南方全境。

已经退役的寇蒂斯·李梅将军发现,空军在太平洋战场上向日军投下了502000吨炸弹就赢得了第二次世界大战的胜利,然而在东南亚投下6162000吨炸弹却依旧未能获得胜利。李梅叹息道:"区别在于,在对日战场上发号施令的人是我;而在东南亚,发号施令的人是林登·约翰逊。"

一个假设呈现在了每一位飞行员的面前:如果美国在1965年恰当地运用总体空中力量,那么便能够控制越南北方,缩短美国耗时最长的战争的时间,节省数千亿美元的资金,然而这个假设并不成立。

8

从冷战到沙漠战争
（1977—2007年）

越南惨败之后，尼克松总统于1974年8月辞职，继任者杰拉尔德·R.福特（Gerald R. Ford）在1976年的连任竞选中败给小詹姆斯·厄尔·"吉米"·卡

20世纪80年代的美国空军总参谋长	
小卢·艾伦（Lew Allen, Jr）	1978—1982年
查尔斯·A.加百利（Charles A. Gabriel）	1982—1986年
拉里·D.韦尔奇（Larry D. Welch）	1986—1990年

右图：参谋长联席会议主席大卫·C.琼斯将军正在做情况介绍。他脾气火爆，精力充沛，才智超群，他在处理问题的过程中交到了很多朋友，当然也树立了很多敌人。

特。美国空军尝试在这样动荡的政治环境中重组。1974年,在越南指挥F-4战斗机大队的大卫·C.琼斯将军成为空军总参谋长时,他肩负起了前任留给他的巨大挑战。尽管整个国家处于厌战情绪中,但是每一次当吉米·卡特发誓要削减掉70亿美元的军事预算而国会民主党人控制财权时,琼斯都必须想出一个办法使美国的空中力量能够与苏军部队抗衡。

卡特执政时期(1977—1981年)

作为一名精明的政治家,琼斯与吉米·卡特的国防部长詹姆斯·施莱辛格(James Schlesinger)建立了亲密的关系。卡特当时已经叫停了B-1轰炸机计划,表达了他自己对于参谋长联席会议的不屑一顾,发誓要生吞活剥了五角大楼,并且威胁:除了200件核武器之外,其他所有在误导的前提下制造的核武器

上图:图中人物从左至右依次为历任美国国防部长卡斯珀·温伯格(Casper Weinberger)、弗兰克·卡卢奇(Frank Carlucci)、威廉·佩里(William Perry)、詹姆斯·施莱辛格、曾担任副总统的理查德·切尼(Richard Cheney)、唐纳德·拉姆斯菲尔德(Donald Rumsfeld)、威廉·S.科恩(William S. Cohen)以及罗伯特·麦克纳马拉(Robert McNamara)。

都要处理掉。所谓的"误导的前提"是指认为苏联会在诱导下做同样的事情。当时,华约组织的部队包括180万人员、50000辆坦克、20000门火炮以及5000架战术飞机时刻准备打击依靠美国核保护伞庇护的西欧北约部队。

琼斯利用自己与施莱辛格的关系安抚卡特,欣然接受了B-1轰炸机计划暂停的现实,而这也是他无能为力的事情,但是他却得到了国防部长的帮助。在麦克唐纳·道格拉斯的F-15E"攻击鹰"以及诺思罗普的XF-17项目都悬而未决的时候,琼斯却被批准采购4个联队通用动力公司设计的F-16"战隼"战斗机。由于F-16在对空和对地任务中都非常实用,很快便成了国际上标准的"机动部队"。这种新颖的轻型战斗机在北约国家中服役,也在土耳其、印度、韩国、泰国、新加坡、委内瑞拉、埃及以及以色

对页图:两架来自蒙大拿州空军国民警卫队第120截击战斗机联队的通用动力F-16"战隼"挂载着AIM-19"响尾蛇"导弹在高速飞行中进行90度拉起机动,展示战机的机动能力。

下图:采用沙漠迷彩涂装的罗克韦尔国际公司的B-1B超声速轰炸机。该飞机经过了一次备受争议的开发计划才最终得以问世。总统吉米·卡特于1977年取消了该计划,而1981年,罗纳德·里根总统又重新拾起了该计划。

列服役。1981年6月，8架以色列的F-16战斗机在6架F-15的护航下炸毁了位于伊拉克巴格达附近奥西拉克的在建核反应堆。一年之后，在黎巴嫩战争中，F-15和F-16战斗机在没遭受任何损失的情况下击落80架"叙利亚人驾驶的"战斗机以及5架直升机。

1978年，身为空军顶级导弹科学家的小卢·艾伦将军取代了琼斯任参谋长。就在卡特敦促与苏联进行第二阶段限制战略武器谈判（SALT Ⅱ）的时候，艾伦以先进的MX（"和平卫士"）洲际弹道导弹作为筹码对苏联施加压力。1979年6月18日，卡特与苏联领导人列昂尼德·勃列日涅夫(Leonid Brezhnev)签署了《第二阶段限制战略武器条约》，但是美国参议院认为，卡特轻易放弃了国家安全，美国不应接受该条约。至卡特执政结束时，他将空中力量削减到了9263架飞机（包括空军预备役部队以及空军国民警卫队的飞机）及564000名现役人员，在世界范围内拥有140个可执行任务的空军基地。

伊朗人质危机

1979年11月4日，一群激进穆斯林学生在马哈茂德·艾哈迈迪－内贾德（Mahmoud Ahmadinejad，日后成为伊朗总统）的领导下闯入美国驻德黑兰的大使馆，扣押了使馆的工作人员，卡特总统任期内最为棘手的事件就此到来。虽然有几名美国人质在人质事件期间先后被释放，然而有53名人质还是被囚禁了444天。卡特要求释放人质的外交努力以失败告终。人质事件爆发5个月之后，他批准了"蓝光"行动，这是一次组织仓促但极为复杂的营救任务，于1980年4月24日启动，代号"鹰爪"。由陆军牵头指挥的营救部队包括6架从埃及起飞的空军C-130运输机，从阿拉伯海上的USS"尼米兹"号航空母舰上派出8架海军直升机以及一支突击队。营救部队会在德黑兰以南200英里的沙漠地区集结，然后展开营救行动。由于零部件的质量问题，直升机发生了机械故障；一架C-130运输机和一架直升机在沙漠上空因相撞坠毁。陆军指挥官中止了这次任务。

1978年成为参谋长联席会议主席的琼斯将军是第三位任该职位的空军军官。1996年，当他回忆起这件令人难过的事时说道：最大的错误在于卡特的责任分配想法，虽然这样每个军种都能够参与到营救中，但是却没有留出时间演练这次行动。当伊朗的什叶派教徒获悉美国这次失败的任务之后，他们将人质扣留到吉米·卡特下台的那一天才将其释放。

对页图：一枚MX导弹在4级火箭发动机全部装满模拟固体燃料的情况下进行压力测试，以确保导弹的每个部分都正确装配，结构稳固。可靠性对于这样一种作为核报复武器发射的导弹而言极为必要。

左图：在伊朗人质营救尝试失败这一不幸事件之后，一架海军RH-53D直升机与一架空军C-130加油/运输机相撞了。其残骸在被称为"沙漠1号"的地区慢慢燃烧着。

20世纪70年代美国空军的飞机

型号	制造商	任务
A-7D "海盗"	沃特	战斗轰炸机
A10A "雷电"	费尔柴尔德·共和	近距离空中支援
A-37B "蜻蜓"	塞斯纳	反叛乱
B-52G "同温层堡垒"	波音	战略轰炸机
C-141B "运输星"	洛克希德	重型运输
E-3 "望楼"	波音	预警/指挥
F-4 "鬼怪" II	麦克唐纳·道格拉斯	防空压制
F-15 "鹰"	麦克唐纳·道格拉斯	截击战斗机
F-16 "战隼"	通用动力	战斗/攻击机
F-105G "雷公"	共和	战斗轰炸机
F-111 "土豚"	通用动力	战斗轰炸机
KC-135 "同温层油船"	波音	空中加油机
RC-135 "铆钉接头"	波音	战略侦察机
SR-71 "黑鸟"	洛克希德	战略侦察机
T-38A "利爪"	诺思罗普	教练机

下图：作为乔治·H.W.布什（George H. W. Bush）总统于1991年签署的《削减战略武器条约》（简称START）的一部分，几百架B-52轰炸机闲置在亚利桑那州戴维斯·蒙山空军基地的航空航天维修与改造中心。

里根时代（1981—1985年）

罗纳德·里根反对卡特的军事无能策略，承诺要重建美国的军事霸权，因此他赢得了1980年的总统大选。国防部长卡斯珀·温伯格则认真对待总统的承诺。他重启了B-1计划，推进了B-2隐形轰炸机计划，并获得批准制造MX导弹，增强了美国武装部队的实力，并且在战略现代化、研究及发展方面增加了1500亿美元的投入。这是一笔数额巨大的拨款，因此参谋长联席会议担心无法承受这笔经费。里根的谈判专家刚重启与苏联新一轮限制战略武器谈判，国会便开始削减军事经费。在国防支出这个问题上的分歧使琼斯将军和国防部长温伯格之间的关系迅速降温。当琼斯作为参谋长联席会议主席的任期到期时，空军部长威恩·奥尔（Verne Orr）和即将上任的查尔斯·A.加百利将军做出了让步，满足温伯格的要求，并保证了美国空中力量的增长及现代化发展。

1983年10月25日，加百利将军目睹了空军在"紧急狂暴"行动中的惨状。"紧急狂暴"行动是一次经常被嘲笑的行动。

下图：装有火箭发动机的北美X-15研究用飞机，在大气层载人飞行和太空载人飞行之间架起了桥梁。改良的B-52A和B-52B是唯一在尺寸方面大到可以发射X-15的母机。

上图:一个"科洛娜"太空舱从太空返回大气层后,空军利用一架经过特别改装的费尔柴尔德C-119J"飞行车厢"在8000英尺的高度"勾住"卫星降落伞,将其收回。

该行动规模大,有2万人参加,入侵格林纳达保护圣乔治亚医学院中的美国学生。参加作战的飞行员们面临着致命的防空火力,12架直升机被击落,携带人员及补给的C-5A、C-130和C-141运输机变得千疮百孔。这样的后果使加百利相信,越南战争结束10年后美国空军在指挥和控制方面依然存在需要注意的问题。

作为参谋长,加百利的任期已经过了一半,他与即将上任的空军部长小爱德华·C.奥尔德里奇(Edward C. Aldridge, Jr.)密切合作。奥尔德里奇是一位杰出的科学家,他预测苏联将最终解体,而军事预算也可能随之减少。1986年,加百利的接班人拉里·D.韦尔奇与奥尔德里奇一起勤勤恳恳地工作,通过削减人员编制留出资金投入到装备研制、技术研发和现代化进程。里根执政期间,加百利、韦尔奇以及奥尔德里奇的共同努力对如今的美国空军的影响依然很明显。

美国空军与太空

洲际弹道导弹(简称ICBM)的发展使人们在开发太空的军事潜力,并将太空作为一种潜在的防御对策资源方面产生了浓厚的兴趣。1954年,随着苏联开始大规模制造战略轰炸机,美国空军开始致力于发展WS 117L侦察卫星计划,太空军事化由此拉开了序幕。为了应对苏联的轰炸机,空军在1956年开展了一项国土防空计划,将装备导弹的康维尔YF-102"三角剑"截击机部署在阿拉斯加和加拿大。

1955年,苏联洲际弹道导弹研制成功,冷战双方的军用技术竞争进入了一个新阶段,同时也激发了美国的一项新兴产业。由于反弹道导弹技术还很遥远,艾森豪威尔总统唯一的应对武器便是美国的第一款洲际弹道导弹——通用动力公司的"阿特拉斯"洲际导弹。1957年,苏联成功发射了一颗人造卫星"史普尼克"。"阿特拉斯"导弹也紧随其后在同年成功进行了试射。空军高层们当即断言:美国空军必须如同掌握制空权一样掌握制太空权。创立于1957年9月12日的北美防空联合司令部提出了一个美国—加拿大两国预警和防御计划，然而这个计划还是无法抵御太空威胁。洲际弹道导弹以及人造卫星的出现迫使美国组建了另外一种与此前不同的空军力量。

1955年2月，美国空军利用洛克希德研制的U−2高空侦察机发现了苏联新型武器。随后在1956年9月7日，朝鲜战

美国空军在最初的10年中的宇航员		
年份	姓名	任务
	小L·戈登·库珀（L. Gordon Cooper, Jr.）上尉	"水星"，"双子星"
1959	人称"格斯"的维吉尔·I.格里索姆（Virgil I. "Gus" Grissom）上尉	"水星"*
1959	人称"迪克"的唐纳德·K.斯雷德（Donald K. "Deke" Salyton）上尉	"阿波罗"
1962	弗兰克·博尔曼二世少校	"双子星"，"阿波罗"
1962	詹姆斯·A.麦克迪维特（James A. McDivitt）上尉	"双子星"，"阿波罗"
1962	托马斯·P.斯塔福（Thomas P. Stafford）上尉	"双子星"，"阿波罗"
1962	爱德华·P.怀特上尉	"双子星"*
1963	人称"布兹"的小埃德温·E.阿德林（Edwin E. "Buzz" Adrin, Jr.）少校	"双子星"，"阿波罗"
1963	威廉·A.安德斯上尉	"阿波罗"
1963	查尔斯·A.巴赛特二世（Chales A. Bassett, II）上尉	死于飞机失事
1963	迈克·科林斯（Michael Collins）上尉	"双子星"，"阿波罗"
1963	唐·F.埃斯利（Donn F. Eisele）上尉	"阿波罗"
1963	西奥多·C.弗里曼（Theodore C. Freeman）上尉	死于飞机失事
1963	大卫·R.斯科特（David R. Scott）上尉	"双子星"，"阿波罗"
1966	小查尔斯·M.杜克（Charles M. Duke, Jr.）上尉	"阿波罗"
1966	约瑟夫·H.恩格尔（Joseph H. Engle）上尉	航天飞机
1966	小爱德华·G.吉文斯（Edward G. Givens, Jr.）少校	"阿波罗"
1966	詹姆斯·B.欧文（James B. Irwin）少校	"阿波罗"
1966	威廉·R.波格（William R. Pogue）少校	空间实验室
1966	斯图亚特·A.鲁萨（Stuart A. Roosa）上尉	"阿波罗"
1966	阿尔弗雷德·M.沃尔登（Alfred M Worden）上尉	"阿波罗"
1969	卡罗尔·J.鲍伯科（Karol J. Bobko）少校	航天飞机
1969	查尔斯·G.富勒顿（Charles G. Fullerton）少校	航天飞机
1969	小亨利·W.哈茨菲尔德（Henry W. Hartsfield, Jr.）少校	航天飞机
1969	唐纳德·D.彼得斯（Donald H. Peterson）少校	航天飞机
*代表：1967年死于"阿波罗1号"的起火事故		

美国空军的战略导弹计划

里根总统执政的几年中,苏联在军事建设方面落后于美国,因此他们在1991年签订了《第一阶段限制战略武器条约(START I)》。但几个月之后,苏联便宣告解体。弹道导弹建造竞赛无疑是导致苏联解体的因素之一。美国在这场竞赛中曾实施过若干个计划,其中便包含20世纪50年代的"纳瓦霍人"导弹项目。该项目基于德国V-1和V-2技术,意图设计一枚能携带7000磅的弹头飞行5500英里的导弹。然而该项目没能脱离试验阶段。

"朱庇特"中远程导弹项目是由美国陆军发起的,但最终进入美国空军服役,成为SM-78"标准"导弹。当时美国空军已经致力于PGM-17"雷神"导弹的研究制造工作;1967年,"朱庇特"导弹退役。然而,长达60英尺的"朱庇特"却引领了"朱诺-1"火箭的研制,就是这枚火箭将美国的第一颗卫星送入了轨道。弹长65英尺的"雷神"由于射程只有1976英里而在1965年退役了。

1958年,通用动力公司制造了"阿特拉斯"——美国第一枚射程为11500英里的洲际弹道导弹。"阿特拉斯"拥有双喷嘴推进系统、一个无框推进剂贮箱,采用液氧和RP-1煤油的混合物作为燃料。"阿特拉斯"将第一位美国宇航员约翰·格伦(John Glenn)送入轨道之后便退役了。

1962年4月18日,"大力神"I洲际弹道导弹问世,随后取代了"阿特拉斯"。1966年,

下右图:在加利福尼亚的范登堡空军基地,一枚LGM-25C"大力神-2"导弹直冲蓝天。该导弹的发射重量为330000磅。"大力神"导弹在从核威慑任务退役之后,成为卫星运载工具。

下图:一位导弹维护人员在为一枚"民兵"Ⅲ导弹进行电子检查。目前美军所拥有的500枚"民兵"Ⅲ导弹分别被部署于怀俄明州的瓦伦空军基地、蒙大拿州麦尔姆斯托姆空军基地以及北达科他州的明诺特空军基地。

"大力神"Ⅰ给井下发射的"大力神"Ⅱ让位。"大力神"Ⅱ可以将一枚1000万吨当量的热核弹头发射到9300英里外。"大力神"Ⅱ使用一种新型的混合燃料,增加了它的推进力。

1961年首次试射的波音"民兵"Ⅰ成为第一款固体燃料洲际弹道导弹。固体燃料比液体燃料反应更迅速,在核战争中可以增加导弹的生存性。在《限制战略武器条约Ⅰ》签订之前,美军已经部署了1000枚"民兵"导弹;但是到了2006年,库存变为500枚"民兵"Ⅲ型洲际弹道导弹。该型号导弹由3级固体推进剂火箭发动机驱动,使导弹可以以15000英里的时速飞行6000英里。卡特政府于1978年终止了该型号导弹的生产。

4级火箭发动机的MX"和平卫士"洲际弹道导弹的设计工作开始于1972年。该导弹是作为硬点目标摧毁武器设计的,旨在摧毁被超加固地下发射井保护的苏联核导弹。MX可以以15000英里的时速,携带10枚分导式热核弹头在距离地面大约500英里的上空飞行7000英里。1983年测试成功之后,50枚MX导弹被部署于经过改装的"民兵"导弹发射井内。虽然这些导弹此时仍部署于发射井内,但是在《限制战略武器条约Ⅱ》签订之后这款导弹已经确定退役。

AGM-86B空射巡航导弹(ALCM)成为里根执政期间制造数量最多的中远程热核武器,其射程为1500英里,时速为550英里。AGM-86B导弹可以从B-52和B-1B轰炸机上发射。1980—1986年间,波音公司生产了1715枚AGM-86B导弹。

上图:"沙漠风暴"行动前的一次试验中,一枚B-52"同温层堡垒"发射的空射巡航导弹(简称ALCM)迅速飞过荒无人烟的原野。在"沙漠风暴"行动中,"同温层堡垒"共发射了35枚巡航导弹。

争中的王牌飞行员伊凡·金奇洛（Ivan Kincheloe）驾驶一架贝尔X-2创下了126200英尺的高度纪录。20天后，米尔本上尉将X-2的速度记录推进到了每小时2094英里，但他由于飞机失控而失事。北美X-15紧随其后，创下了很多项纪录：最大高度为35.42万英尺，最高时速则达到了4534英里。高空高超声速飞行的巨大隐患使得这项技术并没有为拦截洲际弹道导弹或是摧毁苏联的卫星提供解决方法。而艾森豪威尔倾向于避免在太空武器竞赛中支出和冒险。

1958年，国会创立了美国国家航空航天局（简称NASA）。这本是一个"为了全人类福祉以和平目的利用太空"而设立的政府机构。但艾森豪威尔介入了该机构并授权开展"科洛娜计划"，这是一项由国家侦察办公室（National Reconnaissance Office）控制的侦察卫星计划。"科洛娜计划"的照相技术团队致力于更高分辨率立体照相技术的研究，从而为情报分析人员提供有关苏联导弹基地以及其他军事目标的位置信息。1960年8月19日，"发现者XIV"计划成功地将第一枚"科洛娜"照相侦察卫星送入太空。第一个卫星胶片回收舱提供的关于苏联目标的数据比之前4年时间内所有的U-2飞行所获得的数据都要多。"科洛娜计划"是一个在"萨默斯·阿特拉斯—阿金纳太空计划"问世以前的过渡项目。"萨默斯·阿特拉斯—阿金纳太空计划"继续提供重要情报，直至1972年被更先进的照相侦察系统取代。

空军总参谋长托马斯·D.怀特将军认为太空是大气层的延续。怀特在国家太空计划中空军的领导权问题上与美国空军的太空先驱人物伯纳德·施里弗（Bernard Schriever）准将进行了坚决的抗争。到了1960年，美国空军控制了大约80%的军事航天预算。然而，在肯尼迪政府期间以及接下来的约翰逊政府期间，国防部长罗伯特·麦克纳马拉修订了计划，让许多项目的成果付诸东流。

20世纪60年代，太空计划具有双重目的：一方面给苏联的洲际弹道导弹以有效威慑；另一方面则要在太空中比对方表现得更好。麦克纳马拉坚持认为，美国空军的太空研究必须与国家航空航天局的计划一致，然后利用后者取消空军的项目。

波音X-20"戴纳-索尔"试验机成为美国航天飞机技术的先声。由火箭助推器推动且只有一名飞行员的X-20计划用于试验在绕地球轨道运行后降落在指定机场。该航天器成为航天飞机的先驱。这款三角翼飞行器被安装在"大力神"III型火箭的顶部。X-20在火箭被送入轨道之后释放，之后由飞行员控制。X-20一度是美国唯一的载人航天计划。X-20"戴纳-

对页图：1968年12月，"土星5"号运载火箭的第一次载人飞行中，长为363英尺的"土星5"号运载火箭将"阿波罗8"号的宇航员弗兰克·博尔曼（Frank Borman）、詹姆斯·洛弗尔（James Lovell）和威廉·安德斯（William Anders）带入太空。

索尔"项目不仅能满足多种任务的需求,而且仅需由现有的地面设施构成的巨大支援网络就能运作。

1962年,就在准备高超声速X-20第一次试验的时候,未来的参议员约翰·格伦乘坐"水星"宇宙飞船"友谊7"号成功进行了第一次载人轨道飞行。虽然"戴纳-索尔"本应该是比水星宇宙飞船更加先进的载体,但是麦克纳马拉认为,"水星-双子星-阿波罗"计划可以取得更大的成就,于是他取消了X-20,从而扼杀了美国空军最早用于抵御洲际弹道导弹的计划。然而,如果没有美国空军的火箭助推器,没有位于卡纳维拉尔角为X-20"戴纳-索尔"试验机设计的发射、追踪和通信设备,美国国家航空航天局的"水星-双子星-阿波罗"计划也就不可能顺利进行。

"星球大战"

1961年，美国空军提出了一项卫星计划，旨在研制一套能够通过红外线传感器发现敌军洲际弹道导弹发射时火箭发动机的红外特征，并在其上升段将其摧毁的卫星系统。虽然在当时这项计划代表着一次革命性的进步，假以时日研究和完善该计划，就能消除苏联洲际弹道导弹所带来的威胁，但麦克纳马拉认为上升段拦截（Bambi）在技术方面过于超前，因而叫停了该计划。麦克纳马拉选择了"技术砖块"（即子系统预研——译者注），支持像TFX可变后掠翼战斗机这样的通用、多军种联合飞机项目。美国空军的技术专家们将这些项目戏称为国防部长的"弹簧刀"。此后上升段拦截技术一直停滞于计划表上，最终成为里根总统战略防御计划（简称为SDI）的雏形。

里根执政时，研究卫星及侦察技术的责任分摊到了美国国家航空航天局、各军种以及几个高科技企业。美国空军总参谋

对页图：德尔塔－Ⅱ依旧是空军将GPS ⅡR卫星送入轨道的唯一发射平台。GPS ⅡR计划需要发射18枚德尔塔－Ⅱ。德尔塔－Ⅱ成功执行了270多次军用、民用和商用航天发射任务。

下图：受LTV航空航天及国防公司在超高速发射技术方面试验的启发，一位艺术家绘制的天基电磁轨道炮摧毁来袭弹道导弹核弹头的概念图。

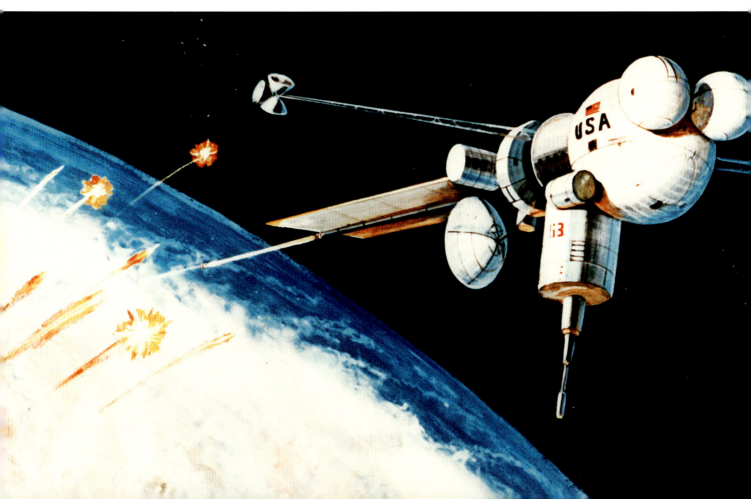

长卢·艾伦将军委任好斗的前战斗机飞行员詹姆斯·V.哈廷格(James V. Hartinger)将军负责为统一的太空司令部建立理论基础,并提出让空军成为包括宇宙飞船和航天飞机在内所有美国政府太空资产的管理者和操作者。在统一的进程中,各军种之间的竞争产生了冲突,但是每一个竞争对手都承认,战略防御计划完全依赖天基系统。战略防御计划的作用问题以及与之有关的论战,在整个20世纪90年代都困扰着美国空军,而1992年以后,国防部终于同意将航天飞机仅用于战略防御计划或科研任务。虽然战略防御计划有力地促进了苏联的解体,但是新上台的威廉·J.克林顿总统认为没必要将资金继续用于战略防御计划的研究。2001年,继任的乔治·H.W.布什总统又恢复了战略防御计划,而美国空军则重新开始开发反弹道导弹拦截弹。

左图:在加利福尼亚与太平洋的夸贾林环礁之间进行的一次远程"民兵-2"洲际弹道导弹双发试射中,导弹留下了由颗粒和冰晶构成的尾烟,在大气上层尾烟颜色发生了改变。

导航

20世纪60年代,美国空军成为开发"导航星"全球定位系统(简称GPS)的执行单位,GPS系统由空军第50太空联队在科罗拉多州的法尔孔空军基地负责运营。第一颗"导航星"卫星于1978年2月22日开始服役。现在

在范登堡空军基地进行的BVT-5（助推器验证测试-5）试验试射了一种新型三级火箭构型，这款火箭将用于导弹防御局的远程弹道导弹拦截系统。

在GPS Block IIR卫星全部进入GPS星座后,波音公司目前正在研制的,带有红外传感器的GPS Block IIF卫星将被送入轨道,加入GPS星座。

共有24颗卫星每天绕轨道运行两周，全天候向地球发回百万分之一秒内测量得到的经度、纬度、高度以及时间方面的数据。这些重达1860磅的卫星宽5英尺，长17.6英尺，在10900英里的高度绕地球轨道运行。它们是由德尔塔-II中型一次性运载火箭发射的，每次发射的花费为5000万美元。该系统也是战略防御计划的一个组成部分，可以以30英尺的精度精确定位并测定军事目标的位置信息，以便已方发射武器，按图索骥地将其摧毁。民间用户也可以在进行"偏差修正"后以精度更低的导航系统，用于陆地和海上导航。

1990—1991年的波斯湾战争期间，隐形轰炸机和B-52轰炸机执行史上距离最长的任务。在这样的长距离行动中惯性导航设备可能因陀螺漂移产生误差，但在GPS系统的帮助下，目标参照点的定位精度依旧极高，且能够为轰炸机所需打击的分散目标提供多个高精度目标参照点。该系统可以在任何天气条件下工作。全球定位设备体积小，技术先进，平民百姓也可以购买使用。在英国，"美洲虎"战斗轰炸机的飞行员将手持式全球定位系统装置安装在飞机的仪表盘上。

全球定位系统仅是整个空中打击装

对页图："德尔塔"II火箭目前仍是美国空军GPS III卫星的唯一入轨发射火箭。项目中使用了18枚"德尔塔"II。到目前为止，"德尔塔"II火箭已成功完成超过270次军事和民用航天发射。

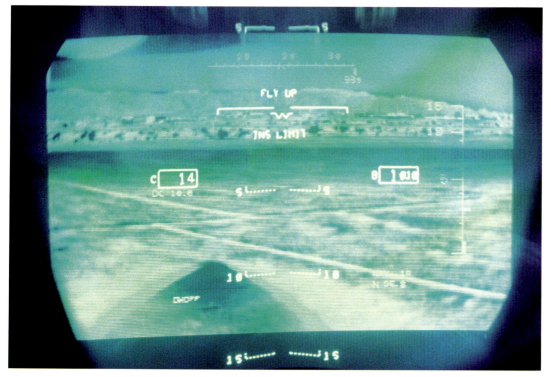

左图：来自第5截击战斗机中队的一名F-15E飞行员正在观察"蓝丁"系统投射在座舱显示屏上的红外图像。

备体系的一个组成部分,此外还有夜间低空导航和红外瞄准系统[简称"蓝丁"(LANTIRN)]等装备。美军战斗轰炸机利用"蓝丁"系统在夜间袭击机动式导弹发射车,并通过该系统执行快速前进空中管制任务。至2003年伊拉克战争时,随着武器精度的不断提高,波斯湾战争中需要10枚导弹才能打击的目标仅需一枚导弹便可以摧毁。

利比亚"黄金峡谷"行动

1985年12月27日,激进的武装分子袭击了维也纳和罗马的机场;1986年4月,他们在美国环球航空公司的大型客机上引爆了一颗炸弹,还炸毁了柏林的一家迪斯科舞厅,造成大量美国人死亡。美国人认为这些都是利比亚领导人穆阿迈尔·卡扎菲(Muammar al-Qadhafi)上校策划的。

下图:第48战术战斗机联队的地面工作人员在为F-111F针对利比亚的报复性袭击做准备。一名工作人员正在拔出GBU-10模块化制导炸弹上保险销,而另一名工作人员则正在清理跑道上可能引起发动机堵塞的碎片。

美国空军中的女性

1965年以前,美国空军中批准的服役女兵数量一直在减少,而当时剩余的4700名女兵中,大多数都只限于文职、行政、人事部门以及医疗领域。1965年11月,第二次世界大战中陆军妇女辅助队的一位老兵珍妮·M.霍尔姆(Jeanne M. Holm)上校成为空军妇女队(简称WAF)的队长,开始重建女性部队。霍尔姆对空军体制非常了解,并深知如何把事情办好。1971年7月16日,她成为第一位获得少将军衔的女性。她将空军女性队伍转变成了一个杰出的、多功能的女性组织,因此她理应得到晋升。

霍尔姆为女性参加大学生空军后备军官培训计划(简称AFROTC)敞开了大门。1971年3月17日,简·莱斯利·霍利(Jane Lesley Holley)成为该计划毕业的第一位女军官。霍尔姆还想征召一批女工程师,于是她招募了美国空军第一位女性土木工程师苏珊娜·M.奥克伯克(Susanne M. Ocobock)少尉。霍尔姆最困难的任务在于让女性进入空军学院学习,但她在1975年成功完成了这一任务。第一个女性"一年级新生"班级于1976年进入学院学习,并于1980年毕业。霍尔姆明白,很多女性不想在办公室和文件堆中工作,于是1971年3月8日,玛尔瑟琳·C.乔丹(Marcelite C. Jordan)上尉接手了维修师计划,开始培训女机械师和电气专家。

1977年,克里斯汀·肖特(Christine Schott)中尉成为第一批9人中第一位驾驶T-38"魔爪"完成飞行训练并获得了银质飞行员翼徽的女性。女性开始转移到其他类型飞机上。桑德拉·M.斯哥特(Sandra M. Scott)上尉成为第一位驾驶KC-135"同温层油船"的女飞行员;玛丽·L.威特克(Mary L. Wittick)成为第一位完成直升机训练项目的女飞行员。

1993年,空军摒弃了不允许女性参加战斗的条款规定;这样,女性有资格加入战斗机中队、轰炸机中队或攻击机中队执行任务。珍妮·弗林中尉成为驾驶麦克唐纳·道格拉斯F-15E战斗机执行任务的第一位女性。两年之后,艾琳·科林斯(Eileen Collins)中校成为美国空军中第一位航天飞机飞行员。

至1996年,空军中的女性人数已经增长到了11937名军官和51417名士兵。"沙漠盾牌"行动及"沙漠风暴"行动中,超过12.5万名空军女性成员参与了空军几乎每一个职业领域内的工作。

下图:第555战斗机中队在亚利桑那州卢克空军基地进行为期6个月的战术训练期间,第一位F-15E女飞行员珍妮·弗林(Jeannie Flynn)中尉坐在驾驶舱中。

五角大楼发动了"黄金峡谷"行动，这是一次海军和空军联合行动，将对利比亚境内的多个目标实施打击。从位于英国的基地起飞的美国空军F-111"土豚"战斗轰炸机袭击的黎波里附近的目标，从位于地中海基地的海军"美国"号和"珊瑚海"号航空母舰上起飞的F/A-18"大黄蜂"战斗机、A-7E"海盗"Ⅱ以及A-6E攻击机轰炸了位于班加西附近的目标。执行任务的飞行员中只有少数几位有过战斗经验，但他们需要闯入利比亚的防空系统。这个防空体系由500架飞机、大量地空导弹阵地、高射炮以及先进雷达组成。

西班牙和法国不允许美军飞机飞越其领空，意大利和希腊也拒绝让美军飞机使用他们的空军基地，24架F-111双座战斗轰炸机必须经过直布罗陀海峡和地中海，在大西洋的上空经过14个小时、3600英里的迂回折返飞行，而常规的"土豚"任务仅需2~4个小时。飞行中，28架K-10和

下图：第21特种作战中队的西科斯基MH-53J直升机上配备了大量武器，且装备有用于夜间行动的"低空铺路者"红外系统。

KC-135将为F-111加油。尽管执行任务期间"土豚"编队维持着无线电静默，但是欧洲国家的雷达还是发现了F-111，马耳他政府将这一发现报告给了利比亚方面。

1986年4月15日清早，美军海空联合集群在13分钟内同时袭击并摧毁了全部的5个目标，包括机场、导弹阵地以及军事设施。猛烈的防御火力照亮了天空，其景象很像6年后的"沙漠风暴"行动。由于设备故障、导航错误，14架F-111没有投下其有效载荷。一些炸弹落在了距离卡扎菲住处50英尺的地方，着实给了他不小的震惊。行动中美军损失了一架飞机和两名飞行员。

这次针对利比亚的袭击之后，苏联选择袖手旁观，欧洲国家则强硬反对穆斯林激进分子，而随着叙利亚和伊朗支持打击恐怖主义，利比亚的恐怖分子活动也减弱下来。

下图：洛克希德F-117A"夜鹰"隐形战斗机是军事史上最为保密的武器之一。该型机在"正义事业"行动中第一次亮相，并在波斯湾战争中表现极好。

巴拿马"正义事业"行动

1989年,国会庆祝了冷战的结束,其标志性事件便是推倒了柏林墙。而当乔治·H.W.布什总统迎接来自巴拿马的危机时,国会正在加速裁减空中力量。早在1983年,铁腕人物曼纽尔·诺列加(Manuel Noriega)将军掌权之后,美国与巴拿马的关系开始恶化。布什总统加强了美国在运河区的军事力量,并开始疏散当地的美国公民。1989年12月17日,诺列加将军领导的巴拿马国防军(PDF)将几名在下班后前往餐厅的美国军人打死打伤之后,布什总统批准了"正义事业"行动。这是一次推翻诺列加、重建一个民主巴拿马政府的军事行动。12月19日,C-5和C-130机群向美军在巴拿马的基地运送增援部队和补给。C-141在巴拿马城的两个主要机场——托里霍斯国际机场以及托库门军用机场降下空降部队以及游骑兵部队。参加行动的战术飞机包括AC-130H"幽灵"炮艇机以及6架初次亮相的

下图:"沙漠盾牌"行动中,来自第157战术战斗机联队的通用动力F-16"战隼"战斗机(近景处)以及洛克希德C-130"大力神"运输机(远景处)在沙特阿拉伯的一座机场整齐排列。

上图:"沙漠盾牌"行动中,当其他两架F-16战斗机从旁边飞过时,一架来自西班牙托雷洪空军基地第614战术战斗机中队通用动力F-16"战隼"战斗机从一架波音KC-135R"同温层油船"上补给燃料。

洛克希德F-117A"夜鹰"隐形战斗机。3架洛克希德AC-130E"战斗爪"与特种部队协同行动,为夺取机场提供掩护,并掩护突击队袭击位于雷哈托的巴拿马国防军基地。"夜鹰"隐形战斗机投掷的2000磅炸弹准确命中了巴拿马国防军的基地;"低空铺路者"直升机机鼻处加装有前视红外(FLIR)夜视装置,以及用于地形追踪和回避雷达的5架西科斯基MH-53J和4架西科斯基MH-60,也协助了特种部队的行动。美军的猛烈袭击很快让大多数巴拿马军队丧失了继续战斗的勇气。诺加列逃入梵蒂冈大使馆避难,并于1990年1月3日投降。

"正义事业"行动中,军事空运部队运送了37000多人的部队以及20329吨物资。来自战略空军司令部的KC-135和KC-10A加油机再一次证明,如果没有空中加油机,长途奔袭任务根本不可能成功。作为"正义事业"行动的结果之一,美国空军组建了独立的特种作战司令部(Special Operation Command,

SOC），并将固定翼炮艇机和特种作战直升机部队从战术空军司令部转调到该司令部。几个月后，当萨达姆·侯赛因（Saddam Hussein）的伊拉克陆军入侵科威特时，美国进行了大规模空中调动，这些调整被证明是非常及时的。

"沙漠盾牌"行动

1990年，随着苏联的解体，参谋长联席会议主席科林·鲍威尔（Colin Powell）将军将注意力从苏联问题上转移，开始关注伊拉克可能对沙特阿拉伯发起的进攻。相对于公开战争来说，鲍威尔更喜欢利用制裁手段。他将军事计划的任务交给了中央司令部（简称CENTCOM）司令H.诺曼·施瓦茨科普夫（H. Norman Schwarzkopf）将军。中央司令部于1983年创建，负责中东、东南亚以及非洲东北部地区的作战事宜。指挥中央司令部空军以及位于南卡罗莱纳州第9航空队的战术空中部队的查尔斯·A.霍纳（Charles A. Horner）中将领命开始计划空中行动。无论是施瓦茨科普夫的策略还是霍纳的策略，其中都没有关于制裁方面的内容。行动计划需要在沙特阿拉伯部署大量的部队，而霍纳在阿曼、迪戈加西亚以及印度洋的船上预先安置了价值超过10亿美元的燃料、炸弹和其他战争补给。沙特阿拉伯也配合这次行动，万一紧急情况出现，便会修建机场和军事设施。1990年8月2日，伊拉克入侵科威特，危机发生了。

当时，霍纳将军在阿拉伯半岛只部署有两架KC-135R，而加油机则在参加与阿拉伯联合酋长国战斗机的加油演习。虽然20万的伊拉克部队已经在沙特阿拉伯边境集结，但是在阿卜杜勒·阿齐兹·法赫德（Abdul Aziz ibn Fahd）国王点头之前，不会有美军飞机进入沙特。法赫德可以允许美国军事部队(包括女兵)进入沙特，疏远阿拉伯人；也可以冒着失去自己

20世纪90年代美国空军的参谋长	
迈克·J.杜根（Michael J. Dugan）将军[+]	1990年7月1日至1990年9月17日
约翰·H.罗（John H. Loh）将军[*]	1990年9月18日至1990年10月29日
梅里尔·A.麦克皮克（Merrill A. McPeak）将军	1990年10月29日至1994年10月25日
罗纳德·F.福格尔曼（Ronald F. Fogelman）将军	1994年10月26日至1997年9月1日
迈克·E.瑞安（Michael E. Ryan）将军	1997年11月6日至2001年9月6日
+：与国防部长查德·切尼发生争执之后辞职	
*：代理参谋长	

上图:"沙漠盾牌"行动中,第48战术战斗机联队的3架通用动力F-111F"土豚"战斗机以及1架EF-111"渡鸦"电子战机在沙特的上空飞行。1988年,美国空军所有的F-111战斗机退役。

国家的风险,不让他们进入沙特。法赫德与美国政府达成一致,1990年8月8日,布什总统宣布了"沙漠盾牌"行动开始。第一架洛克希德C-141B从安德鲁斯空军基地起飞,载着空运管制分队降落。几个小时之后,48架来自弗吉尼亚兰利空军基F-15C和F-15D"鹰"战斗机抵达沙特。随后几天,F-15战斗机和沙特皇家空军成为抵挡拥有1000架飞机的伊拉克空军的唯一力量。侯赛因的部队由550架战斗机以及数量不多但在当时同样是最先进的米格-29战斗机构成。由于伊拉克拥有世界上规模第四的陆军、第六的空军、17000万枚地空导弹以及10000门配备有苏制高科技探测设备的防空炮,因此侯赛因没有把美国空军放在眼里。

就在外交家和政治家们组织同盟、联合国安理会对伊拉克强制实行贸易禁运的时候,迈克·J.杜根将军的工作人员则在昼夜不停地策划"瞬雷"(Instant Thunder)行动。该行动与越南战争期间"逐渐响应"策略下失败的"滚雷"行动

对页图：机舱前后两端均可进行装卸的洛克希德C-5"银河"拥有巨大的有效载荷能力，可以在世界的任何地方为空中机动部队提供跨战区以及洲际空运机动。

下图："沙漠盾牌"行动中，小石城空军基地第314战术空运联队的一架洛克希德C-130E"大力神"在一条沙漠跑道上进行突击机降演习。

没有任何相似之处。在霍纳将军以及中央司令部空中战斗计划主任巴斯特·C.格劳森（Buster C. Glosson）准将加入后，"瞬雷"行动运用精确制导武器对伊拉克进行大规模打击。联军打击的战略目标包括伊拉空军部队、指挥和控制中心、通信设施、炼油厂、"飞毛腿"导弹基地以及制造核武器、化学武器和生物武器的工厂。

伊拉克军队并没有充分意识到多国部队已经在波斯湾大规模集结，他们继续开挖防御阵地，并在沿科威特—沙特边界的沙土地带安置野战工事。1991年，所有的谈判都失败了，侯赛因拒绝将伊拉克部队撤出科威特，布什总统批准开始军事行动。两天之后，波斯湾战争正式开始。

"沙漠风暴"行动

1991年1月17日，巴格达当地时间凌晨3点，由巡航导弹、隐形战斗机以及特种作战直升机组成的"组合拳"，以前所未有的空袭烈度，猛烈打击了伊拉克的防空系统、通信系统、电力网以及指挥掩

体。美国空军特种部队的MH-53E和MH-53J"低空铺路者"直升机以及陆军的"阿帕奇"直升机摧毁了伊拉克的雷达阵地，使得伊拉克空军防御系统失去判断能力。装有夜视系统的直升机利用激光制导的"地狱火"导弹、数以百计的火箭弹以及M230机关炮发射的上千发30毫米机关炮火力来攻击敌人。随着伊拉克的雷达系统的失效，7架B-52G轰炸机从路易斯安那州巴士德空军基地出发执行有史以来最长距离的任务，它们在飞行了35小时，奔袭14000英里后发射带有1000磅常规弹头的AGM-86C巡航导弹打击伊拉克的关键通信设施和电力设施。

混乱之中，第37战术战斗机联队的飞行员们驾驶着洛克希德·马丁F-117A"夜鹰"隐形战斗机，在经过空中加油后与主力空袭集群脱离，在与其他联军飞机不同的高度深入伊拉克军队的纵深打击特定目标。65名F-117飞行员中只有4人曾经参加过战斗。他们利用惯性制导系统进入目标区域，然后利用前视红外装置和下视红外（简称

波斯湾集结

美国空军用118架C-5运输机和195架C-141运输机组成了一座"铝桥",将士兵和补给从美国运到阿拉伯半岛。在部队迅速集结的过程中,远程运输机(包括民航后备航空队的飞机)平均每7分钟就要在达兰降落一次。另有140架美国空军C-130运输机在该区域执行战术空运任务。运输机在飞行中由KC-10和KC-135加油。大规模空运将125000人的部队以及400吨的货物运到了阿拉伯半岛上。这座"铝桥"最终达到了每天运送1700万吨英里的货运能力。

"沙漠风暴"行动之前,KC-135每天出动66架次,为175架飞机加油。"沙漠风暴"行动中,加油机每天出动的架次跃至215次,为839架主要作战飞机加油。

1990年9月11日,美国空军在波斯湾有398架战斗机。"沙漠风暴"行动开始时,空军已经将1133架飞机部署于波斯湾,还有更多飞机即将飞抵波斯湾。这支混合部队由652架战斗机、394架支援飞机(加油机、预警与指挥机和空中运输机)以及包括轰炸机、特勤飞机、侦察机以及电子战飞机在内的87架其他作战飞机组成。海军和联合部队又为这支混合部队增加了1481架飞机,使战斗机和攻击机的数量达到了1838架。

美国空军飞机在波斯湾的集结情况(1990—1991年)(单位:架)					
	8月7日	8月12日	9月11日	1月17日	2月24日
战斗机	0	129	398	652	747
其他战斗飞机+	0	7	67	87	161
支援飞机**	2	72	210	394	463
总计	2	208	675	1131	1371

+:轰炸机,战术侦察机,特种作战飞机等
**:预警与指挥机,战区空运机,加油机等

下图:洛克希德C-141B"运输星"于1963年的12月首飞。它继续担任空中机动部队的主力,在全球范围内执行军事以及人道主义任务。

DLIR）装置定位追踪具体目标。红外/激光转塔确定目标后，机载系统将重达2000磅的GBU-10或GBU-27"宝石路"Ⅲ激光制导炸弹投射至目标建筑物。后来在电视上公布的精确制导武器攻击的影像令美国公众大吃一惊。F117飞行员们迅速而精准地摧毁了30%伊拉克最难破坏的目标，而伊拉克人却未能在他们的雷达上发现一架F-117战斗机的踪迹。F-117在一直保持"无影无踪"的同时实现了85%的轰炸准确率。"沙漠风暴"行动当晚，伊拉克的防空火炮和地空导弹盲目地射入漆黑的夜空，却连一架"夜鹰"战斗机都没能击伤。

由直升机、B-52轰炸机和F-117A"夜鹰"战斗机以及巡航导弹组成的"组合拳"为第二波打击开辟了道路。这一波次由650架配备了反跑道炸弹以及激光制导导弹的联军战机执行。空袭机群将扫荡伊拉克全境，摧毁其机场，加固掩体以及化学武器储存设备。行动的第一天，美国空军飞机出动的架次比伊拉克空军在两伊战争长达8年的战斗中飞行的总次数还要多。41架敌机升空与联军发生空战，但被"麻雀"导弹击落。另有几百架飞机被摧毁在机库内。伊拉克匆忙将其他飞机转移到伊朗避难。38架盟军飞机在"沙漠风暴"行动中损失，其中14架属于美国空军。

扫荡残局

地面战斗之前及期间，新老武器结合消灭了伊拉克陆军。由通用动力公司生产的备受争议的F-111投下了730万吨的精确制导弹药，摧毁了245个伊拉克硬式加固机库，炸毁了数以百计的地堡，摧毁了1500辆坦克以及装甲车。老式的麦克唐纳·道格拉斯F-4G战斗机采取越战时期"野鼬鼠"部队的战术，与通用动力公司的F-16战斗机一起协作，利用集束炸弹、常规炸弹、"幼畜"导弹和反辐射导弹摧毁了几百个伊拉克地空导弹阵地。B-52G轰炸机在科威特附近消灭了侯赛因的精锐共和国卫队。每一架B-52轰炸机都携带了51枚M-117通用750磅炸弹。3架B-52

上图："沙漠风暴"行动开始时，伊拉克一处位于科威特阿里萨勒姆空军基地的硬式掩蔽部被美国空军摧毁。

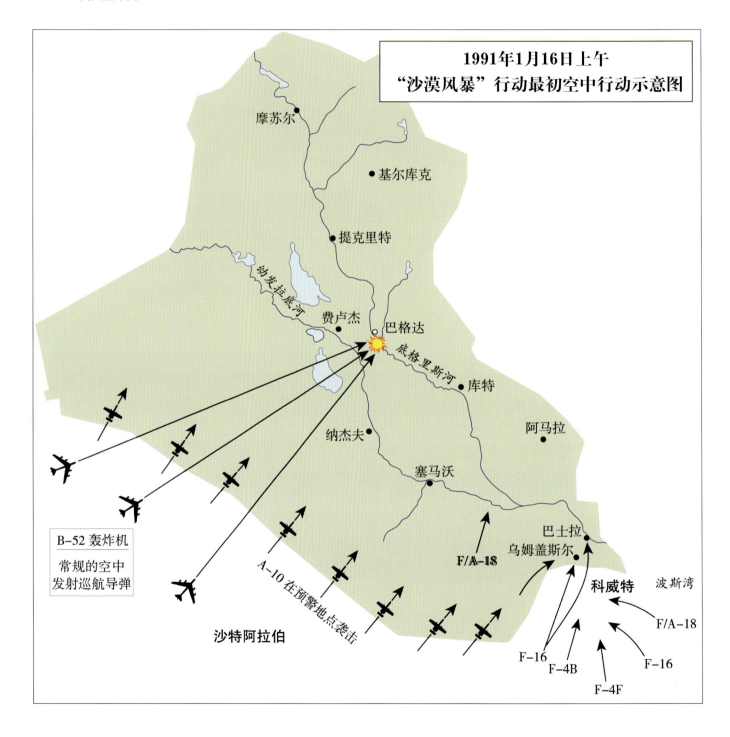

"沙漠盾牌"行动/"沙漠风暴"行动中美国空军所使用的导弹		
名称	类别	规格/射程（单位：英里）
AGM-65"幼畜"	空对地	电视，被动红外或激光制导/10
AGM-86C巡航导弹	空射	B-52G发射/1500+
AGM-88反辐射导弹（简称：HARM）	反辐射	空射/15
AGM-114"地狱火"	反坦克导弹	95磅，激光制导/10
AIM-7F"麻雀"	空对空导弹	半主动雷达制导/20
AIM-9L/M"响尾蛇"	空对空导弹	红外制导/5+
AIM-120A先进中程导弹（简称AMRAAM）	空地空导弹	主动制导/25
BMG-71A/C"陶式"	反坦克导弹	42磅，线导/2

对页图：1991年1月16日清晨6点整，空中袭击揭开了"沙漠风暴"行动的序幕。第一波打击将力量集中于摧毁伊拉克南线的预警系统。战斗轰炸机从沙特起飞，打击伊拉克地面部队，控制位于科威特、乌姆盖斯尔以及巴士拉的部队。B-52轰炸机紧随其后，袭击了巴格达城内及周边的战略通信系统以及地面和空中控制中心。1月16日一整天以及之后的很多天内，精准的空中打击都在继续。

组成的编队便可以将沙漠中方圆1平方英里的敌军活动地域炸得天翻地覆。

波斯湾战争期间，参战的54706名美国空军人员中有12098名是空军国民警卫队人员或是空军预备役人员。37个国民警卫队和28个预备役部队驾驶A-10、C-5、C-130、C-141、F-16、HH-53E和KC-135。每4名警卫队或预备役军人中就有一名女性。预备役部队共出动飞机5200架次：其中国民警卫队出动战机3550架次，投下重达3500吨的弹药。KC-135加油机飞行员进行了14000次空中加油，并为战斗机加注了2亿磅燃料。美军预备役和常规部队的女性军人可以驾驶加油机、直升机和侦察

左图："沙漠风暴"行动中，来自第23战术战斗机联队的弹药专家将一枚AGM-65"幼畜"空对地导弹挂载到一架费尔柴尔德A-10A"雷电"II攻击机上。

右图:格雷格·纳尔冈(Greg Nahrgang)中尉(近景处)和克雷格·奥斯本(Craig Osborne)中尉,两人都是航空武器军官。"沙漠风暴"行动中,他们在监测E-8C"联合星"联合监视跟踪侦察系统的控制台。

"联合星"联合监视目标攻击雷达系统(Joint STARS)

在施瓦茨科普夫的要求下,两架E-8A在空中战斗开始前夕抵达了沙特,而此时距离这款飞机的预计服役时间还有6年之久。改装的波音707-320的E-8A带在前机身下的一个"小独木舟"中安装有一部长25英尺的"诺登"多模式侧视雷达天线。施瓦茨科夫想要一种扫描距离达155英尺合成孔径雷达(简称SAR),用以定位静止或低速行进的目标,如坦克、装甲车以及飞毛腿导弹发射车。这款被称为联合监视目标攻击雷达系统(简称joint-STARS或J-STARS)的探测设备可以使用合成孔径雷达与多普勒雷达模式侦察地面目标。

美国空军的两架E-8A在"沙漠风暴"行动中飞行时间超过600小时,并且执行了54次时长达10小时的夜间任务。从部队到移动的飞毛腿发射装置,联合监视目标攻击雷达系统能够捕捉到任何地面目标的动作,为空军指挥官们了解战场提供"实时的、万能的视角"。A-10、F-15E、F-16以及F-111F通过E-8A传输的数据执行夜间行动,且在地面攻击开始前的几周就开始对坦克、装甲车和炮兵阵地进行打击。1991年2月24日,当"100小时战争"开始时,美国空军已经极大削弱了敌人的战斗力。

对页图:飞越伊拉克的过程中,E-8C飞机携带着格鲁曼/波音"联合监视目标攻击雷达系统",这是一款可以定位、分类以及追踪地面目标的远程、全天候、空对地监视系统。

上图：波斯湾战争期间，第35战术飞机联队的一架装备AGM-88高速反雷达空对地导弹的F-4G"鬼怪"II"野鼬鼠"飞机在执行任务。

机，还能驾驶卡车，维修飞机，甚至在战斗支援和战斗勤务领域指挥旅级规模的部队。

当覆盖伊拉克/科威特地区的两颗卫星证实无法充分监视战场时，空军航天司令部将一颗备用卫星发射到太平洋上空，将其静止在距离地球2.23万英里上空的一个新位置，承担部分监视任务。这是第一次在重要战争中出现航天力量，并且航天力量加入空中及地面力量，成为一次重大的成功战斗不可或缺的一部分。

1991年1月28日，地面战争结束。对胜利者来说，从来没有哪一支部队像伊拉克陆军这样，规模庞大却又不堪一击，让对手不费吹灰之力获胜。在科威特地区的42个伊拉克师中，幸存下来的还不到两个。

虽然冷战已经结束，科威特也恢复独立，伊拉克军队力量也被削弱，对于世界和平的严重威胁依然存在。1992年，随着另一轮总统大选的到来，空军总参谋长麦克皮克将军开始为下一次可能的"和平红利"做准备。

巴尔干战争

随着1991年3月31日华约组织的解

上图：在为期78天的北大西洋公约组织针对南塞尔维亚的空中战役中，第510"秃鹰"战斗机中队的F-16C战斗机从位于意大利的阿维亚诺基地出发执行战斗空中巡逻任务，支援"盟军"行动。这架F-16携带着全战斗装载，包括AIM-120导弹、副油箱以及一个电子干扰吊舱。

体，苏联的部队开始从东欧撤军。在南斯拉夫，1991年6月25日—12月23日期间，斯洛文尼亚、克罗地亚、波斯尼亚-黑塞哥维那以及马其顿等省都选择了第二次世界大战前的状态，宣布独立。科索沃也于1997年宣布独立。南斯拉夫总统、塞尔维亚强人斯洛博丹·米洛舍维奇（Slobodan Milosevic）试图维持对几个省份的控制。1992年5月22日，联合国派多国部队进入这些地区。为了结束战斗，北大西洋公约组织在波斯尼亚-黑塞哥维那上空建立了一个禁飞区域，主要由位于意大利阿维亚诺空军基地的美国空军飞机执行任务。大部分在波斯尼亚行动的塞尔维亚飞机都是直升机，但是1994年2月28日，美国空军F-16C战斗机拦截了6架波斯尼亚塞族的超级加莱布轻型攻击机，并击落其中4架。

联合国于1995年8月30日批准了涉及200架飞机的"慎重武力"行动。美国空军出动飞机2000多架次，应用精确武器对塞族武装的指挥和控制地堡、空中防御设施以及其他军事目标进行了高度准确的打击。如此强有力的空中打击使得米洛舍维奇大为震惊。1995年12月，他签署了一份和平协议。

1999年3月24日,北大西洋公约组织以"盟军"行动来回应米洛舍维奇。这是一次没有地面战斗的纯粹空中战役。在78天的时间里,美国空军打击了塞尔维亚的阵地,击落了多架米格-29战斗机,迫使米洛舍维奇撤军。此次战败导致米洛舍维奇的权力被强行剥夺,且被国际法庭以战争罪审判。

"盟军"行动中,美国空军动用了最先进的武器,包括100多架F-16战斗机、56架F-15C/E攻击战斗机以及大量的B-1B和B-52H轰炸机。B-2轰炸机也在此次行动中初现真容。超过184架KC-135和KC-10加油机在空中为多国部队加油。B-2隐形轰炸机从密苏里的怀特曼空军基地出发进行不间断飞行,执行了49次任务,向指定目标发射了高准确度的GPS制导武器,再一次显示了航天力量的巨大潜能。而当时,美国空军的参谋长迈克·E.瑞安将军并没有意识到,1999年巴尔干半岛飞行任务会是21世纪军事行动的一次预热活动。

阿富汗"持久自由"行动

2001年9月11日,奥萨玛·本·拉登(Osama bin Laden)领导"基地"组织成员在美国空域劫持了4架客机,其中两架撞上位于纽约的世贸中心,另外一架撞上华盛顿的五角大楼,而第四架飞机则在机上乘客制服劫机者之后在宾夕法尼亚州坠毁。这次在美国领土上的突袭使3025名美国公民和外国公民丧生,比日军当年以361架舰载飞机偷袭珍珠港事件中丧生的人数还多了622人。美国空军(包括警卫队以及预备役部队)立即动员起来,开始在美国主要城市上空执行战斗空中巡逻任务,而预警机则升空搜索不在规定航线飞行的飞机。

总统乔治·W.布什很快获悉,这次袭击的罪魁祸首来自盘踞在塔利班控制的阿富汗地区的由本·拉登领导的"基地"恐怖组织。几天之后,美国空军特种作战人员降落在阿富汗的北部山区,开始与阿富汗反塔利班北方联盟一起组织反击。

就在政治家们在亚洲西南部搭建外交桥梁的时候,美国空军开始部署B-1B、B-52、F-16、A-10以及KC-135加油机,与海军的舰载飞机一起进行联合空中行动。2001年10月7日,从印度洋上到迪戈加西亚基地起飞的B-1和B-52轰炸机加入海军舰载飞机的行列,打击"基地"组织机场、防空阵地、指挥和控制中心、部队集结地、训练营地以及塔利班领导人毛拉·穆罕默德·奥马尔(Mullah Mohammad Omar)在坎大哈的住所。B-2"幽灵"从怀特曼空军基地出发,进行了服役生涯中距离最长的一次飞行。几

对页图:"盟军"行动中的一架B-2"幽灵"轰炸机从美国的空军基地出发执行任务,依靠空中加油打击阿富汗以及伊拉克的目标,之后飞回本土。

下图：第16特种作战联队的成员将一架西科斯基MH-53J"低空铺路者"直升机从一架洛克希德C-17"环球霸王"Ⅲ上卸下来，以便支援2001年12月期间进行的"持久自由"行动。

天之后，空袭变成了全天候进行。塔利班的20架战斗机无一起飞。至2001年11月4日，基地组织和塔利班的固定设施已经基本被摧毁，一天之后，北方联盟开始了进攻。

地面战争围绕着直升机展开。2002年3月的"大蛇"行动中，大量美国空军人员参与空中和地面的战斗中。塔利班阵地分散，因此西科斯基HH-60和HH-53直升机就成为将特种作战部队带入热点地区的有效方式。虽然塔利班已失去政权，但是"基地"组织却消失在了沿巴基斯坦与阿富汗边界的山区。在一些地区，"基地"组织的人员已经混入到平民中，因此，军事行动在这些地区依旧持续。

2007年10月，在一次就全球反恐战争的采访中，空军总参谋长T.迈克·摩斯利（T. Michael Moseley）将军承

上图：第37战术战斗机联队的一架洛克希德F-117A"夜鹰"在阿富汗上空对目标展开行动，向贾拉拉巴德附近的塔利班营地投下了一枚GBU-28制导炸弹。

认："……我们已经在阿富汗战斗了26个月，比美国参加第二次世界大战的时间还要长。"至2003年4月，B-1、B-2、F-15E、F-16、A-10以及AC-130执行的任务超过了阿富汗战争中全部空中战斗任务的75%，投下超过30750枚炸弹（9650吨），摧毁或破坏75%以上的指定目标。在整个战斗阶段，美国空军出动飞机85000架次以上，其中包括48000架次空运任务，运送513000名乘客以及487000吨货物。

"伊拉克自由"行动

2003年3月19日，在经过了国会几个月的辩论以及联合国的混乱决议之后，乔治·W.布什总统认定萨达姆·侯赛因支持恐怖主义，且持有大规模杀伤性武器（简称WMD）。布什下令发动"伊拉克自由"行动，并将这项任务交给了陆军的汤米·雷·弗兰克斯（Tommy Ray Franks）将军。布什总统的愤怒，部分原因是在几个月的时间里，伊拉克利用地空

对页图：在起飞执行任务之前，第93战斗机中队的一架F-16C Block 30 "战隼"装备着"蓝丁"II导航/目标定位吊舱以及一个AlQ-131干扰吊舱。

下图："持久自由"行动中，一辆武器挂车将其上装载的带有JDAM组件的2000磅MK-84炸弹运送到一架等待着的B-1B "轻骑兵"轰炸机上，用于打击伊拉克的行动中。

导弹以及高射炮在禁飞区击落了36架联军飞机。

弗兰克斯将军的任务是必须推翻侯赛因政权。然而最艰难的任务是政治方面的任务：在一个充满宗派仇恨的国家里创建过渡政府。

指挥第9航空队以及美军中央司令部空军部队的摩斯利将军在"伊拉克自由"行动空中行动的日常计划以及执行方面扮演着重要角色。2003年3月20日清晨5时30分，空袭开始。洛克希德F-117A "夜鹰"、诺思罗普B-2 "幽灵"隐形飞机以及舰射"战斧"巡航导弹，目标直指侯赛因及其家人经常居住的住所。隐形飞机是先发制人的武器，专门用于对高级目标进行打击，如领导人掩体、战地指挥所、空中及通信中心。然而，那一夜侯赛因却没有睡在原来的住处。3月20日上午7时15分，美国和英国部队穿越科威特，占领了边境小城乌姆盖斯尔。至3月22日，出动飞机超过1000架次，同样数量的巡航导弹袭击了目标，精准而迅速地清除了伊拉克大部分战略目标。

为了击穿掩体，美国空军的飞行员

们投掷了绰号"掩体粉碎机"的GBU-28制导炸弹,这是一款重5000磅(战斗部型号BLU-113)的激光制导武器。"堡垒粉碎机"是在重达4414磅的炸弹外壳内装满647磅炸药,再加装用于制导的GBU-27激光组件而成。

4天的时间内,空中打击和导弹打击仿佛无穷无尽,而30万的联军部队已经完成了执行战斗和支援任务的部署。在早期的准备过程中,美国空军使用了多种新型武器。2003年4月2日在伊拉克中部,B-52轰炸机投下了装备有风修正布撒器尾翼组件的CBU-105集束炸弹。这种带有传感器的反装甲集束炸弹打垮了一支伊拉克坦克纵队,阻止了其拦截同盟部队的企图。

BLU-82"雏菊剪"曾在越南战争中用于清除降落区域的植被、在"沙漠风暴"行动中摧毁雷区,而在阿富汗则用于抽出山洞中的氧气闷死敌人。现在,这个装有12600磅凝胶炸药的15000磅通用燃料空气炸弹,对侯赛因的共和国卫队产生了极大的杀伤力。BLU-82不会产生弹坑,却形成了巨大的喷射火焰。由于该炸弹太大而无法

挂在轰炸机上，机组人员需要将这个庞然"怪物"从特种作战型"大力神"运输机的尾舱门推出去。

2003年4月7日，南达科他州埃尔斯沃斯空军基地第34轰炸中队的一架B-1B"轻骑兵"投下了4枚GBU-31卫星制导联合攻击弹药（简称JDAM）。据推测，炸弹的投掷地点是巴格达曼苏尔地区。该地区是伊拉克高级领导人的一个会议地点。

JDAM是一种空对地制导武器系统，其中GBU-31、GBU-32和GBU-38型分别是装配2000磅BLU-109/Mk-84弹头、1000磅BLU-110/Mk-83弹头和500磅BLU-111/Mk-82弹头的型号。GBU制导尾翼组件将现存的非制导自由落体炸弹转化为准确的全天候"智能"炸弹。在不利的天气条件下，尤其是从中等高度向高空运送时，"沙漠风暴"凸显了JDAM在不良天候下的投放时存在的问题。之后JDAM装上了带有GPS功能的惯性导航系统尾部组件，使得该问题得以解决。"伊拉克自由"行动中，JDAM的系统可靠性已经提升至95%，而精度达到可以在雨天、多云以及雪天等气候下，在高空投放时落入目标30英尺范围内。GBU-31JDAM的弹翼为25英尺，投弹射程为15英里，使用升限在45000英尺以上，其弹头重约2100磅。

JDAM目前已经与B-1B、B-2A以及B-52H轰炸机，F-15E、F-14A/B/D、F/A-18E/F、F-16C/D、F/A-22以及F/A-18C/D战斗轰炸机和压制飞机兼容。

2003年4月11日，一架B-52轰炸机首次利用"蓝丁"Ⅱ先进空中目标定位和导航吊舱引导，摧毁了位于伊拉克北部一个空军基地的特定设施。

"伊拉克自由"行动中，空中打击用到的很多武器都是在20世纪80年代设计的通用炸弹通过精妙的改装而来的。

空军

2002年夏季，伊拉克空军部队由3.3万人和800架飞机组成，其中包括120架武装直升机以及90多架作战飞机，主要是法国"幻影"F-1战斗机和俄罗斯米格战斗机。除了7个主要的空军基地之外，侯赛因还有8个小型的特殊基地，那里分布着他的战斗机以及轰炸机。所有这些基地都

自由落体通用炸弹			
类型	重量/磅	装药量/磅	搭载飞机
Mk-82	500	192	AV-8B、B-52、F/A-18、F-16
Mk-83	1000	416	AV-8B、F/A-18
Mk-84	2000	945	F-15E、F-16、F-111F
M117	750	386	B-52
BLU-109*	2000	550	F-117A
*：激光制导，穿透型			

上图：伊拉克空军的几架米格战斗机在阿布里尔省的一个伊拉克空军基地被摧毁，但机场设施并未遭到破坏，这证明了"沙漠风暴"行动之后外科手术式打击的进步。

2003年3月19日美军在中东地区的人数	
军种	数量（单位：人）
美国陆军	233342
美国海军	61296
美国海军陆战队	74405
美国空军	54995
美国空军国民警卫队	7207*
美国空军后备役	2084*
*：包括在美国空军人数中	

部署在海湾的联军飞机（单位：架）	
美国空军固定翼飞机	1477
美国空军直升机	186
美国空军国民警卫队	236
美国空军预备役	70
美国陆军直升机	700
美国海军飞机	408
海军陆战队飞机	372
英军飞机	200
澳大利亚飞机	22

上图:2004年7月23日,一架麦克唐纳·道格拉斯F-15E"攻击鹰"双重任务战斗机在伊拉克上空执行战斗任务时准备接受空中加油。F-15战斗机在"沙漠风暴"行动、阿富汗以及"伊拉克自由"行动中服役。

有高射炮、地空导弹以及监视雷达的严密保护。

在沙特苏丹王子空军基地联合空中作战中心指挥作战的摩斯利将军,从2002年6月开始有选择性地摧毁在禁飞区域烦扰美英飞机的所有伊拉克战地指挥所以及通信阵地,为即将到来的战争进行战场建设。到了2003年3月中旬,美军已经出动飞机21736架次,摧毁目标345个。3月份开始的空中打击几乎摧毁了伊拉克余下的空军以及侯赛因的空中防御体系。

空中战役

摩斯利将军选择在2003年3月21日开始空袭,打击萨达姆·侯赛因的官邸、掩体、安保场所、情报网络及社会复兴党设施,废除了伊拉克政府。弗兰克斯将军用"震撼与威慑"形容了这次72小时连续不断的打击。在这次行动中,2500枚炸弹命中了巴格达城内的优先目标。空中打击期间,对地防空压制(简称SEAD)飞机进入区域,投下干扰箔条迷惑伊拉克的雷达,然后用"雷神"AGM-88"哈姆"高速反辐射导弹(简称HARM)瞄准目标。

每天傍晚,固定翼飞机都会突击进入巴格达的"超级导弹接触区",空袭官邸、电话局、恐怖分子的秘密会议地点以及102个与大规模杀伤性武器相关的地点。在行动的"震撼与威慑"阶段,伊拉克部队发射了1660枚雷达制导地空导弹,但是却没有击中一架美国、英国或澳大利亚的飞机。而空中打击期间,伊拉克的飞机也没有一架能够成功起飞。萨达姆开除了伊军的空中防御指挥官,然后将伊拉克飞机隐藏在棕榈林中或居民区中,而一些飞机则被掩埋在沙地里。

与"沙漠风暴"行动的空中打击相比,"伊拉克自由"行动的空中打击更具有选择性,强度上更有限,而准确度则更高。很多基础设施都未触及。机场被炸毁,但加固机库及机场设施都未受损。行动共摧毁了1500个萨达姆政权领导者目标,打击了1441个建立制空权的设施,针对可疑的大规模杀伤性武器目标出动飞机832架次。这次战略空中战役在3天的时间内使伊拉克政权无法再组织统一的抵抗力量。

左图:空中侦察拍下的一幅照片。这是萨达姆·侯赛因分散于伊拉克的多处官邸之一。建造这些宫殿的花费都来自石油换食品计划的特定资金。

美国空军对伊拉克巴拉德空军基地进行了精准迅速的打击之后,第510远征战斗机中队的F-16战斗机可以利用机场的设施朝着跑道慢慢滑行,为2007年2月13日在安巴尔省的任务做准备。

支援地面作战

2003年3月20日夜，美国和英国地面部队跨过伊拉克南部边境，向巴士拉的门户地区开进，并沿着幼发拉底河谷向巴格达推进200英里。美国空军特种部队利用西科斯基MH-53M"低空铺路者"直升机担当主力，执行了旨在控制石油设施的突击任务。在地面作战期间，美国空军得到了海军陆战队AH-1"超级眼镜蛇"和英国AH-7"山猫"武装直升机的空中支援。美国陆军第5军团向巴格达的推进意在歼灭共和国卫队、陆军的OH-58D"伊奥瓦勇士"侦察直升机飞在第3步兵师的前方，并于2003年3月22日占领了塔利尔空军基地和纳贾夫。在纳贾夫，"猎人"无人机则在为第11航空旅的AH-64D"长弓阿帕奇"武装直升机指示目标。随着通往巴格达线路上的战斗愈加激烈，丹尼尔·利弗（Daniel Leaf）少将用4个中队的A-10A "疣猪"反坦克飞机、几个中队的F-16C"战隼"以及F-15E"攻击

下图：配备给第363空中远征大队第965空中指挥中队的一架波音E-3B/C预警指挥机在执行支援"伊拉克自由"行动的任务。

"鹰"加强了对第3集团军的空中支援。同时集结的飞机还有装备常规炸弹以及卫星制导JDAM弹药的28架B-52H"同温层堡垒"以及11架B-1B"轻骑兵"。

地面战争期间，摩斯利将军采用了久经测试的战术。他在移动前线的上空建立了矩形火力杀伤区。E-3"望楼"空中预警与指挥机上的控制人员在上空盘旋几个小时，每分钟都会分发火力控制信息，以确保对伊拉克地面部队造成最大程度的打击。一旦摩斯利建立了矩形杀伤区，喷气式飞机、火炮、火箭弹以及"阿帕奇"武装直升机便能联合起来在该区域内全面开展行动。每个进入杀伤区的飞行员都知道自己目标的位置以及目标是处于静止还是移动状态，如果没有用全部有效载荷击中首要目标或次要目标，他们是绝不会返回基地的。几天之后，飞行员们开始带着炸弹返回基地，因为已再无可打击的目标。

尽管一场沙尘暴打断了行动，但是美军还是在2003年4月9日进入了巴格达市中心，开始对整个城市进行扫荡。4天之后，海军陆战队的装甲车进入提克里特。此时联军空中部队的首要任务是为地面部队提供空中支援，这占到了他们飞机出动架次的50%。

2003年5月1日，布什总统宣布伊拉克的主要战斗行动已经结束。

9

展望未来

对页图：一架诺思罗普·格鲁曼"全球鹰"在完成了从加利福尼亚爱德华空军基地起飞的不间断飞行之后，在弗吉尼亚的兰利空军基地等候加油。该机为无人机（UAV），最大飞行距离为4000英里。

为了实现空军的使命，空军部部长迈克尔·W.温（Michael W. Wynne）和空军总参谋长T.迈克·摩斯利将军已经规划了一个战略视野——全球警戒、全球抵达、全球力量投射。三个核心方面的能力包括空军官兵的人才培养、技术的研究、向作战方向的转化以及军中内部和跨军种作战的一体化。"全球警戒"要求空军装备新型的观察、侦察以及监视飞机，例如

> 我们希望确保空军部队可以在21世纪初应对多方面的威胁。我们不可能仅仅将注意力集中于一个领域。
>
> 理查德·B.迈尔斯（Richard B. Myers）将军于2005年7月25日

诺思罗普·格鲁曼"全球鹰"及可以装载各类传感器吊舱的MQ-1和MQ-9死神"掠夺者"，同时还需要升级的现代化全球网络和信息网。"全球抵达"需要升级具备精准投送能力的现代化运输机，例如C-17、C-130J和新型联合货运飞机。而"全球力量投射"则要求对原有战斗机和轰炸机进行现代化改造和换代升级，装备例如洛克希德-马丁的F-35联合攻击战斗机（简称JSF）以及F-22A"猛禽"战斗机等新一代作战飞机。为了提升"全球力量"的能力，空军也希望把CV-22"鱼鹰"倾转旋翼飞机、执行近距离空中支援的费尔柴尔德共和

美国空军的使命

美国空军的使命是为保卫美国自身利益提供选择，在空中、太空和网络空间进行飞行和战斗。作为联合部队的一部分，美国空军通过利用非对称优势进行必要的能动或非能动的影响。

A-10"雷电"Ⅱ、反叛乱任务平台以及无人机（简称UAV）中队结合起来，从而增强特种作战的能力。

空军的使命也包括通过退役、采购以及现代化的综合战略，剔除最昂贵、效果最差的系统，代之以新型平台和系统，从而形成一支更加致命且敏捷的队伍。其结果将是以人力的减少换取技术的进步，同时也将现役、国民警卫队和预备役部队无缝整合为一支全球力量。

为了执行美国空军在21世纪的使命，摩斯利将军的工作人员制定了《2006—2025年空军发展蓝图》。方针将当今的空军资产考虑在内，在斟酌了他们对于当前军事环境的影响之后，工作人员规划了未来20年内对以能力为基础的部队结构的需求。

航空和航天优势

按照《2006—2025年空军发展蓝图》中所提出的航空和航天优势，空军需要拥有控制从地球表面至最高轨道卫星之间一切事物的能力。这样的控制提供了攻击的自由，同时也提供了自由的攻击。美国空军认为，获得航空和航天优势是军事行动中至关重要的第一步，这对赢得战斗非常重要。这样的观念已不新鲜，自从飞机发明以来，这就是军

美国空军史

下图：波音C-17"环球霸王"Ⅲ运输机在南卡罗莱纳北部机场进行空投演习之前，成编队飞越清晨的昏暗天色。"环球霸王"在空军的计划中是不可或缺的一部分，用于部队及补给的快速战略运输。

美国空军的职能司令部和所在地
空战司令部，弗吉尼亚兰利空军基地
空中教育和培训司令部，得克萨斯伦道夫空军基地
空军器材司令部，俄亥俄莱特-帕特森空军基地
空军预备役司令部，乔治亚罗宾斯空军基地
空军太空司令部，科罗拉多彼得森空军基地
空军特种作战司令部，佛罗里达赫尔伯特场
空中机动司令部，伊利诺伊斯哥特空军基地
太平洋空军司令部，夏威夷希卡姆空军基地
美国驻欧洲空军司令部，德国拉姆斯坦空军基地

事指挥官们的目标。

美军的现存飞机正不断以新型航空用电子技术和电子设备进行更新升级，增强了战场态势感知。服役年限较长的战机，如F-16"战隼"，则将会因维持费用不断增加而被淘汰。

没有太空方面的统治地位，航

天优势就无法维持。没有太空优势以及反太空能力，陆地行动、海上行动、空中行动以及特种作战也无法有效地开展和协作。反太空任务包括防御和攻击措施以及太空态势感知。太空防御能力即防止敌人攻击太空资产、在太空资产受到攻击的时候提供保护、在遭受攻击之后能够进行修复。而太空进攻手段则设计用于蒙骗敌人的太空能力，使其太空能力降低或是将其摧毁。太空态势感知系统通过一系列的地面雷达、光学传感器、太空传感器提供对目标的"搜寻、定位和追踪能力"，并将数据和情报传递给太空控制中心后再由控制中心分发至多个指挥中心。

太空优势是一个重要组成部分，可使美国空军利用并维持信息优势。

下图：洛克希德·马丁的F-35联合攻击战斗机（简称JSF）将取代大部分空军、海军以及海军陆战队装备的老式战斗机。F-35将作为超声速多用途隐形战斗机服役。

上图：美国空军参谋长T.迈克·摩斯利将军在为空军军官们进行演讲，内容是空军未来十年的计划和战略。

T.迈克·摩斯利将军

2005年9月，56岁的T.迈克·摩斯利将军成为空军的第18任参谋长。此时，这支队伍已经在美国本土和海外共有71万现役、国民警卫队、预备役以及文职人员。他的迫切任务便是为空军准备未来20年的战略，于是提出了《2006—2025年空军发展蓝图》。

与大多数的空军参谋长不同，摩斯利在德州农工大学获得了政治科学方面的学士学位（1971年获得）以及硕士学位（1972年获得），之后开始了其军旅生涯。毕业之后，他决定成为一名空军飞行员，并开始在德州的韦伯空军基地进行大学生训练。自从1973年开始，他的职业生涯稳步发展，从驾驶F—15战斗机的驾驶员一路晋升至2001—2003年指挥第9航空队以及中央司令部空军的指挥官。摩斯利也曾在他的前任约翰·P.江珀（John P. Jumper）将军手下做过两年的副参谋长。

摩斯利的《2006—2025年空军发展蓝图》不仅将当前空军的需求结合起来，而且对未来20年中在威胁不断演化的世界中保持制空权所需要的资产和组织进行了犀利的评估。摩斯利曾经接受过政治学的教育，因此他清醒地认识到了国会在资金方面的犹豫。摩斯利警告道："未来20年的计划有一定的不确定性，这样的努力会记述一段进程，使所有受到影响的人都朝着同一个目标努力。但是不确定性确实存在，不仅存在于战略环境中，也存在于财政环境中。"

> 军事领导者应该抵御住将未来需要的部队假想为与今天所需的部队相比换汤不换药的诱惑。
>
> 理查德·B.迈尔斯将军
> 于2005年7月25日

信息优势

要实现"全球警戒、全球抵达、全球力量投射",就必须依靠信息优势。美国空军部署的资产能够主导战略情报收集领域,且没有有效敌手时,便为友军提供信息收集、信息控制、信息利用以及信息防御的能力,同时能够阻止敌人进行同样的操作。此过程与C4ISR融为一体——C4代表指挥、控制、通信及计算机,而ISR则代表情报、监视和侦察。信息优势为联合部队指挥官提供预测性的战场感知,方便开展精确持续打击,由压缩传感器与杀伤器组成的杀伤链。C4ISR最近一次大显身手是在2003年入侵伊拉克期间,但是C4ISR系统的整体目的是为联合部队指挥官提供灵活性,以预测、确定、劝阻、震慑或击败针对美国及其全球利益的威胁。

为了充分发挥作用,C4ISR必须在太空、天空、地面以及网络空间这4个重要领域占主导地位、整合信息,并将整合的信息分发到需要的地方。在天基系统中C4ISR可以在依靠通信监听监视全球范围内外国军队的状态,行动计划制订以及对目标的打击等过程中提供及时通信,从而增强美国军队的战斗决策制定和态势感知能力。在航空系统方面,C4ISR能够搜寻、识别、追踪以及评估空中和地面目标,通过指挥和控制(C2),向联合部队发送整合的信息。地面C4ISR系统是联合指挥和控制以及作战管理的中心。C4ISR系统将一直处于阶段升级改进当中,不断完善与作战系统的整合,便于精确连续打击,减少"传感器与杀伤器"杀伤链的环节。在第4个维度网络空间方面,C4ISR是以网络中心战的电子媒介提供通信和计算机以及指挥和控制,建设完整的C4ISR信息网络。

信息化:太空维度

太空信息化体系由卫星通信、定位、导航、授时数据系统,天基监视和侦察系统组成。这些系统的作用是尽力发挥美军在空中作战、陆地作战、海上作战、太空作战以及太空网络战的作战效能。自从越南战争以来,军事作战已经变得日益依赖太空能力提供的及时通信和信息传播,增强关键性作战决策以及态势感知等能力。美国空军目前在开发"近层空间"体系,其范围介于65000英尺的可飞行高度和

325000英尺的轨道高度之间。

展望未来，如今很多执行C4SIR任务的卫星都将根据摩斯利的《发展蓝图》更新换代。

信息化：航空维度

航空信息化体系担负着搜寻、识别、追踪、定位、评估空中和地面目标的任务，并通过指挥和控制系统向联军传播这些信息。当前的系统在"沙漠风暴"行动中表现良好，在"伊拉克自由"行动中表现尤佳。

研制于20世纪50年代的洛克希德U-2高空侦察机依旧可以发挥作用。新型的U-2"蛟龙夫人"依旧执行同样的任务。这款飞机可以在70000～90000英尺之间的高空在各种天气条件下飞行，并可以利用"湿膜"宽幅光学照相机收集多种数字影像。收集的情报通过对地或卫星数据链几乎可以实时发送到世界上任何一个地方。美国空军打算用RQ-4"全球鹰"取代U-2。"全球鹰"是一种高空、长航时无人机，可以执行与U-2相同的侦察和监视任务。不论白天或黑夜，也不论何种天气条件，RQ-4都可以持续不断地提供战斗情报。

对页图：在科罗拉多空中国民警卫队第140通信飞行队服役的杰西卡·恬（Jessica Diem）上士准备安装一个远程圆盘式卫星通信天线，用于保密以及非保密通信。

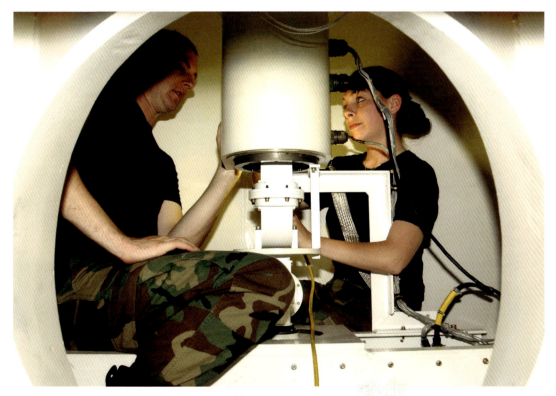

左图：来自第30太空通信中队的美国空军一等兵埃里克·黑尼斯（Eric Hanes）（图左）和一等兵雅尼娜·科瓦尔斯基（Janina Kowalski）正在调整一部"下一代气象雷达"的天线基座方位角。

通用原子航空系统公司的MQ-1"掠夺者"无人机在1996年成为美军C4SIR体系的一部分。"伊拉克自由"行动期间,MQ-1被大量用于战场封锁监视,以及对时敏目标执行武装侦察任务。当不执行其主要任务时,MQ-1为联军部队指挥官执行战场侦察、监视以及目标搜索任务。"掠夺者"不仅仅是一架飞机那么简单,"掠夺者"由位于地面的飞行员远程控制,两名传感器操作员收集信息,该机可以挂载两枚AGM-114激光制导"地狱火"反坦克导弹。在不使用时,"捕食者"可以被分解装进一个"棺木"里运到别处。

波音E-3"望楼"和诺思罗普·格鲁曼E-8C"联合星"都被部署在了"沙漠风暴"行动、阿富汗以及"伊拉克自由"行动中。这两款飞机任务和性能都有所区别,但是可以互补。E-3是一架机载预警和控制系统(AWACS)飞机,为防空任务指挥官及其他军种指挥官提供所需的全天候监视、指挥、控制和通信信息。两个支柱支撑的一个大型旋转雷达天线罩可监视方圆250英里,高度从地球表面(含地表与水平面)至同温层的广大空域,使E-3能够引导截击战斗机拦截空中目标。E-8C为空中战斗管理、指挥控制、情报、监视以及侦察系统提供了平台,为信息循环提供了

C4ISR太空领域部队结构:卫星通信			
卫星用途	卫星名称		
	当今	2017年	2025年
全球定位	GPS II	GPS III	GPS III
国防通信	DSCS	WGS	TSAT
通信	Milstar	AEHF	TSAT
转播通信		TSAT	TSAT
国防支援	DSP	SBIRS	SBIRS
国防气象观测	DMSP	NPOESS	NPOESS
宽带雷达辅助天线	WGS	TSAT	
先进高频通讯	AWHF	TSAT	
太空雷达	SR	SR	

对页图:远处,一枚"大力神"IVB火箭携带着一颗新式CRYSTAL图像侦察卫星从加利福尼亚的范登堡军事基地发射。该卫星将被送入国家侦察局地球成像系统卫星星座的轨道上。

下图:第99侦察中队的一架洛克希德U-2"蛟龙夫人"单发单座高空侦察机从亚洲西南部秘密地点起飞,支援"伊拉克自由"行动。

另一个方式。与预警机背上的圆盘不同，E-8C在前机身下有一个舟状天线整流罩，内藏长达24英尺的侧视相控阵天线。这两种飞机将继续作为空域控制远程计划的一部分服役。

波音RC-135由C-135改装而来，服役历程可以追溯到1964年。第55联队RC-135舰队最近列装了两架RC-135S"眼镜蛇铃铛"、一架RC-135X"眼镜蛇眼"、两架RC-135U"战斗派遣"、14架RC-135V/W"铆钉接头"和两架RC-135教练机。每一架飞机的任务都与其他飞机的任务有所不同，但是它们主要的任务都是为总统、国防部长、参谋长联席会议以及战地指挥官提供战略电子侦察情报，且具有实时现场的情报收集、分析以及传输能力。对于信息收集而言，这些大型飞机在定位识别外国军事陆地、海上及空中雷达信号方面起着关键作用。

除了正被RQ-4"全球鹰"取代的

下图：伊拉克第46远征侦察中队的一架通用原子航空系统公司的MQ-1"掠夺者"无人机为空中和地面指挥部队提供实时监视图像。

上图：波音E-3B"哨兵"机载预警和控制系统（简称AWACS）飞机在日军横田空军基地举行的演习中起飞。该型机的指挥系统操作界面已经接受了升级。

U-2，空中领域用于信息收集的所有飞机到2025年仍在服役。

信息化：地面维度

美国空军的C4ISR地面系统由几个网络化的作战司令部组成。这些司令部负责指挥和控制，飞机、卫星以及武器的作战管理。这些都是为了便于联合作战。

空天作战中心（简称AOC）设置有武器系统，空军指挥员通过该系统可以对航空及航天部队进行指挥和控制。空天作战中心是战区空中控制系统的管理部门，能够自动显示当前的空中、地面以及太空态势。作战中心对信息进行收集、分析、评估和传递，并按照战区指挥官的意图对联合作战的资源进行计划和分配。

分布式通用地面系统（简称DCGS）是一项多军种、以网络为中心的功能强大的全球计划。空军部分是指AN/GSQ-272"哨兵"ISR武器系统，在平时及战时在全世界范围内推动整个信息收集系统向

右图：卫星追踪和控制范围管理由空军太空司令部第2和第3太空联队以及联合太空作战中心负责。

前发展。空军的分布式通用地面系统可以持续升级，能够作为美国空军的主要作战任务网络。

战场控制系统（简称BCS）是一种前线武器系统，它通过卫星、传感器以及航天飞机为地面和空中的部队提供战区战斗管理。战场控制系统还是北美防空系统（NORAD）的一个组成部分。北美防空系统与总统、国防部长以及国家军事指挥中心相连。

地面领域包括其他几个领域。战斗指挥官有权进入综合指挥控制系统（ICCS）。该系统提供针对北美的来自导弹、飞机以及太空的近实时威胁报警。这个系统在北半球的极地地区拥有6部预警雷达或远程预警雷达。美国空军通过太空态势感知系统（简称SSA）来发现、追踪、记录以及识别太空中的每一个物体，尤其是监测那些具有对抗性太空能力的卫星。来自太空态势感知系统以及其他方面的信息将汇入一个新的快速攻击识别探测报告系统（RAIDRS），该系统具

在宾夕法尼亚空中国民警卫队的第193特种作战联队的EC-130J"突击队员独奏"心理战以及信息战中,飞机为了在接到命令时做好准备而持续进行训练。

右图：在为2007年4月2日在大西洋上空进行的演习做准备的过程中，从佛罗里达廷德尔空军基地起飞的两架洛克希德F-22"猛禽"在进行了空中加油之后，跟在一架KC-135R"同温层油船"后面。

备发现电磁干扰的能力，可以识别信息来源的地理位置。地面领域极其依靠太空领域的数据，而新式卫星不断设计出来，用以满足未来战争的需要。

信息化：网络空间

网络空间是以网络为中心的作战、通信系统以及计算机的电子媒介。在这个空间中可以进行在线通信。网络中心战（简称NCW）利用的是信息优势。它可以通过连接网络传感器以及杀伤器来增强战斗力，从而获得共享感知、更快的指挥速度、更快的作战速度、更大的杀伤性、更强的生存性以及一定程度的自动同步。网络中心战任务通过信息网络领域中硬件、软件以及人力组成部分的动态结合来进行。

网络中心C4ISR作战是围绕着指挥和控制（C2）群建设的。这是C4ISR的一个组成部分，通过点对点传感器、指挥中心以及杀伤器提供的计算机-计算机对话，在横向及纵向方面共享整合信息。群网络覆盖天空、太空以及地面通信，方便战士迅速自由地获取信息。

全球打击

全球打击与"全球抵达"、"全球力量投射"的理念相结合，提供在任何地

点、任何时间内利用各种各样的武器与敌人目标进行迅速且坚持不懈的战斗能力。这对于航空及航天力量的速度、航程/射程、灵活性、精确度以及持续性方面都有要求,而最终目的是使打击力量在战场范围内的任何地点都能定位打击所选目标。美国空军继续发展全球打击能力,并且通过各种武器施展武力。灵活性包括在传统或非对称威胁条件下的联合力量支援。全球打击系统依靠载人或无人远程作战飞机、洲际弹道导弹以及具有区域和纵深打击能力的攻击系统。

作为系统的一部分,洛克希德F-117A"夜鹰"是围绕着现已过时的低可探测性能隐形技术设计的,现在已经有超过25年的历史了,计划被洛克希德·马丁F-22A"猛禽"彻底取代。洛克希德·马丁F-22A"猛禽"在2005年已被批准进行全速生产。"猛禽"战斗机将隐身性能、超声速巡航、超机动性以及综

下图:配备有猎杀武器系统的通用原子航空系统公司MQ-9"死神"无人机由两名机组人员进行远程控制,其作战半径为1878英里。

合航空电子设备相结合,再加上可以携带JDAM、小直径炸弹(SDB)以及其他武器的能力,代表了战斗能力方面的一次极大飞越。

另外一种新武器便是F-35A联合攻击战斗机。这将是一款隐形多任务的攻击飞机,具有强大的杀伤力、极强的生存能力以及极高的可维护性。F-35A可以为空军、海军以及海军陆战队执行空对空以及空对地任务。它将取代1979年的F-16"战隼",并最终取代1975年列装的A-10"雷电"。

虽然美国空军正集中精力设计可以在2018年投入战场的新型轰炸机,但是当前的轰炸机力量——北美B-1B"轻骑兵"、诺思罗普·格鲁曼B-2"幽灵"以及波音B-52H"同温层堡垒"——将至少再服役20年。在当前及未来威胁环境中,新型轰炸机将具备作战的高持久性、大有效载荷以及优良生存能力。设计包括目前

下图:2006年12月15日,洛克希德·马丁F-35联合攻击战斗机首次进行全方位性能测试。这是一款多国、多军种未来攻击战斗机,将取代空军的F-16和A-10。

正在发展中的飞跃性技术。

"掠夺者"无人机家族的MQ-9"死神",是由通用原子航空系统公司建造的一种中高空、长航程、远程控制的猎杀武器系统。"掠夺者"的主要任务是利用"地狱火"导弹以及JDAM消灭目标。它的次要任务是通过监视和侦察向战区指挥官提供实时情报信息。

波音LGM-30"民兵"III洲际弹道导弹仍旧是国家战略威慑力量的一部分。该洲际弹道导弹从可以防护核打击的地下发射井发射,重达79432磅,射程达6000英里。1978年12月,该型号导弹停止生产。尽管还没有宣布任何计划,但是美国空军认为应该在21世纪20年代早期的某个时间考虑取代"民兵"的问题,或是将"民兵"现代化。

全球快速机动

实现全球抵达,需要快速的机动,包括空中加油、空中运输、太空运输以及其他能力在内的各种能力必须协调配合,确保并维持美军联合部队在全球范围内作战。这套体系必须足够灵活,在世界的任何地方以敌人无法匹敌的速度和数量部署美国的军事力量,且能够在整个战场有效作战。

美国全球机动的主力现在依靠的是波音C-17"环球霸王"III、洛克希德C-141"运输星"、洛克希德C-130"大力神"以及洛克希德-乔治亚C-5"银河"。C-141(现在已经全部移交至空军预备役部队)计划被取代。体型巨大的C-5已经经过了几次改进,并计划还要进行多次改进;而C-130的改进型(包括目前在服役的E/H/J型号)以更强的发动

下图:从密苏里州惠特曼空军基地起飞的这架诺思罗普·格鲁曼B-2"幽灵"具有极难被探测的特点,该飞机火力强大,能够向世界任何地方投射常规武器及核武器。

机、更好的航空电子设备以及更优良的性能稳步进行现代化改进。C-17是美国空军最新的货运飞机。五角大楼目前正在研究设计一款新式联合货运飞机（简称JCA），用以提供轻型货运方案，满足所有军种战斗部队的补给要求。

全球快速机动的关键组成部分是空中加油机。它们可增加战斗及战斗支援飞机的航程及有效载荷，并最终增加其机动性和多功能性。美军的麦克唐纳·道格拉斯KC-10"延伸者"或波音KC-135"同温层油船"会在空中将燃料传递给受油机。

在DC-10飞机基础上改造的KC-10于1981年开始服役，其速度为每小时619

上图：作为在北达科他举行的空中国民警卫队60周年庆典庆祝活动中，3架来自第119战斗机联队的F-16战斗机与第319空中加油联队的一架KC-135"同温层油船"进行对接。

英里,可携带重356000磅的燃料或170000磅的物资飞行4400英里。目前有59架KC-10在空军服役。KC-135"同温层油船"自从1965年开始便是美国空军空中加油和空中运输的主力。荷载200000磅燃料或83000磅物资及37名乘客时,该飞机的最大飞行距离可达1500英里。虽然目前的加油机队还没有退役计划,但是空军正在研制新型KC-X飞机。这种新型飞机将满足对于未来加油机以及运输机的要求,支持全球快速机动。

左图:第27战斗机中队的作战科长韦德·托利弗(Wade Tolliver)中校驾驶F/A-22"猛禽"向一个练习目标投下了一枚重达1000磅的GBU-32联合直接攻击弹药(JADM)。

精确打击

美国空军精确打击能力在"沙漠风暴"行动中已经得到展示,10年后的"伊拉克自由"行动中则以更先进的方式出现。作为"全球抵达"和"全球力量投射"的组成部分,精确打击是一种在要求获得战场控制的地方,能够准确区分使用致命性和非致命性力量的能力。在未来冲突,尤其是全球反恐战争的非常规行动中,关键目标之一便是在精确动能武器之外开发非致命性武器,在不摧毁基础设施、不伤害平民的情况下,使目标处于瘫痪状态。虽然现在的精确武器试图减少间接损害,但是非致命性武器的发展仍势不可挡。

现在的空对地武器在未来20年中将

对页图：在一次评估AIM-9X"响尾蛇"红外短程格斗导弹的任务中，佛罗里达埃尔金空军基地第28测试中队的一架F-15C"鹰"战斗机正在垂直爬升。

下图："伊拉克自由"行动期间，第157飞机维护部队的军械人员将一枚GBU-31A联合直接攻击弹药（JADM）制导炸弹装上一架F-16C"战隼"战斗机。

继续使用。加装在GBU炸弹上的JDAM导航尾部组件已将常规军械转变为"智能"弹药。高速反辐射导弹（HARM）将继续破坏敌人装备雷达的空中防御系统。联合空对地远程导弹－增程型（JASSM-ER）将继续作为美国空军的隐身精确巡航导弹，在敌人防空系统范围之外消灭地面或水上的硬目标及软目标。

同时，美国空军在研究一种小型、重250磅的精确对地打击弹药，可以从防区外投射，以摧毁固定目标和移动目标。计划在下一个10年列装部队的"小直径炸弹"（SDB）将配备弹载任务计划系统，可打击多个分散目标。

美国空军也在研究一种概念性的高超声速远程武器（简称HSSW），具备快速全天候响应能力，旨在打击时间性敏感性目标。该武器将适配于21世纪20年代的所有现代化全球打击平台。

目前的空对空弹药正在以更好的制导系统进行更新和改进。半主动雷达制导的AIM-7"麻雀"导弹将最终被取代。而AIM-9X"响尾蛇"将取代AIM-9M红外格斗导弹。先进中程空对空导弹(AMRAAM)将升级,与包括F-22A"猛禽"和F-35A联合攻击战斗机在内的最新作战飞机兼容。第四代空对空导弹,即联合双任务空中优势导弹(简称JDRADM)计划于21世纪20年代问世。这是一种用于空对空和空对地战斗中的单一导弹。它拥有一种高度机密的制导系统,能够在不断变化的威胁中随机应变。

特种航空力量

如果没有特种航空力量参与非正规战和反恐战争,那么"全球警戒、全球抵达、全球力量投射"将不可能实现。所有这些需求都需要配备了专门的特战航空力量的空军特种作战司令部(简称AFSOC)以及空中作战司令部来实现。这两个司令部任务不同,却紧密配合。空军特种作战司令部负责特种作战、ISR/信息以及空中机动部队,而空中作战司令部则负责战斗搜索和救援(CSAR)作战。

特种作战突击部队依靠洛克希德/

左图:第4特种作战中队的一架洛克希德/波音AC-130U"大力神-鬼魅"炮艇机的机组成员正在操纵40毫米博福斯机关炮(图中后方)以及105毫米榴弹炮,在伊拉克执行近距离空中支援任务。

上图：在一次以直升机状态起降以及涡轮螺桨发动机飞机状态飞行的训练任务中，第58特种作战联队的三架空军CV-22倾斜旋翼"鱼鹰"进行垂直起飞。

波音AC-130H/U武装直升机进行近距离空中支援、空中拦截以及部队保护。AC-130H的绰号为"鬼怪"，而AC-130U的绰号为"鬼魅"。鉴于武装直升机对敌人的心理影响，"鬼怪"和"鬼魅"这两个名字都很合适。AC-130拥有较长的战斗史，可以追溯到越南战争期间。这架装备大量枪炮的飞机能够为地面部队提供武装侦察和直接支援。尽管具有更好生存性且装备有致命性或非致命性武器的2025年下一代炮艇机（简称NGG）还处于设计阶段，但是21世纪20年代，AC-130将继续服役。

空军特种作战司令部信息搜集任务专门负责满足特种部队的需要。EC-130J"突击队员独奏"飞机是一种"大力神"运输机的衍生型号，除了收集情报之外，可执行心理战以及民用广播。该飞机携带额外装甲，具有空中加油能力，并装备有增强型导航系统。

上图:"北方守望"行动中,第129远征救援中队的人员在中东部署之前登上一架洛克希德MC-130P"战斗阴影"进行夜间训练演习。

空军特种作战司令部系统的另一部分是利用MQ-1"掠夺者"远程无人机进行战场封锁,对关键目标执行武装侦察。不执行特种任务时,MQ-1在战场为联合部队提供空中监视和目标获取任务。在接下来的10年,MQ-9"死神"会取代MQ-1。MQ-9是一款功率更大、多任务能力更出色且体型更大的"掠夺者"衍生型号。

特种部队的机动部队包括高度专门化的MC-130E/H"战斗爪"、MC-130P"战斗阴影"与西科斯基MH-53"低空铺路者"直升机和CV-22"鱼鹰"倾旋翼飞机,而目前缺失的组成部分是联合运输飞机(简称JCA)。空军希望这种联合运输机尽快问世。

MC-130E/H以及未来的MC-130J将负责在敌方领土内执行特种作战人员渗透、撤收和补给任务。MC-130"战斗爪"除了具备为直升机提供空中加油的

能力，还具备电子战能力，也能携带75名军人或57名需躺在担架上的伤员。MC-130P执行秘密任务或低可见度任务，通常是在夜间进入敌方区域，为MH-53特种作战直升机提供空中加油。MH-53"低空铺路者"重型直升机低空飞行，不分昼夜进入敌方拒止区域执行远程隐秘渗透任务，为深入敌后的特种部队作战提供人员渗透、撤收及补给。MH-53正逐渐被CV-22"鱼鹰"取代。"鱼鹰"可在任何天气条件下执行远程任务，具有更高的燃油效率，其速度是直升机的两倍。

空中战斗指挥作为特种航空力量的一部分，为战斗提供搜索和救援（简称CSAR）。当前的空中力量由西科斯基HH-60G"铺路鹰"直升机和HC-130P/N运输机组成。HH-60的主要任务是不分昼夜深入敌方执行远程任务，营救被击落的机组人员或其他孤立人员。由"黑鹰"衍生出来的HH-60系列现已因长时间服役出现损耗，未来它将被速度更快的CSAR-X取代。这是一种具有更大航程、更多有效载荷、可执行全天候渗透任务且拥有最先进自卫系统的直升机。该飞机特别设计用于化学武器、生物武器及核环境中的特种作战。

HC-130P/N也是一款老式飞机，将CSAR的任务扩大到夜间。它的主要任务是利用空中加油扩大救援直升机的航程。

左图：在内华达内利斯空军基地的一次飞行实弹射击训练中，第66救援中队的训练人员在一架HH-60G"铺路鹰"上演习时，收到战术方面的指示。

下图:2005年2月10日,完成了认证飞行之后,戴夫·莱特(Dave Wright)中校将其雷神T-6"德州人-2"缓缓滑进伦道夫空军基地。这一次的验证飞行的通过使他有资格在航空展中驾驶教练机进行飞行表演,展现教练机的性能。

HC-130也将在下一个10年被CRT-X取代。这是一款战斗加油机,特别设计用于深入渗透任务以及搜索和救援任务。

飞行训练

实现"全球警戒、全球抵达、全球力量投射"的一个主要要求,便是延续空军培养世界上优秀飞行员的传统。美国空军的本科教育每年为空军、空中国民警卫队、空军预备役部队以及姊妹军种培养1500名飞行员及550名作战系统操作员。每位男女飞行学员都要接受联合作战和生存训练。

当前的大学飞行培训结构包括五种飞机,其中很多飞机已经延长了服役

年限。用于训练运输机及加油机飞行员的雷神比奇T-1A"苍鹰"是1992年开始服役的。用于联合特殊训练的塞斯纳T-37"鸣叫"首飞于1955年。而诺思罗普的T-38"利爪"高级教练机在1959年便进行了首飞。波音T-43A——即导航训练版本的波音737首飞于1973年。雷神T-6A"德州佬"Ⅱ从2000年5月开始执行任务。"德州佬"作为一架基础单发动机双座初级教练机开启未来飞行员的学习之旅。所有的教练机都在进行常规的更新和现代化改进,以便与技术发展同步。T-37B和T-43两种飞机已经计划退役,或由其他飞机取代,这一调整一方面是为了满足美国空军的要求,另一方面则是为了满足联合部队的要求。

维持未来部队

参谋长摩斯利希望能够通过发展先进航空技术、定向能技术、高超声速技术、纳米技术,并通过改进飞机、作战保障、远征后勤以及训练技术,来弥补部队编制缩小带来的问题并增强战斗力。在接下来的10年内,努力的方向将主要集中在灵活战斗支援方面。

摩斯利希望创建一支拥有"不仅仅变革传统高强度战斗任务,并且帮助美国面对新型非正规潜在灾难性以及破坏性挑战"能力的部队。

世界在变,空军也必须随之而变。

参考书目

Air Force Roadmap 2006-2025, http://www.af.mil/roadmap

Ambrose, Stephen E. *Eisenhower: President and Elder Statesman.* Vol.2. New York: Simon & Schuster, 1984.

Anderton, David A. *History of the U.S. Air Force.* New York: Military Press, 1989.

Arnold, Henry H. *Global Mission.* New York: Harper & Bros., 1949.

Axelrod, Alan. *Encyclopedia of the U.S. Air Force.* New York: Checkmark Books, 2006.

Baudot, Marcel, and Henri Bernard, et al, eds. *The Historical Encyclopedia of World War II.* New York: Greenwich House, 1977.

Benson, James, and Holmes, Tony. *USAF for the 21st Century: Super Wing Total Force Integration.* London: Osprey Aerospace, 1996.

Boyne, Walter J. *Beyond the Wild Blue: A History of the U.S. Air Force 1947-1997.* New York: St. Martin's Press, 1997.

Silver Wings: A History of the United States Air Force. New York: Simon & Schuster, 1993.

Berman, Larry. *Lyndon Johnson's War: The Road to Stalemate in Vietnam.* New York: W. W. Norton, 1989.

Brereton, Lewis H. *The Brereton Diaries.* New York: William Morrow & Company, 1946.

Carter, Kit C., and Mueller, Robert. *The Army Air Forces in World War II: Combat Chronology 1941-1945.* Washington, D.C.: Office of Air Force History, 1973.

Coyne, James P. *Air Power in the Gulf.* Arlington, Va.: Aerospace Education Foundation, 1992.

Curtiss, Glenn, and Post, Augustus. *The Curtiss Aviation Book.* New York: Frederick A. Stokes, 1912.

Daso, Dik Alan. *Hap Arnold and the Evolution of American Air Power.* Washington, D.C.: Smithsonian Institution Press, 2000.

Fall, Bernard B. *Last Reflections on a War.* New York; Doubleday, 1967.

Freeman, Roger A. *The Mighty Eighth: A History of the U.S. 8th Army Air Force.* Garden City, NY: Doubleday, 1970.

Friedman, Norman. *Desert Victory: The War for Kuwait.* Annapolis, Md.: Naval Institute Press, 1991.

Frisbee, John L., ed. *Makers of the United States Air Force.* Washington, D.C.: Office of Air Force History, 1987.

Futrell, Frank. *The United States Air Force in Korea, 1950-1953.* Washington, D.C.: Office of Air Force History, 1983.

Gauvreau, Emile. *The Wild Blue Yonder: Sons of the Prophet Carry On.* New York: E. P. Dutton & Company, 1944.

Glines, C. V. *From the Wright Brothers to the Astronauts: The Memoirs of Major General Benjamin D. Foulis.* New York; McGraw-Hill, 1968.

Gurney, Gene. *Vietnam: The War in the Air.* New York: Crown Publishers, Inc., 1985.

Halberstadt, Hans. *The Wild Weasels: History of U.S. Air Force SAM Killers, 1965-Today.* Osceola, Wis.: Motorbooks International, 1992.

Huie, William Bradford. *The Fight for Air Power.* New York; L. B. Fischer, 1942.

Jablonski, Edward. *Airwar.* Garden City, N. Y.: Doubleday & Company, 1971.

Jackson, Robert, and Jim Winchester. *Military Aircraft: 1914 to the Present Day.* Edison, N. J. : Chartwell Books, 2004.

Kutler, Stanley I. *Encyclopedia of the Vietnam War.* New York: Charles Scribner's Sons, 1996.

Lambeth, Benjamin S. *This Transformation of American Air Power.* Cornell University Press, 2000.

Lopez, C. Todd. "Air Force focused on three priorities," www.af.mil/news/story_print.asp?id=123027010

Marcy Sam. "The general blows it: Fired or leaking Pentagon plan to terror-bomb Iraq civilians."www.worker.org/marcy/cd/sam90/1990html/s900927b.him

McCarthy, James P. and DeBerry, Drue L., eds. *The Air Force.* Andres AFB, Md.: Air Force Historical Foundation, 2002.

Mets, David R. *Master of Air Power: General Carl a Spaatz.* Novatny, Ca.: Presidio Press, 1998.

Mitchell, William. *Memories of World War I: From Start to Finish of Our Greatest War.* New York: Random House, 1960.

Momyer, William W. *Air Powers in Three Wars (WWII, Korea, Vietnam).* Washington, D. C.: Office of Air Force History, 1985.

Murray, Williamson. *Air War in the Persian Gulf.* Baltimore: Nautical & Aviation Publishing Company, 1991.

New World Vistas: Air and Space Power for the 21st Century (Summary Volume). Washington D. C.: Department of the Air Force, 1995.

Peterson, Harold L., ed. *Encyclopedia of Firearms.* New York: E. P. Button, 1964.

Ripley, Tim. *Air War Iraq.* Barnsley, UK: Pen & Sword, 2004.

Roberts, Michael. *The Illustrated Directory of the United States Air Force.* New York: Crescent Books, 1989.

Rust, Kenn C. *The 9th Air Force in World War II.* Fallbrook, Ca. : Aero Polishers, 1967.

Schwartz, Richard Alan. *Encyclopedia of Persian Gulf War.* Jefferson, N. C. : McFarland & Company, 1998.

Seversky, Alexander P. *Victory Through Air Power.* New York: Simon & Schuster, 1942.

Shulman, Seth. *Unlocking the Sky: Glenn Hammond Curtis and the Race to Invent the Airplane.* New York: Harper-Collins Publishers, 2002.

Speer, Albert. *Inside the Third Reich.* New York: The Macmillan Company, 1970.

Sunderman, James F. *World War II in the Air: Europe.* New York: Franklin Watts, 1963.

World War II in the Air: The Pacific. New York: Franklin Watts, 1962.

Swanborough, F. G., and Bowers, Peter M.. *United States Military Aircraft since 1909.* New York: Putnam, 1963.

Tillman, Barrett. *Above and Beyond: The Aviation Medals of Honor.* Washington D. C. : Smithsonian Institution Press, 2002.

Tillman, Barrett, with Boyne, Walter J., ed. *The U. S. Air Force.* New York: Alpha Books, 2003.

Tucker, Spence C., ed. *Encyclopedia of Korean War: A Political, Social and Military History.* New York: Checkmark Books, 2002.

Encyclopedia of Vietnam War: A Political, Social and Military History. New York: Oxford University Press, 1998.

Veronica, Nicholas A., and Dunn, Jim. *21st Century U. S. Air Power.* St. Paul, Minn.: MBI Publishing Company, 2004.

Whitehouse, Arch. *The Years of Sky Kings.* New York: Doubleday & Company, 1959.